21世纪应用型本科会计系列规划教材

国家级一流本科专业建设点教材

Accounting Information Systems 5th Edition

会计信息系统

崔国玲 孙莉 主编

王书梦 王琳 副主编

东北财经大学出版社 Dongbei University of Finance & Economics Press 大连

图书在版编目（CIP）数据

会计信息系统 / 崔国玲，孙莉主编．—5版．—大连：东北财经大学出版社，2024.8．—（21世纪应用型本科会计系列规划教材）．—ISBN 978-7-5654-5376-2

Ⅰ．F232

中国国家版本馆CIP数据核字第20242SQ417号

东北财经大学出版社出版

（大连市黑石礁尖山街217号　邮政编码　116025）

网　　址：http://www.dufep.cn

读者信箱：dufep@dufe.edu.cn

大连东泰彩印技术开发有限公司印刷　东北财经大学出版社发行

幅面尺寸：185mm×260mm　字数：399千字　印张：17.75

2024年8月第5版　2024年8月第1次印刷

责任编辑：蔡　丽　周　慧　责任校对：那　欣

封面设计：原　皓　版式设计：原　皓

定价：52.00元

教学支持　售后服务　联系电话：（0411）84710309

如有印装质量问题，请联系营销部：（0411）84710711

第五版前言

会计信息系统是一门讲授计算机在会计领域的应用原理、技术和方法的课程。它不仅是一门实用性很强的课程，而且是一门跨学科的课程，同时是一门会计专业理论、方法与实践相融合的课程。它是会计学与信息技术相结合的产物，主要理论基础涉及会计学、计算机、计算机网络与通信、信息论、系统论。随着计算机与信息技术的迅速发展与广泛应用，会计信息化实践得到了不断深入与丰富，其理论体系也在不断完善与发展。会计信息系统已成为会计学知识结构的一个重要组成部分。由于计算机与网络的应用改变了传统会计核算方法和核算程序，拓展了会计信息系统的功能和作用，从而给会计信息质量、内部会计控制、会计组织机构、会计档案管理和审计工作等都带来了巨大的影响。会计信息系统的原理和实务操作已成为财会类大学毕业生必须掌握的知识和基本技能。

会计信息系统是从信息处理的角度出发，在计算机与网络环境中研究会计信息系统的分析方法、设计方法和评价方法，研究会计数据的收集、加工、存储和会计信息输出等内容。因此，本教材从应用型人才培养的需要出发，结合会计信息系统课程实践性较强的特点，注重可读性和可操作性，力求体现原理与应用、信息技术与会计核算的有机结合，既反映信息系统的理论体系，又能清晰地描述计算机会计信息的发展与会计信息系统实际处理方法。本教材体系结构完整、系统、全面，基本概念清晰、准确，针对会计和计算机的交叉学科知识进行了深入浅出的讲解，具有可读性与实用性并重的特点。

随着经济的发展，越来越多的企业在财务工作中应用网络会计信息系统。根据会计信息系统的发展与应用，本教材第五版更新了部分资料、数据、案例、“素养园地”和“拓展阅读”栏目的资料。本教材的主要特色是注重思政引领，融入党的二十大精神。党的二十大报告指出：“用社会主义核心价值观铸魂育人，完善思想政治工作体系，推进大中小学思想政治教育一体化建设。坚持依法治国和以德治国相结合，把社会主义核心价值观融入法治建设、融入社会发展、融入日常生活。”本教材结合党的二十大报告内容，引导学生深入社会实践，关注现实问题，使他们加强对专业知识的内化吸收与灵活应用，坚定中国特色社会主义道路自信、理论自信、制度自信、文化自信，努力践行习近平新时代中国特色社会主义思想进教材、进课堂、进头脑，达到价值塑造、知识传授、能力培养三位一体的育德树人之效。

总之，本教材可以培养学生以信息技术发展的眼光去理解会计，使学生能够应用系统开发的分析和设计工具正确描述会计数据及其处理流程，根据企业实际需求描述企业所需的会计信息系统应具备的功能，正确地对会计信息系统进行评价。

本教材编写人员为多年从事会计信息系统、管理信息系统课程教学工作的教师。本教材由崔国玲、孙莉任主编，王书梦、王琳任副主编。崔国玲执笔第1、6、10章，孙莉执笔第7、8、9章和附录，王书梦执笔第3、4、5、12章，王琳执笔第2、11、13章。

本教材在写作过程中参考了国内专家和学者的许多研究成果，作者已在主要参考文献中列出，在此向各位专家和学者表示深深的谢意。由于我们的水平有限，书中难免有疏漏和不当之处，敬请读者批评指正。

编著者

2024年6月

目 录

第1章　会计信息系统概述

学习目标

◆重点掌握会计信息系统的基本构成，以及会计信息系统各子系统的功能和关系。

◆掌握会计信息系统的概念及功能，信息系统的概念、功能及分类。

◆了解数据、信息、系统、知识的概念及系统的分类，了解会计信息系统的发展历程。

1954年，美国通用电气公司首次利用电子计算机计算员工工资，这一举动引发了会计数据处理技术的变革，开创了利用计算机进行会计数据处理的新纪元。计算机在数据处理上所显示出来的巨大潜力引起了会计人员的重视。由于计算机在数据处理过程中所具有的输入、处理、输出的特点，正好与会计数据处理过程中的数据采集、加工、汇总、分类、计算与报表输出的要求相一致，使它成为当代会计数据处理的首选工具，将计算机技术用于会计工作已经成为历史的必然。随着以计算机技术为代表的信息技术的发展，计算机技术、通信技术、网络技术在会计领域中得到了广泛的应用。基于计算机的会计信息系统——计算机会计信息系统（简称会计信息系统），使得会计数据处理技术发生了质的飞跃，对传统会计理论和实务产生了巨大影响。

会计信息系统作为会计和计算机两个学科的交叉学科，是从信息处理的角度出发，研究在计算机和网络环境中进行会计信息系统分析、设计和评价的方法，研究进行会计数据的收集、加工、存储和会计信息输出的方法。

1.1　会计信息系统基本概念

1.1.1　数据、信息与知识

1.1.1.1　数据与会计数据

数据（data）是人们记录下来的有关事实，用来反映客观事物的性质、形态、结构和特征的符号。数据是信息系统的处理对象，没有或缺少原始数据的输入，就如同一个工厂缺乏原材料的供应而无法生产出所需的产品，但数据本身并不能作为人们判断和得出结论的可靠依据。数据是一个广义的概念，除各种数值数据以外，还包括字符、声音、图形、影像等非数值数据。

会计数据（accounting data）是记录下来的经济事实，是描述会计事实的符号，它是产生会计信息的源泉。一般情况下，会计数据包括数值数据和非数值数据。在会计工作中，从不同来源取得的各种原始资料、原始凭证、记账凭证及账面上的数据等都属于会计数据。

1.1.1.2 信息与会计信息

信息（information）是经过加工的、具有一定含义的、对决策有价值的数据，即经过加工处理后有用的数据，是数据按一定的目的、采用一定的方法加工处理后的结果，以揭示事物的本质，帮助人们预测事物的发展趋势。信息是人们进行科学决策的基础，可以用符号、文字、数字、图表等形式来反映。

在当前信息化社会，人们已经认识到信息是人类社会的资源，而且在某些情况下，信息已成为重要的战略资源之一。企业决策离不开信息，只有随时掌握反映企业经营环境客观情况的信息，才能使企业在市场竞争中处于主动地位。

信息的有用性即信息的价值，通常表现为：

❶信息可以帮助人们认识事物的当前状态和特征，或者说，信息能够提高人们的知识水平，提高人们洞察客观事物的能力。

❷信息可以帮助人们控制当前事物的发展过程，使目前正在发展的事物朝着人们期望的方向运行，达到人们预期的目标。

❸信息可以帮助人们预测事物的发展趋势，是人们进行科学决策的基础。

会计信息（accounting information）是通过一系列专门的会计核算方法，对会计数据按一定的要求进行加工或处理（采集、记录、计算、分类、汇总）后提供给经济管理者所需要的各项会计资料。会计信息可用数字、符号、文字、图形等来表示，包括经济活动中的资产、负债、所有者权益、成本、收入、费用、利润等信息。会计信息可以反映和监督生产经营活动，由此进行财务决策。

1.1.1.3 数据与信息的联系与区别

信息与数据是两个互相联系、互相依存又互相区别的概念。信息向人们提供关于现实世界新的事实的知识，数据则是载荷信息的物理符号，即它们所用的符号、表现形式是相同的。不同的是，数据仅仅是对客观事物进行反映和记录的可以鉴别不同事物的符号，而信息是对数据按一定的要求进行加工处理后，对客观世界产生影响的数据。数据与信息之间存在以下区别：

❶并非任何数据都表示信息，信息是消化了的数据。

❷信息是更直接反映现实的概念，数据则是信息的具体表现。也就是说，信息不随荷载它的物理载体而改变，数据则不然，它是存储在计算机信息系统中的具体数据。例如，今天的天气预报可以用图 1-1 表示，数据表示为“雨”和“有雨的图片”，即表示天气预报的信息的载体不同，但今天有雨的信息是一致的。

（a） （b）

图1-1 数据是信息的具体表现

❸两者不断转换。数据和信息在不同的环境中可以相互转换，在实际工作中，有时无法把数据和信息截然分开，两者是密不可分的。

会计信息作为一种特殊的信息，能反映企业的财务状况和经营成果，与会计数据之间既有密切的联系又有本质的区别。会计信息是通过对会计数据的处理而产生的，会计数据也只有按一定的要求或需要进行加工或者处理，才能成为满足管理者需要的会计信息。但是会计信息具有相对性，有的会计数据对某些管理者来说是可利用的会计信息，对另一些管理者来说则需要在此基础上进一步加工处理才能利用。会计数据和会计信息之间的这种相对关系可用图1-2表示。尽管会计数据和会计信息存在本质的区别，但在实际工作中，对二者经常不加区别地使用，有时把会计数据处理也称为会计信息处理。

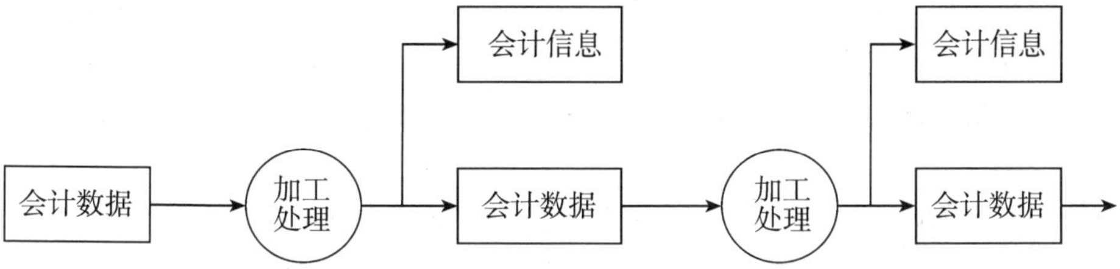

图1-2 会计数据处理（会计信息处理）

1.1.1.4 知识

知识（knowledge）是以各种方式将一个或多个信息关联在一起的信息结构，是对客观世界规律性的总结。随着人们对信息认识的逐渐加深，有关知识的概念以及知识与信息的关系问题正在引起越来越多的讨论和思考。从信息技术应用的角度来看，知识是对同类信息的积累，是为有助于实现某种特定的目的而抽象化和一般化了的信息。因此，信息是知识的原料，而知识是对信息的更高一级的抽象，这种抽象可以在信息系统环境中通过寻找各信息之间的联系完成。由此可以看出，知识的产生需要自由地获取信息。

1.1.2 系统概述

1.1.2.1 系统的概念

党的二十大报告指出："必须坚持系统观念。万事万物是相互联系、相互依存的。只有用普遍联系的、全面系统的、发展变化的观点观察事物，才能把握事物发展规律。”随着科学技术的进步和社会活动的日益复杂化，人类所面临和解决的问题越来越复杂，许多问题表现出整体性和系统性的特征。因此，人们在很多领域中普遍采用“系统”的观念来处理问题，“系统”成了人们常用的术语。

系统是指一系列彼此相互联系、相互制约的部分为实现某种特定的目的而建立起的一个有机整体。系统是一个广义的概念，以此来认识客观世界，系统无处不在。系统不仅是实际的组织结构和概念结构，而且反映出它们之间的活动、行为以及为达到特定目标而相互产生的作用和制约。

1.1.2.2 系统的特征

（1）目的性

任何系统都有其要达到的目标和应完成的任务或功能，即为某一目标服务。建立一个新系统，首先要确定系统的目标，这个目标必须是明确的、切合实际的且经过努力可以达到的。目标是一个系统的主导，决定着系统的功能和各要素的组成与结构，为达到既定的目标，各部分要有机地结合在一起，形成一个整体。当然，各部分的分目标常常会相互矛盾，因此系统要在分目标之间寻求折中与平衡，以实现系统的总目标最优。

（2）整体性

一个系统由两个或两个以上的要素组成，所有要素的集合构成了一个有机的整体。系统不是部分的机械组合或简单相加，部分必须服从整体，应避免因追求局部最优化导致整体次优化的情况发生，系统以整体功效最优为最终目标。

（3）相关性

相关性也称关联性，即一个系统中各要素间存在密切的联系，这种联系决定了整个系统的机制。这种联系在一定时期内处于相对稳定的状态，但随着系统目标的改变以及环境的发展，系统会发生相应的变化。

（4）层次性

任何系统都可以分解为一系列的子系统，这种分解实质上是系统目标的分解，也是系统任务与功能的分解。而各子系统又可以分解为更低一层的子系统。因此，系统是具有层次的树形结构，如企业是由一系列供应、生产、销售、管理等部门组成的为实现产品生产和销售的系统。企业这个系统又可分为物资供应子系统、生产管理子系统、产品销售子系统、工艺技术子系统、财务与会计子系统、人力资源管理子系统等若干子系统，其中，财务与会计子系统可再分为会计核算子系统和财务管理子系统。

（5）环境适应性

每个系统都生存在一个特定的环境中，系统要存在、发挥其作用，实现其目标，就一定要适应所处的环境。当环境发生变化时，系统就要及时地作出调整，以适应环境；否则，系统就会失去生命力。

1.1.2.3 信息系统的含义与特征

信息系统是指基于计算机和各种软件技术的，融合各种关联理论和管理方法，以信息为处理对象，进行信息的采集、存储、处理、传输，并在必要时向使用者提供信息的人机相结合的系统。数据是信息系统的加工对象，信息是信息系统的加工成果。

信息系统除了具有系统的一般特征之外，还具有以下特征：

❶信息性，是信息系统的显著特征，建立信息系统的目的就是提供有用的信息。

❷综合性，主要体现在它综合了对信息的采集、存储、处理、传输等完整的信息处理过程。

❸集成性，包括系统的集成和平台的集成。前者指信息系统由多个子系统集成，后者指信息系统要在一个集成的软硬件平台上运行。

❹多样性，是指信息系统的功能、规模、应用领域都是多样性的。

❺发展性，是指信息系统的内涵与外延都在迅速发展，尤其是21世纪将会形成一些世界性的、综合性的、一体化的信息系统。

1.1.2.4 信息系统的分类

随着计算机技术和网络技术等信息技术的发展，信息系统也在不断发展变化，由此而出现各种分支。从信息处理技术和提供信息的层次的角度出发，信息系统可划分为以下几种类型：

（1）电子数据处理系统

电子数据处理系统（electronic data processing system，EDPS）是以计算机应用技术、通信技术和数据处理技术为主的系统，强调业务处理自动化，一般不涉及任何预测、规划、调节和控制，旨在提高效率，节省人力。在信息系统的各分支中，电子数据处理系统较少涉及经营管理问题，往往是其他类型信息系统的基础，并向其他类型信息系统提供数据，如会计数据处理系统。

（2）管理信息系统

管理信息系统（management information system，MIS）是在EDPS的基础上逐步发展起来的信息系统，利用EDPS提供的数据和大量定量化的科学管理方法实现对生产、经营和财务过程的预测、管理、调节、规划与控制。其特点是在企业管理中全面使用计算机，借助计算机提供的信息进行决策；应用数据库技术和计算机网络，实现联机实时处理和资源共享；采用决策模型解决结构化的决策问题。将管理信息系统的概念应用于组织中的具体职能领域，形成以下各种职能性子系统：

❶人力资源管理信息系统。这是指将信息技术与人力资源管理有机融合而构建的管理信息系统。其功能是进行薪酬管理、人力资源信息管理等，目的是有效地进行人力资源管理。

❷供应链管理信息系统。这是指为了顺应市场中供需双方关系的变化，注重用户在组织的生存和发展中的作用，将信息技术与供应链管理理论有机融合而构建的管理信息系统。其功能是进行供应商评估管理、采购管理、分销渠道管理、库存管理和销售管理等。

❸制造管理信息系统。这是指将信息技术与先进的管理思想有机融合而构建的管理信息系统。其功能是支持主生产计划、生产安排、物料需求计划、订单管理等，可应对制造业面临的巨大挑战。

❹客户关系管理信息系统。这是指将信息技术与客户关系管理理论有机融合而构建的管理信息系统。其功能是进行服务管理、客户管理、机会管理、客户关怀管理，实时挖掘潜在客户、实时跟踪现实客户、实时维护重点客户等。

❺会计信息系统。这是指将信息技术与会计理论有机融合而构建的信息系统。其功能是从各个职能子系统中获取信息，动态地反映组织的财务状况和经营成果，控制经营活动，并为管理和决策提供信息。

（3）决策支持系统

决策支持系统是综合利用大量数据，有机组合众多模型，通过人机交互，辅助各级决策者实现科学决策的信息系统。大部分决策支持系统处理的是半结构化（不可完全程序化）的管理决策问题，因此称为支持系统，如投资决策支持信息系统、经营决策支持信息系统等。

（4）专家系统

专家系统（expert system，ES）是将某一领域的专家们在长期实践中积累起来的经验和知识，特别是他们在处理该领域问题时所产生的成功案例编成计算机程序，供决策人员使用，以改进决策质量的信息系统。专家系统属于人工智能系统，是很具有研究空间和发展潜力的新领域，如中医专家系统等。

（5）总裁信息系统

总裁信息系统（executive information system，EIS）是为一个组织中的最高层管理者的特殊需求服务，在专家系统的支持下，从管理信息系统中提取各种信息，为高层管理者提供综合信息的系统。

（6）办公自动化系统

办公自动化系统（office automation system，OAS）是20世纪80年代随着计算机技术、网络技术等的发展而产生的多功能综合系统，其目的是提高办公室工作人员的工作效率，如电子邮件系统等。

（7）国际电子商务处理系统

国际电子商务处理系统（international electronic business processing system，IEBPS）是20世纪90年代随着国际互联网和电子数据交换技术的发展而发展起来的信息系统。它借助于现代通信和网络技术，将原来各个国家、各个部门和各个单位的商务管理信息系统联成一体，形成国际化信息系统。

上述划分的各信息系统彼此并不是截然分开的，而是既相互独立又相互渗透，并将随着科学技术的进步和发展而不断完善与丰富的。

1.1.2.5 信息系统的功能

（1）数据的采集和录入

信息系统采用各种可能的方式将反映对象的原始数据采集起来，经过加工、整理、录入等，转化为系统所需要和能接收的格式并送入系统。

（2）信息的存储

无论是采集和录入后的数据还是经过加工处理后对管理有用的信息，都要进行存储和保管，以供管理部门使用。它涉及存储介质、存储方式、存储安全和存储时间等内容。

（3）信息处理

这是指对输入的数据进行一系列复杂的加工过程，完成从原始数据到可利用信息的转化，包括计算、分类、合并、核对、排序、查询、更新、汇总、压缩、比较等处理。

（4）信息传输

为向更大范围的信息使用者提供信息，现代信息系统需借助网络技术，迅速准确地将信息传送给信息使用者。信息传输的安全性是信息系统首先要考虑的问题。

（5）信息输出

经过加工处理产生的信息，要以适当的方式提供给信息使用者。输出的信息要准确完整、易读易懂、直观醒目、符合信息使用者的习惯。

1.1.3　会计信息系统

1.1.3.1　会计信息系统的概念

会计是一个信息系统。对这一问题应从以下两个方面来认识：

第一，作为一个信息系统，它旨在向利害攸关的各个方面提供某家企业或其他经济个体的以财务信息为主的经济信息。其重要职能之一是累积和报告用以反映某一组织的财务状况和经营成果的财务信息。

第二，从会计核算的方法上看，无论是填制和审核凭证、设置账户、复式记账、登记账簿、财产清查、成本计算、编制会计报表，还是财务分析、会计管理、会计检查，实际上都体现了对信息的某种使用方式。

企业在经济业务发生以后，首先是填制和审核凭证，然后在开设好的账户中，用复式记账的方法来登记账簿，定期或不定期地进行财产清查，期末进行成本计算，并且在账证、账账、账实相符的基础上编制会计报表，达到账表、表表相符，此外，还要不时地对经济活动进行分析和考核，运用会计信息进行管理，并依据国家有关的财政经济制度、政策与法规审查会计信息的合理性、合法性等。由此可以得出这样一个认识：会计在其工作过程中所采用的各种方法、进行的各种操作处理无不体现出对信息的处理过程。从这个角度可以更加清晰地理解会计是一个信息系统。而会计信息系统在处理程序上的“数据采集”“加工”“输出报告”的基本过程又恰恰与计算机的信息处理过程——输入（input）、处理（process）、输出（output）——不谋而合。所有这些会计活动都有着密切的内在联系，它们相互依存、环环紧扣，构成了一个有秩序的数据处理和信息生成的过程。这一过程可分为若干部分，每一部分都有各自的信息处理任务；所有各部分又互相联系，互相配合，共同服从于一个统一的目标，形成一个会计活动的有机整体。这个有机整体就称为会计信息系统。

会计信息系统（accounting information system，AIS）是专门用于企事业单位采集、存储、处理和传输会计数据，产生会计信息，并向投资人、债权人和政府职能部门提供会计信息的管理信息系统。其本质是以提高经济效益为目的的一种经济管理活动，特别是企业会计，其主要任务是按照现行的会计制度、法规、方法和程序，把在生产经营过程中价值运动所产生的数据，加工成有助于管理决策的会计信息。会计作为系统，通过提供信息来反映过去的经济活动、控制目前的经济活动、预测未来的经济活动。

认识会计信息系统，对于了解和掌握信息化会计理论与方法是非常重要的，是从手工会计向信息化会计转变的关键。

1.1.3.2 会计信息系统的功能

会计信息系统既然属于信息系统，就必然具有信息系统的共性，即必须具有会计信息处理、会计业务处理、会计组织管理及辅助决策等功能。其中，会计信息处理包括数据采集、存储、处理、传输和输出等5个方面的基本功能；会计数据采集是指按照设定的各种会计准则和方法，记录日常经营交易活动中的会计信息，确认能够进入会计信息系统处理的相关信息，即填制或取得原始凭证以及从企业内外取得其他数据；会计数据处理是指对采集到的会计数据进行分类、汇总、记账、制表等核算处理，以及在此基础上进行分析、预测、计划与决策。

1.2 会计信息系统的发展历程

管理水平的提高和科学技术的进步对会计理论、会计方法和会计数据处理技术提出了更高的要求，使会计信息系统经历了由简单到复杂，由落后到先进，由手工到机械，由机械到计算机，再由单机到网络化的过程。会计信息系统的发展历程是不断发展、不断完善的过程。从数据处理技术上看，会计信息系统的发展可分为3个阶段。

1.2.1 手工会计信息系统阶段

手工会计信息系统阶段是指财会人员利用纸、笔、算盘、计算器等计算工具，实现对会计数据的记录、分类、计算、分析、汇总及编制会计报表，并以纸张作为会计数据的载体，向相关部门和人员提供会计信息。其操作的速度受人们阅读速度、记录速度和运算速度的制约，一般比较缓慢。这一阶段历时漫长，时至今日，仍有部分企业的会计工作还停留在手工处理的阶段。

1.2.2 机械会计信息系统阶段

19世纪末20世纪初，西方发达国家的工业化生产规模越来越大，对会计的要求越来越高，会计数据量剧增，手工处理越发显得力不从心，会计人员为了提高会计工作的效率，遂借助各种机械手段进行会计数据处理。其初始阶段是单机操作，只运用个别的机器来代替一部分手工操作。例如，收银机是用来收入货款的；记账机是计算机和打字机的混合体，用于登记账页。这个阶段的特点是机械化操作与手工操作并举，一部分数据处理用机械，一部分数据处理用手工。后来发展为以穿孔卡片编表机为核心，利用穿孔机、验孔机、分类机和编表机等进行全盘机械化操作。使用穿孔卡片的各种机器，用的是同一张卡片上的原始资料，即卡片上的数据一次穿孔、多次使用，这就省去了原始数据在手工操作中的辗转抄录、加工的工作，因而其操作速度比手工操作快。在机械化操作中的穿孔卡片及“一数多用”的数据处理原则，在会计信息系统操作中得到沿用和发展。虽然机械化操作在一定程度上提高了会计工作的效率，但在计算机诞生之后，机械化的会计操作很快就消失了。我国基本没有经历这一发展阶段。

1.2.3 计算机会计信息系统阶段

计算机会计信息系统阶段是以计算机为手段，进行会计数据处理。20世纪中叶，电子计算机的问世给人类社会带来了一场划时代的工业技术革命。随着计算机硬件性能的迅速提高和软件开发技术的不断突破，计算机逐步具备了强大的数据处理能力，受到了人们的普遍青睐。1954年10月，美国通用电气公司第一次运用计算机计算员工的工资，从而掀起了会计数据处理工具变革的序幕。20世纪60年代中后期，计算机软、硬件的性能进一步改进，价格不断下降，特别是微型计算机的出现，以计算机为代表的数据库技术和网络技术等信息技术的迅猛发展，使计算机在会计领域的应用开始普及。会计数据处理的主要工作（如数据检索、分类、记账、算账和编制会计报表等）几乎全部由计算机系统自动完成，并能准确、高效地完成任务，从而推动了会计信息系统的发展和革命，推动了会计人员观念的更新。

计算机会计信息系统阶段可以细分为以下几个阶段：

1.2.3.1 会计核算处理阶段

会计核算处理阶段，是计算机应用于会计信息系统的初级阶段，是将以计算机为主体的电子信息技术应用于会计核算工作中，即运用会计核算软件取代部分人工，完成会计核算工作。计算机的强大计算能力和存储能力，在会计核算工作中充分地发挥了作用，降低了财会人员的劳动强度，提高了会计工作效率，实现了会计核算工作的自动化或半自动化。

会计核算软件是指以会计理论和会计方法为核心，以会计制度为依据，以计算机和通信技术为基础，以会计数据为处理对象，专门用于会计核算工作，提供会计信息的电子计算机应用软件。凡是具备相对独立完成会计数据输入、处理和输出功能模块的软件，如账务处理、固定资产核算、工资核算、报表、应收应付款核算及存货等，均可视为会计核算软件。

由于当时的计算机软、硬件技术能力有限，会计信息系统的目标主要是用计算机局部替代手工完成会计核算工作，如工资计算、简单的账务处理等，此时的会计信息系统又可称为会计数据处理系统。其主要特点有：

❶会计业务处理主要是单项数据处理，只是为了摆脱手工记账的重复劳动。企业每个职能部门对信息的需求都是多样的，该阶段是通过为每个职能部门建立一个子系统来解决多样性的信息需求的，其结果一是业务数据在不同部门之间重复存储，很可能带来不同部门之间数据的不一致性，二是业务数据的分散存储，而职能部门之间的相对独立性，使用者要获得其他部门的数据会存在一定的障碍，由此形成一个个的“信息

孤岛”。

❷会计核算只具有事中记账、事后报账、客观提供会计信息的反映职能，无法参与计划和决策等管理活动。

❸会计软件以模拟手工核算为主，且各项业务的数据处理大都是独立运行的，相互之间没有联系，主要用于账务处理、报表处理、工资计算、固定资产核算、材料核算及销售核算等业务。

1.2.3.2 财务与业务一体化阶段

随着计算机技术突飞猛进的发展，数据库技术、网络技术在会计信息系统中得到了广泛的应用。会计信息系统在此阶段主要是基于局域网的会计信息系统。

会计信息系统的主要目标是综合处理发生在企业各业务环境中的各种会计数据，使数据尽可能地为应用服务，并为企业管理部门提供管理或决策信息。利用局域网络，企业的业务与财务同步，即当经济业务发生时，在局域网络中，由业务单据驱动，系统可以根据业务信息生成会计信息（如购买一台机器设备，当固定资产管理系统增加该项资产时，对应的会计凭证自动生成并传递到总账系统）并审核后记账，推动记账凭证由手工填制转变为系统生成方式，使财务账和实物账同步完成，以业务驱动财务，建立起财务业务一体化的核算与管理模式，实现财务业务一体化管理，将会计人员从繁杂的劳动中解放出来，以完善会计信息系统的控制功能，将会计人员由核算角色转变为管理决策角色。其主要特点有：

❶会计信息系统突破了传统的数据处理范围，除原有的会计核算功能外，还包括应收应付款管理、成本核算管理、存货管理、销售管理和财务管理等管理功能，并且各子系统有机地结合在一起，形成了具有整体性的会计信息系统，实现了信息快速传递和共享。

❷会计信息系统的结构打破了手工方式的一些模式，业务发生与财务处理同步。会计信息系统的信息采集不仅采用批处理方式，而且采用实时处理方式，用户可以得到“实时”信息。

❸会计信息系统的功能不断完善，在实现信息共享的基础上还注重会计数据的综合加工、分析和深层次的应用，以便向管理者和决策者提供手工方式下难以获得的高层次的辅助信息，极大地提高了会计信息系统的功能和应用价值。

1.2.3.3 互联网会计信息系统阶段

Internet——互联网的普及，将分散在全球各地的计算机网络相互联结形成全球最大的网络系统。同时，基于互联网的电子商务可以实现商务过程的电子化、数字化和网络化，它不仅打破了国界、距离与时间的限制，而且改变了企业的生产经营方式，使企业的生产、经营、管理和服务变得更及时和迅速。随着我国经济的快速发展，依托计算机技术和互联网技术的网络化会计信息系统应运而生。互联网会计信息系统是建立在互联网环境基础上，利用具有互联网技术的计算机来取代传统人工手动的方式进行会计信息的处理，并通过互联网进行会计信息的存储和传递，同时以计算机技术取代人工方式，具有会计信息整理、运算、处理、统计及分析快速、准确的优点，能实现企业自身和企业之间的各类经济往来数据被便捷地获取，大大提高了会计信息往来业务的处理效率。

互联网会计信息系统的构建，以20世纪60年代美国会计学家索特提出的事项法会计（events accounting）的理论为依据，即采用“事件驱动”的体系结构，在业务活动发生时触发信息系统记录或存储该业务活动的相关数据，在用户提出信息需求时触发对业务活动的报告过程，向信息使用者提供各种符合决策需求的信息。

互联网的出现使会计信息系统的功能越来越强大，互联网为企业资源集成与共享提供了平台，使会计信息系统与企业管理信息系统的融合也越来越紧密，尤其是企业资源计划（ERP）系统的实施，实现各子系统之间的信息集成，企业财务流程与业务流程相融合，将企业经营中的三大主要流程，即业务流程、财务会计流程、管理流程有机融合。随着企业规模的扩张和全球化发展的加速，一个集团投资并控股多家不同企业的形式也逐渐成为趋势，随之而来的是管理费用的剧增、总部协调的难度增加、有效沟通的效果越来越差，为了改变这种状况，共享中心这种新型模式应运而生。IT技术的发展，特别是ERP的运用及推广，极大地推动了“云会计”“财务共享服务”“智能财务”在企业界的实践和应用，有关“云会计”“财务共享服务”“智能财务”相关内容将在第13章介绍。

互联网会计信息系统不仅实现了企业内部各个部门的信息交流与共享，同时实现了企业同外部的信息交流与共享，数据信息的获取更加简便迅速，而且支持远程处理（远程报表/远程报账/远程查询/远程审计），支持电子商务和网上理财服务。互联网会计信息系统与传统会计信息系统相比，具有自己显著的特点。

（1）会计信息处理的无纸化

会计数据输入、记录、整理和分析工作，是以各类标准的电子符号来代替以往的数字形式进行的，数据输入后，计算机系统会根据设置好的数据筛选规则，自动对各类符号进行分类和归纳，并自动生成相应的报表，会计数据的流转和传输也不再需要纸质文档、U盘或移动硬盘的形式，对会计信息的查看采用了网页，或以网页为主体的多媒体方式，会计数据变成了网页数据，极大地降低了因手动记录和人工计算而造成的数据失误的概率，信息准确度更高。

（2）结算支付电子化

随着计算机和互联网科技的不断发展，企事业单位之间也开始越来越多地使用电子订单的方式进行货物的订单下达、订单接收、网络物流订单跟踪、货物验收，订单的形成不再需要双方负责人面对面地签订纸质合同，但如果有需要也可以通过传真输送、电子打印等方法获取。货款的支付也主要采用电子支付，尤其随着网银、支付宝等多种形式的电子支付方式的出现，企业间结算实现了高速度、高质量和低成本，资金活动也相应地变为信息的流动。同时，电子化资金往来的流程透明、进度详细，使对企事业单位资金往来的调查与核实更加方便。

（3）企业之间信息传递与交流加强

网络化会计信息系统是依托在互联网环境下对各种交易和事项进行确认、计量和披露的会计活动，企业在通过内部网、外部网和互联网等电子信息技术进行电子商务的同时，将网络技术应用到会计中，完全代替人工进行原始数据的收集、原始凭证的录入、复式记账、算账与报账，以及代替人脑完成对会计信息的分析预测和决策的过程，能够帮助企业加强相互之间的信息传递与交流，实现财务与业务的协同，以及报表、报账、查账、审计等远程处理。

（4）经济业务实时处理

传统会计信息系统由于受技术限制而必不可少的中间处理步骤，被网络化会计信息系统实时处理的信息报告过程所取代。经济业务发生时以实时方式采集和存储有关业务数据，业务信息实时转化，自动生成会计信息。企业可以通过数据库储存大量的信息，网络信息的实时化可以保证信息使用者通过互联网访问企业的数据库，以此获取其他企业最新的会计信息，降低经营风险，及时作出投资决策，大大提高了信息的时效性。

（5）会计人员专业化

会计人员除了具备归集、加工、披露会计信息，实现会计的记录、报告等基本职能外，将由主要从事核算转向主要从事财务分析、决策和监督等管理活动，这就要求会计人员必须更新知识结构，不断吸取新知识，不光要懂会计，还要有计算机、管理、法律等多方面的知识。网络的使用还将使会计人员可以实现移动办公、在线办公、分散办公。

随着企业的快速发展，会计信息系统已成为企业中会计信息化的核心，但同时，会计信息的网络化也给系统在其运行中的安全和管理等带来了非常大的难题。此外，会计信息的网络化也给信息在系统中的传输或者存储带来潜在的不安全性和不保密性。随着网络技术的飞速发展，网络化会计信息系统的优势决定网络化会计信息系统的使用和发展必将成为整个企业进行信息化转型的基本条件。

信息时代网络技术的发展，使人们的生活方式正在发生日新月异的变化，尤其是手机支付正在逐渐取代传统的现金支付方式，大数据、人工智能、移动互联网、云计算、区块链等新兴技术层出不穷，对管理会计信息系统的建设是一个重要的机遇，尤其是区块链技术支持的分布式记账，对会计信息的生成产生了根本性的影响。大智移云物是在2013年8月中国互联网大会提出来的，将大数据、智能化、移动互联网、云计算、物联网综合到一起，是产业互联网的重要技术载体和推动力。其中："智能化"包括物联网和大数据挖掘支撑的用户体验。移动互联网、物联网的结合，又使大数据的产生和收集成为可能，两者的应用需要云计算支撑，大数据的深入分析和挖掘反过来助推移动互联网和物联网的发展，使软件更加智能化。大智移云物区等信息技术彼此交融、相互渗透，对会计理论、会计信息、会计工作、会计人员产生了深远影响，进一步革新了财务的技术工具，悄然改变着财务的工作模式，传统会计信息系统将逐步向自动化、数字化和智能化转型。会计信息系统的建设势必要跟上时代发展趋势，才能应对新技术给行业带来的冲击。

1.3 会计信息系统的基本构成、功能结构及其关系

1.3.1 会计信息系统的基本构成

会计信息系统是在计算机和网络环境下采用现代信息处理技术，对会计信息进

行采集、存储、处理和传输，完成会计核算、监督、管理和辅助决策的系统。它是一个人机结合的系统，不但需要计算机的支持，而且需要人的操作和使用，所以从系统的结构来看，是由计算机硬件、计算机软件、会计数据、会计规范及会计人员组成的。

1.3.1.1　计算机硬件

计算机硬件是组成计算机系统的所有物理部件，是看得见、摸得着的，是会计信息系统进行会计数据输入、处理、存储、输出和传输的各种电子设备，是计算机工作的基础，主要包括以下设备：

❶输入设备，是指能够把会计数据输入到计算机中的设备，如键盘、鼠标、光电扫描仪、条码扫描仪等。

❷处理设备，是指按一定的要求对数据进行加工、计算、分类、汇总、存储、转换及检索的处理设备，是由计算机主机（又称中央处理器，即CPU）的功能来实现的。

❸存储设备，是指用于存放数据的设备，如U盘、移动硬盘等。

❹输出设备，是指从存储设备中取出数据，并按照一定的方式和格式进行输出的设备，如显示器、打印机及绘图机等。

❺各种网络设备，对于网络环境下的会计信息系统而言包括网络服务器、集线器、中继器、网桥、网关、路由器、网卡等。

1.3.1.2　计算机软件

计算机软件通常是指控制和管理计算机完成各项工作的程序的集合。就程序而言，它或者是用来支持计算机工作和扩大计算机功能的，或者是为解决某种具体问题而编制的。由于存储在计算机中的这些程序看不见、摸不着，故称为“软件”，是保证会计信息系统正常运行的核心和灵魂。计算机硬件系统处于中心地位，是会计信息系统的基础。但仅有计算机硬件是远远不够的。可以说，没有软件的硬件，其作用与一堆废铁无异，只有软件而没有硬件的计算机系统也几乎是无用的。只有当软件与硬件结合在一起，组成计算机系统后才能发挥计算机的作用。所以，在构成关系上，软件对硬件资源进行控制和开发，并给操作者提供界面。会计信息系统中的软件根据其用途和性能可分为系统软件、会计软件和工具软件。

（1）系统软件

系统软件主要包括：

❶操作系统，是支持和管理计算机系统运行的核心软件，统一管理着计算机的所有硬件资源和软件资源，同时为用户提供一个功能齐全的使用环境，如Windows 10。

❷汉字系统，主要提供对汉字的处理功能，包括汉字的输入、显示和打印输出等功能。

❸数据库管理系统，它是对数据进行管理的系统，如Oracle数据库管理系统。

（2）会计软件

会计软件是专门用于会计核算和会计管理的软件，是会计信息系统的一个重要组成部分。没有会计软件的信息系统不能称为会计信息系统，拥有会计软件是会计信息系统区别于其他信息系统的主要因素。目前，会计软件非常多，国内会计软件有上百种，如用友、金蝶等。核算精确、功能完善、使用安全、操作简单的会计软件，是企事业单位开展会计核算工作不可缺少的备件。

（3）工具软件

工具软件主要是维护会计信息系统的工具，如网络管理工具和杀毒工具软件等。

1.3.1.3 会计数据

会计数据是指信息系统采集、存储、处理和传输的对象。会计信息系统所处理的数据主要是经济业务（主要包括外部业务、内部业务和转账业务）数据。外部业务是企业与企业外部之间发生的业务，如购买原材料。内部业务是指企业资产在企业内部的转移流动，如领料、发放工资、产成品入库等。转账业务是指根据会计工作需要而进行的转账工作。会计信息系统的主要任务是向内部和外部提供会计信息，这些信息都按照一定的结构存放在计算机存储设备中，组成会计信息系统数据库，供会计信息系统处理、查询和输出。数据分为输入系统的原始数据和系统运行中生成的各种文档等。其中输入系统的原始数据因其具有不可再得性，所以特别重要，需采取有效措施保证系统数据的安全和完整。

1.3.1.4 会计规范

会计信息系统的各项规章制度是保证整个信息系统正常运行的规范，是会计核算工作顺利进行的重要保障。它主要包括两大类：一是会计法、会计制度、会计准则；二是系统运转的各项规定，如机房管理制度，人员岗位职责制度，会计软件的操作管理制度，计算机软、硬件和数据管理制度以及会计的档案管理制度等。制定和严格执行会计工作的内部管理制度是实施会计信息化工作成功的基础。

1.3.1.5 会计人员

会计人员与会计信息系统之间有着密切的联系，会计人员既是会计信息系统的组成要素，又是会计信息系统的管理者。

会计所需要的专业人员在会计信息化工作开展的不同阶段也不相同。在会计信息系统的开发阶段，需要的是系统分析人员、系统设计人员、程序设计人员；在会计信息系统的运行阶段，则需要系统管理人员、系统操作人员、系统维护人员、数据录入人员、数据审核人员、档案管理人员及专职会计人员等。前者是为了顺利地完成会计信息系统的开发与研制工作，后者则是计算机能正确有效地运行、扩展功能和进行版本更新的保证。会计的专业人员是会计信息化工作开展的重要前提。广大会计人员要不断进行知识结构的调整，积极参与会计信息化工作，使这项工作得到广泛的开展和普及，真正发挥其在经济管理工作中的作用。

从系统构成的角度看，整个会计信息系统可以看作在各项规章制度的制约下，具有一定知识和技能的人通过软件操作、硬件收集、加工、处理和输出会计信息的系统。其中人是最重要的，计算机硬件是人制造并由人操作的；软件是软件开发人员开发的，其中凝结着开发者的心血和智慧；会计数据是按人的要求组织加工的。离开了人，系统就失去了生命。

1.3.2　会计信息系统的功能结构及其关系

对于会计信息系统这样一个庞大的数据处理系统，客观上要求我们把整个系统划分成不同的组成部分，即若干子系统，以便于分析设计。会计信息系统的功能结构是指会计信息系统的核心——会计软件——是由哪几个子系统组成、各子系统的功能及各子系统之间的相互关系等。

1.3.2.1　各子系统的划分

会计信息系统是随着信息技术革命和会计学科的发展逐步发展与完善的。最初的会计信息系统是用来帮助财会人员完成记账、算账、报账等会计核算业务的，主要包括工资核算、账务处理、报表等子系统，每个子系统的功能都相对简单。随着企业对财务、会计需要的不断增加，财会人员不仅要完成基本的会计核算，还要承担对经济业务活动过程进行实时反映、控制和评价的责任。会计信息系统的功能也不断向业务层面扩展，如增加了采购子系统、存货子系统、往来核算子系统、薪酬管理子系统、固定资产管理子系统、成本子系统、销售子系统、资金管理子系统等。进入21世纪后，信息技术与现代管理方法不断被融入会计信息系统的发展中，会计信息系统担负着对经济活动的全过程进行事前预测、事中控制、事后分析的重任，其内容向着支持管理与决策层方向发展，会计信息系统的功能越来越丰富和完善。到目前为止，会计信息系统已经从核算型向管理型方向发展，涵盖了供、产、销、人、财、物以及决策分析等企业经济活动的各个领域，基本满足了各行各业会计核算和管理的需要。会计信息系统的总体结构如图1-3所示。

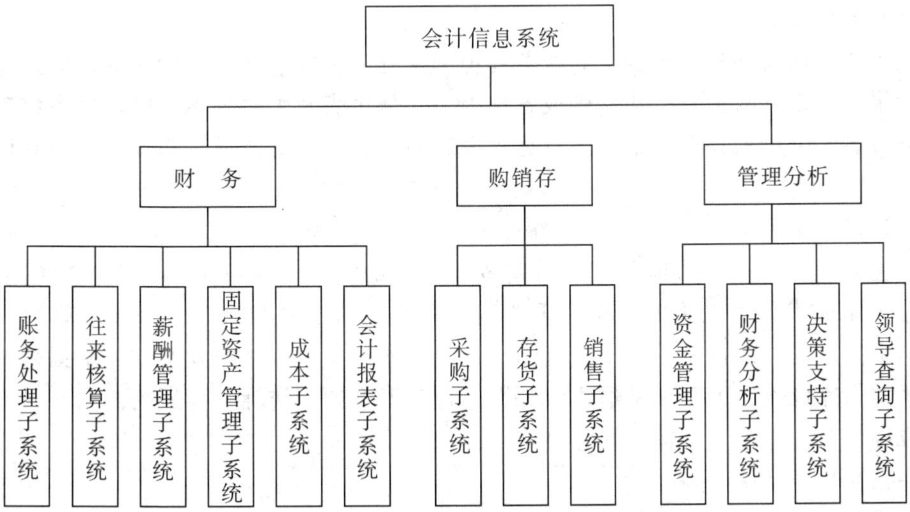

图1-3　会计信息系统的总体结构

1.3.2.2 会计信息系统各子系统的主要功能

（1）账务处理子系统

它是会计信息系统的核心与基础，这是由账务处理子系统本身的特点决定的。它主要用于日常账务处理，以凭证为原始数据，通过凭证输入和处理，完成记账和结账、银行对账、账簿查询及打印输出、系统服务和数据管理等工作。

（2）往来核算子系统

它主要用来核算企业发生的应收、应付款项及其归还情况。随着我国市场经济的发展，企业之间的商品信用交易更加频繁、复杂。往来核算在企业短期融资与信用管理中发挥更加重要的作用。鉴于企业广泛的信用关系，债权、债务单位的复杂性，故设立该系统，专门来完成这项工作。

（3）薪酬管理子系统

它主要用来实现企业人力资源的部分管理。它以职工个人的原始工资数据为基础，可实现职工工资的计算、工资费用的汇总和分配、计算个人所得税、查询并打印各种工资表、自动编制工资费用分配转账凭证并传递给账务处理子系统等功能。

（4）固定资产管理子系统

它主要用来对设备进行管理，即存储和管理固定资产卡片，实现固定资产的增减变动核算，完成折旧的计提和分配，自动转账及灵活地查询、统计和打印各种账表等。

（5）成本子系统

成本计算是会计核算的中心，成本子系统根据成本核算的要求，通过用户对成本核算对象的定义、成本核算方法的选择及各种费用分配方法的选择，自动对从其他系统传递的数据或用户手工录入的数据进行汇总计算，输出用户需要的成本核算结果或其他统计资料。随着企业成本管理意识的增强，目前，许多商品化成本子系统还增加了成本分析和成本预测功能，以满足会计核算过程中事前预测、事中控制和事后分析的需要。

（6）会计报表子系统

它主要根据会计核算数据（如账务处理子系统产生的总账及明细账等数据）完成各种会计报表的编制与汇总工作；生成各种内、外部报表及汇总报表；根据报表数据生成各种分析表和分析图；在网络上进行远程报表的汇总、数据传递、检索查询和分析处理等工作。

（7）采购子系统

它主要根据企业的采购管理和采购成本核算的需要，制订采购计划，生成采购订单，录入采购发票，对采购订单、采购到货和入库情况进行管理，掌握订单的执行情况，向未按期发货的供应商发出催货函；处理采购入库单、采购发票，并根据采购发票确认采购入库成本；处理采购退货业务，进行单据查询、统计，为采购部门和财务部门提供准确、及时的信息，辅助管理决策。

（8）存货子系统

存货是指原材料、周转材料等。存货子系统针对企业存货的收、发、存业务进行核算，掌握存货的耗用情况，及时、准确地把各类存货成本归集到各成本项目和成本对象上，为企业的成本核算提供基础数据；动态反映存货资金的增减变动，提供存货资金周转和占用的分析，为降低库存、减少资金积压、加速资金周转提供决策依据。

（9）销售子系统

销售子系统负责产成品入库、发出和结存的核算，以及营业收入、应交税费、利润、营业外收入、营业外支出和利润分配等的核算。由于其核算内容基本上与存货核算是一致的，有的软件中也将其并入存货子系统一并处理。

（10）资金管理子系统

它主要实现工业企业或商业企业、事业单位等对资金管理的需要。根据银行提供的单据、企业内部单据、凭证等，记录资金业务及其他涉及资金管理方面的业务；处理对内及对外的收款、付款、转账等业务；提供逐笔计息管理功能；提供各单据的动态查询情况及各类统计分析报表。

（11）财务分析子系统

该系统实际上是对会计核算系统数据的使用。它将会计信息系统产生的数据通过各种指标的方式表达出来，更加全面、清楚地反映企业的有关财务状况、盈利能力与营运能力等，并且可以利用计算机将有关分析结果以直观的统计图表的形式表达出来，便于管理者进行决策。

（12）决策支持子系统

决策支持子系统是指利用计算机、通信技术和决策分析方法，建立数据库和决策模型，利用模型向企业的决策者提供及时、可靠的财务和业务等信息，帮助决策者对未来经营方向和目标进行量化分析与论证，从而针对企业生产经营活动作出科学的决策。

（13）领导查询子系统

领导查询子系统是指利用子系统中的数据进行加工、整理、分析和研究，按照领导的要求提取有用信息（如资金快报、现金流量表、计划执行情况表等），并以最直观的表格和图形显示。它是企业管理人员科学、实用、有效地进行企业管理和决策的重要帮手。

以上讨论了会计信息系统的子系统划分及各子系统的功能，而不同单位由于所处的行业不同、会计核算和管理需求不同，因此其会计信息系统的总体结构和应用方案不尽相同，在建立会计信息系统时应根据行业特点和企业规模具体考虑如何设计会计信息系统的总体结构。

1.3.2.3 会计信息系统各子系统之间的关系

上述会计信息系统各子系统之间的关系表现为数据传递关系，传递的数据流主要是各类转账凭证。薪酬管理子系统、固定资产管理子系统、存货子系统、往来核算子系统向账务处理子系统传递与各自核算有关的转账凭证；账务处理子系统进行记账、结账等数据处理，并将有关的费用分配数据提供给成本子系统；成本子系统在完成成本计算后，将费用归集与分配的结果以转账凭证的方式传递给账务处理子系统；账务处理子系统最终完成账簿输出和报表编制。财务、购销存子系统最终要将核算数据提供给资金管理子系统、财务分析子系统、决策支持子系统和领导查询子系统，为管理和决策提供支持。各子系统相互联系、相互作用，支持企业实现物流、资金流和信息流的集成，并且支持财务与业务的协同。会计信息系统各子系统之间的关系如图1-4所示。

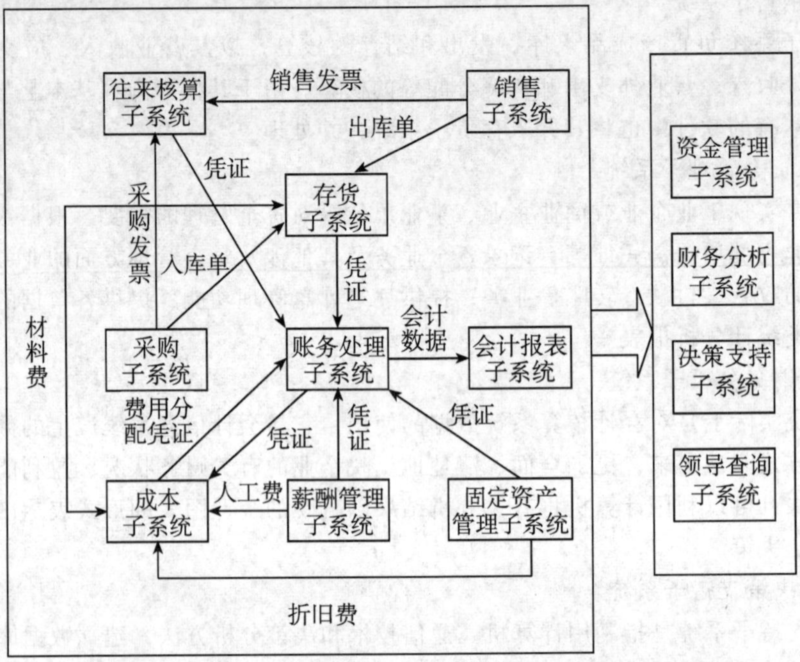

图1-4　会计信息系统各子系统之间的关系

案例窗 1-1　　　　拓展阅读 1-1

素养园地

倡导“三坚三守”　推进诚信建设

为推进会计诚信体系建设、提高会计人员职业道德水平，财政部制定印发了《会计人员职业道德规范》。这是我国首次制定全国性的会计人员职业道德规范。

会计人员承担着生成和提供会计信息、维护国家财经纪律和经济秩序的重要职责。党的十八大以来，党中央、国务院部署加快社会信用体系建设、构筑诚实守信的经济社会环境，将会计人员作为职业信用建设的重点人群，要求引导职业道德建设与行为规范。

加强会计人员职业道德建设，对长期以来会计职业活动实践中形成的职业道德要求进行总结提炼和大力宣传，引导会计人员形成正确的价值追求和行为规范，对于提高会计工作水平和会计信息质量，加强社会信用体系建设，推动经济社会高质量发展具有重要意义。

此次制定的规范，将新时代会计人员职业道德要求总结提炼为三条核心表述，即“坚持诚信，守法奉公”“坚持准则，守责敬业”“坚持学习，守正创新”。三条要求逻辑清晰、层层递进：“坚持诚信，守法奉公”是对会计人员的自律要求；“坚持准则，守责敬业”是对会计人员的履职要求；“坚持学习，守正创新”是对会计人员的发展要求。规范提出“三坚三守”，强调会计人员“坚”和“守”的职业特性和价值追求，是对会计人员职业道德要求的集中表达。

各地区各有关部门应当把学习贯彻规范作为当前和今后一个时期加强会计职业道德建设的首要任务。通过组织开展形式多样的学习活动，充分利用各类媒体平台，大力宣传规范精神，帮助广大会计人员全面理解规范内容，准确把握规范提出的要求，使其成为广大会计人员普遍认同和自觉践行的行为准则。

将规范作为会计人才培养教育的重要内容，在会计人员继续教育、会计人才培养培训项目中加强职业道德课程建设，引导会计人员深入学习和认真践行规范。推动高校财会类专业加强职业道德教育。指导用人单位加强会计人员职业道德教育，将遵守职业道德情况作为评价、选用会计人员的重要标准。依法成立的会计人员自律组织可以根据规范制定职业道德准则。

此外，各地区各有关部门还要积极营造良好职业道德环境。加强典型宣传和警示教育，通过鼓励先进、树立典型，激励广大会计人员自觉遵守职业道德规范，形成见贤思齐、争当先进的生动局面；推动建立会计人员失德失信行为惩戒机制，加强对典型失信案例的警示教育，形成扶正祛邪、惩恶扬善的行业风气。

资料来源　申铖，梁晓纯．倡导“三坚三守”　推进诚信建设［EB/OL］．［2024-05-10］．http://www.news.cn/2023-01/31/c_1129325850.htm.

【价值塑造】

1. 让学生理解“坚持诚信，守法奉公”、“坚持准则，守责敬业”和“坚持学习，守正创新”是会计人员的执业要求。

2. 培养学生爱国敬业、有责任有担当的品格。

复习思考题

1. 简述系统的概念及特征。

2. 简述信息系统的主要功能。

3. 简述会计信息系统各子系统的主要功能及相互关系。

4. 计算机会计信息系统可以细分为哪几个发展阶段？各阶段有什么特点？

5. 数据、信息、会计数据、会计信息的定义各是什么？请以图形的方式表示会计数据与会计信息之间的关系。

6. 会计信息系统的概念及功能是什么？

7. 会计信息系统由哪些基本要素构成？

第2章　会计信息系统的开发方法与途径

学习目标

◆重点掌握生命周期法的基本思想、工作流程、主要任务及优缺点。

◆掌握原型法、面向对象法及生命周期法三者的比较。

◆了解原型法、面向对象法的工作流程、优缺点，会计信息系统的开发方式及所用的开发工具。

会计信息系统的开发是一个庞大而复杂的系统工程，是根据会计法、会计准则及相关制度的规定，结合使用单位的具体情况要求，开发和建立适用于现代企业管理要求的会计信息系统的过程。它涉及组织的内部结构、管理模式、经营管理过程、会计核算方法、计算机软硬件的管理和应用等，又因为会计信息系统涉及的信息多、数据复杂，所以会计信息系统的开发和设计是一项专业性强、技术要求高、成果质量要求高、成本高的工程，比一般工程项目要复杂与困难得多。会计信息系统的开发必须以系统的观念为指导思想，按照计算机软件开发规范的要求，制定系统开发的原则，划分开发过程的各个阶段并明确各阶段的任务，采用科学、系统的开发方法和步骤，从而确保整个开发工作顺利进行。

目前，常见的开发方法有生命周期法、原型法及面向对象法等，而生命周期法是信息系统开发中较为流行、应用最广的一种开发方法，尤其适合复杂的大型系统的开发。

2.1　生命周期法

2.1.1　生命周期法的含义

软件与其他工业产品一样都具有生命周期。软件的生命周期是指从软件开发任务的提出，经过软件开发、完成、投入使用、在使用中不断完善，一直到停止使用的整个过程。

生命周期法的基本思想是将软件工程学与系统工程的理论和方法引入计算机会计信息系统的研制开发中，采用结构化、模块化、自顶向下的方式，按一定的规则和步骤有效地进行系统分析和设计的方法。其突出特点是强调系统开发过程的整体性和全局性，避免了开发过程的混乱状态。

按照结构化的系统开发思想，生命周期法将整个会计信息系统的开发过程划分为5个主要阶段：系统规划与可行性研究、系统分析、系统设计、系统实施、运行和维护。开发任何一个应用系统软件，都必须按顺序经历这5个阶段，如同瀑布流水，逐级下落（如图2-1所示）。

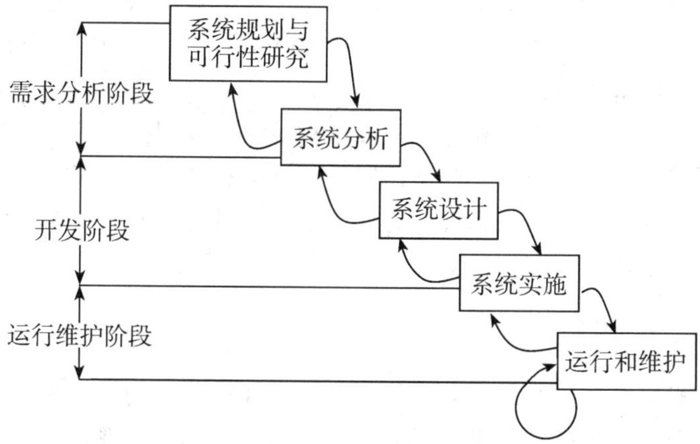

图2-1　软件生命周期的瀑布图

在每个阶段，都应当使用规定的方法和工具编制出各阶段的文档，从而控制系统开发过程，达到加快开发速度、降低开发成本、保证质量的目的。

在软件实际开发过程中，为了保证信息系统的质量，每个阶段完成之后，都要进行复查，如果发现问题，就应停止前进，沿着所经历的阶段返回，这就构成了图2-1中所示的各阶段间的向上流线。软件的生命周期也可划分为三大阶段：

❶软件需求分析阶段，包括系统规划与可行性研究、系统分析；

❷软件开发阶段，包括系统设计、系统实施；

❸软件运行维护阶段，包括运行和维护。

2.1.2　生命周期法各阶段的任务

生命周期法的工作流程是研制和开发任何一个信息系统都要按顺序经历的。在生命周期法的每一个阶段，都有明确的任务，并产生相应的文档资料，作为下一阶段工作的基础和依据。

2.1.2.1　系统规划与可行性研究阶段

系统规划与可行性研究阶段是系统开发的第一个阶段，它的主要任务是对企业的环境、目标、现行系统的状况及用户的需求进行初步调查，明确存在的问题，确定系统目标和总体结构，研究建立新系统的必要性和可能性。在此阶段，主要进行以下3个方面的工作：

（1）初步调查

对现行系统的基本情况进行调查，即针对企业的组织结构与人员安排、管理体制、经济环境、会计业务量、数据处理流程与业务流程的现状、系统与各部门之间的关系、系统的开发条件等进行初步调查，掌握与系统有关的、必要的基本情况，作为可行性研究和制订开发计划的基础。

（2）可行性分析

在初步调查的基础上，分析企业在现有的具体条件下，新系统开发工作是否可行，即从管理体制、管理基础、技术水平、经济条件、人员知识结构和其他方面去研究并论证新系统开发的可行性。

（3）编写可行性研究报告

可行性研究报告是系统研制和开发人员对新系统初步调查的结论，其内容包括初步调查的资料、所需资金、工作量、开发计划等。研制和开发人员编写好报告后，提交有关部门审批。可行性报告一旦正式批准，系统规划及可行性研究工作就告一段落，便可着手进行系统分析工作。

2.1.2.2 系统分析阶段

系统分析是指用系统的观点和系统的方法，对现行系统进行全面的分析研究，揭示系统的内在联系和运动规律，找出现行系统存在的问题，建立现行系统的逻辑模型；再根据用户的要求，确定新系统的目标，将现行系统逻辑模型转换成能实现的新系统的逻辑模型。系统分析一般分为以下3个步骤：

（1）分析和描述现行系统模型

对现行系统进行详细调查，获取详细资料，描述现行系统数据处理过程，即输入、存储、处理、输出等过程。

（2）分析和描述目标系统模型

在充分理解用户需求的基础上，改进现行系统中的不合理部分，增加用户需求的新功能，将现行系统逻辑模型转换成新系统逻辑模型。

（3）编写系统分析说明书

根据系统分析资料编写系统分析说明书，提交有关管理机构评审。

2.1.2.3 系统设计阶段

系统设计是在系统分析的基础上，根据新系统的逻辑模型建立物理模型，确定系统具体的实现方案。系统设计通常分为概要设计和详细设计两个部分。

（1）概要设计

概要设计亦称总体设计，是指在系统分析说明书的基础上，建立系统总体结构，进行模块的划分，设计数据库结构，并定义各模块的功能和相互之间的接口关系，从而建立一个完整的系统框架。概要设计以交付包括总体设计和数据库设计在内的概要设计说明书为完成标志。

（2）详细设计

这是指在概要设计的基础上对其进行细化，采用设计工具详细描述功能模块内部的运行过程，确定模块间的详细接口。详细设计以提交详细设计说明书为完成标志。

2.1.2.4 系统实施阶段

系统设计阶段的任务完成后，即可进入系统实施阶段。系统实施阶段的主要任务是根据系统设计阶段建立的物理模型构造一个新系统，具体包括：购置计算机硬件、系统软件，并安装调试；程序设计与调试；数据库文件转换；系统试运行；操作人员培训等。系统实施阶段结束后应提交程序清单、程序设计说明书、系统测试报告（主要包括测试方案、测试所用数据、测试分析报告）。

2.1.2.5 运行和维护阶段

当系统研制完成并交付使用后，便开始了软件生命周期的最后阶段，即运行和维护阶段。系统投入运行之后，仍有必要对系统进行维护。维护工作又分为以下两个方面：

（1）程序维护

程序维护一般由开发人员完成。其主要任务是修正在开发阶段产生、在测试阶段没有发现的错误，以及为扩充系统功能或改善性能而进行的修改。

（2）使用维护

使用维护的主要内容包括：为保证系统正常运行而进行的环境维护工作；解决因发生意外事故而使数据混乱或丢失的维护工作；预防、检测、清除计算机病毒等维护工作。

运行和维护阶段也应像其他阶段一样，提交运行日志、系统问题报告、系统修改报告等文档。

2.1.3 生命周期法的特点

（1）自顶向下整体性的分析设计过程和自下而上逐步实施的系统开发过程

这是指在系统分析与设计时要从全局考虑，自顶向下地进行，而在系统实施时，则要根据设计的要求划分一个个具体的功能模块，自下而上地逐步实施整个系统的功能。

（2）严格区分工作阶段

这是指将整个系统开发过程划分为若干阶段，每个阶段都有其明确的任务和目标，以便于计划和控制进度，有条不紊地协调各方面的工作。

（3）深入调查研究

这是强调在系统设计之前，深入实际单位，详细地调查、研究、系统分析，尽量弄清实际业务处理过程的每一个细节，分析研究，先逻辑设计后物理设计，制订出科学合理的新系统设计方案。

（4）面向用户的观点

用户对系统开发的成败是至关重要的，因此在开发过程中要面向用户，充分了解用户的需求和愿望，尽量吸收用户单位的相关人员参与开发的全过程，减少系统的盲目性。

（5）开发过程规范化

开发过程文档规范化和标准化，为提高系统的适应性提供可靠保证。

2.1.4 生命周期法的优缺点

2.1.4.1 生命周期法的优点

（1）强调系统开发过程的整体性和全局性

在整体优化的前提下考虑具体的分析设计问题。

（2）强调系统开发分阶段进行

它从时间角度把软件开发和维护分解为若干阶段，必须一步一步严格地进行系统分析和设计，从而降低了系统开发的复杂性，提高了可操作性。另外，每个阶段都对该阶段的成果进行严格的审批、及时总结，一旦发现问题应及时反馈并予以纠正，从而保证软件质量，提高软件的可维护性。

2.1.4.2 生命周期法的缺点

随着时间的推移，这种开发方法也暴露了很多缺点，主要有：

（1）开发周期长，运行维护费用高

开发顺序是线性的，必须严格按照划分的工作阶段一步一步地进行，不能打乱和颠倒顺序。各阶段的工作不能同时进行，前阶段所犯的错误必然会带到后一阶段，而且越是前面犯的错误对后面的工作影响越大，导致更正错误的工作量越大。

（2）用户与开发人员的交流不直观、反馈太迟

这种开发方法适用于早期就完全明确用户开发需求、管理状况及预见可能发生变化的项目，而在实际开发中做到这些往往是不现实的，不大符合人们循序渐进认识事物的规律，用户很难准确地陈述其需求，因此也未能很好地解决从系统分析到系统设计的过渡问题。

（3）开发过程复杂，缺乏适应环境的灵活性

在系统功能经常发生变化的情况下，难以适应变化的要求，该方法不支持反复开发。

（4）文档编写工作量大

该方法文档的编写工作量极大，随着开发工作的进行，这些文档需要及时更新。

2.2 原型法

2.2.1 原型法的含义

原型法是近些年来比较流行的一种管理信息系统的开发方法，适用于用户需求难以预先确定的系统的开发。这种方法是20世纪80年代随着计算机软件技术的发展，在关

系数据库、第四代程序生成语言等基础上提出的一种从设计思想、工具、手段都全新的系统开发方法，其初衷是解决生命周期法缺乏弹性的缺陷，目的是缩短开发周期、减少开发风险。

所谓原型法，就是在进行系统需求分析、设计和实施时，基本掌握了用户的需求之后，迅速构造、设计和开发出一个能实现系统基本功能的原型，快速地加以实现并投入试运行。如果发现用户有不满意的地方，就进行修改，经过不断修改和补充，直至最后形成用户满意的系统。

原型法虽然也要对用户的需求进行调查，但不需要像生命周期法那样一开始就预见一切。它是在逐步加深认识的过程中进行的，系统的模型是逐步细化和扩充的。原型法是一种探索型的开发方法，这种方法较结构化方法周期短、见效快，用户始终参与开发，随时能发现问题，修改容易。它不要求一次开发成功，而是逐步完善，因此易于推广。

2.2.2　原型法的工作流程

原型法开发的主要过程如下：

（1）确定用户基本需求

系统开发人员通过对组织进行初步调查及与用户进行交流等方式收集各种信息，以确定用户的基本需求，无须太注重细节和整体的设计。根据用户的基本需求推导出的初始模型，在其需求方面的准确性要求至少应达到60%，否则会造成系统的失败或延期。一般情况下，用户的基本需求包括系统的功能、人机界面、输入输出要求、保密要求等。

（2）快速设计系统原型

系统开发人员根据用户的基本需求，投入少量的人力及物力，快速建立系统的工作原型，供用户使用，即尽可能使用现成软件和模型来构造原型，利用通用的应用软件和模型积木式地产生原型。

（3）使用和评价系统原型

用户通过对原型的操作、检查、测试运行，获得对系统最直接的感受，不断发现原型中存在的问题，对原型进行评价，提出修改意见。

（4）修改完善原型

根据使用中发现的问题，系统开发人员和用户共同修正、改进原型，直至用户满意。这是一个循环修改及完善的过程。

（5）判定原型完成

判断有关用户的各项需求是否最终实现。如果已经实现，则进入整理原型、提供文档阶段；否则，继续修改。

（6）整理原型、提供文档

这是原型法的最后阶段，即将原型进行整理和编号，并将其写入系统开发文档资料中。文档资料主要包括用户的需求说明、系统的设计说明等。

原型法的工作流程如图2–2所示。

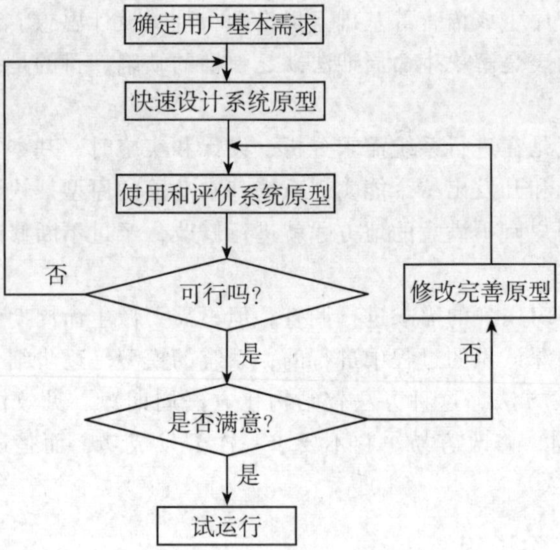

图2-2 原型法的工作流程图

2.2.3 原型法的优缺点

原型法的优缺点是相对于生命周期法而言的。

2.2.3.1 原型法的优点

❶加强了开发人员与用户之间的信息交流，开发流程符合人类认识事物的规律，容易为人们所接受。鼓励用户积极参与系统的开发，既有利于发挥他们的创造力，又能及时发现问题并不断修改，改善了信息的沟通状况，减少了设计错误的可能性，也降低了开发的风险，提高了用户的满意度。这是系统能够成功的最重要的因素。

❷利用最新的软件工具开发系统，改变了传统的开发过程，可以不编程或仅需很少的编程工作，就能够直接将用户要求或文档转化为程序。不但建立原型快，而且可以边运行边修改，系统灵活，易维护，系统开发周期短，费用较少，因此，大大简化了系统的测试和维护工作。

❸开发周期短，环境适应性较强。由于原型法的开发周期短，需要快速形成原型和不断修改完善，因此，系统的可变性强，易于修改。

❹减少了系统设计中的错误，降低了开发中的风险。原型法降低了系统设计中出现错误的可能性，并使开发人员在开发周期中就能对系统作出改进。同时为了使大型系统承担的风险降至最低，可以使用原型去测试开发思路及方案。

2.2.3.2 原型法的缺点

❶系统分析和设计的深度不够，可能在需求目标比较模糊的情况下就开始开发系统，导致构建的第一个系统原型可能并不是最优方案。

❷开发经历“建模—评审—修改—评审”等多次反复，每一个循环均要花费人力和物力。如果与用户合作不好，或者用户没有正确的主张，他们会不断地提出许多新的要求，使开发陷入无限的反复修改之中。

❸不能完全取消正规的文档设计和定义。原型法只能完善而不能替代生命周期法。纸上的设计也只能减少而不能取消。

❹开发系统的费用和时间难估算，往往导致系统的范围和复杂性超过计划。因此，要有丰富的经验，要对所开发的系统及可使用的工具进行仔细的分析和选用，才能保证系统的质量和完成的时间。

❺原型法虽然发挥了用户的创造力，但减少了系统设计人员的创造力。不鼓励他们考虑不同的技术方案，因为用户满意的方案并不一定是最优的方案。

2.3　面向对象法

2.3.1　面向对象法的基本概念

面向对象（object oriented，OO）的系统开发方法是以事物（对象）为中心来考虑系统开发的计算机处理方法。它以类、继承等概念描述客观事物及其联系，为管理信息系统的开发提供了全新的思路。

面向对象的开发方法认为，客观世界是由各种各样的对象组成的。由于需要解决的问题不同，所以面向的对象也就不同，因此对象是不固定的。每种对象都有各自的内部状态和运动规律，不同对象之间的相互作用和联系就构成了各种不同的系统。

面向对象法不仅是一种程序设计方法，更是一种直接针对真实世界的抽象思维方式。面向对象法的软件开发不强调过程，注意的焦点从如何构造业务流程和数据的模型转移到如何将数据与过程封装成对象。

面向对象法中的主要概念包括：

（1）对象

对象是现实世界中具有相同属性、服从相同规则的一系列事物（我们称之为实体）的抽象。客观事物都是由对象组成的，对象是在原来事物基础上抽象的结果，任何复杂的事物都可以通过对象的某种组合构成。

（2）类

类是具有相同属性和操作的一组对象的抽象。一个对象所包含的所有数据和代码可以通过类来构造。

（3）封装

封装是将数据（或属性）及其操作（或行为、方法）捆绑在一起而成为一个对象的方法，避免了外界的干扰和不确定性。对象的某些数据和代码可以是私有的，不能被外界访问，以此实现对数据和代码不同级别的访问权限。

（4）继承

继承是让某个类型的对象获得另一个类型的对象的特征。通过继承实现代码的重用——从已存在的类派生出的一个新类将自动具有原来那个类的特性，同时，还可以拥有自己的新特性。面向对象法可以一次性地指定对象的公共属性和方法，然后再扩展这些属性及方法，这样可减少在系统实现过程中的重复工作。

（5）多态

多态是指不同事物具有不同表现形式的能力。多态机制使具有不同内部结构的对象可以共享相同的外部接口，以此降低代码的复杂度。

（6）消息传递

对象之间需要相互沟通，沟通的途径就是对象之间收发信息。消息内容包括接收消息的对象的标示、需要调用的函数的标示及必要的信息。消息的概念使得对现实世界的描述更容易。

传统的结构化方法是软件开发人员从开发软件的立场出发，为提高软件的结构化、模块化及可读性而确立的方法，是以系统中的数据和处理过程为研究中心的。而面向对象法的出发点和所追求的目标是使我们分析、设计和实现系统的方法同人们认识客观世界的过程尽可能一致，是以系统中封装的数据及其处理的对象和不同对象之间的相互关系为中心的，从而使设计出的软件尽可能直接描述现实世界，构造出模块化、可重用的、维护性好的软件，并能控制软件的复杂性，降低开发维护费用。

2.3.2 面向对象法的工作流程

面向对象的系统开发方法是在20世纪80年代各种面向对象的程序设计方法的基础上逐步发展起来的，从面向对象的角度来揭示事物，为开发信息系统提供了一种全新的方法。

面向对象法的工作流程可分为以下4个阶段（如图2-3所示）：

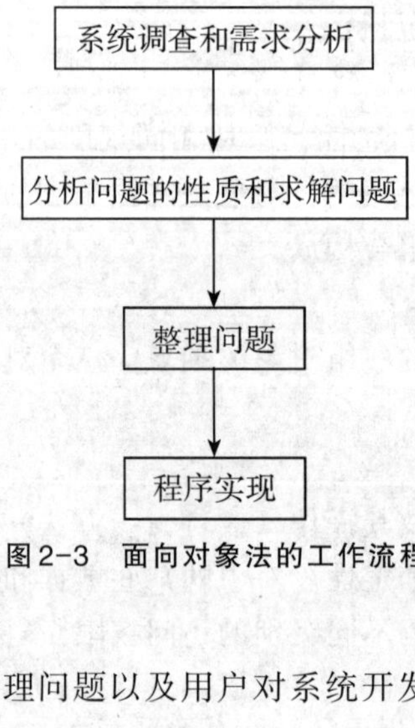

图2-3 面向对象法的工作流程

（1）系统调查和需求分析

对系统将要面临的具体管理问题以及用户对系统开发的要求进行调查研究。弄清楚系统需要提供哪些功能、要达到何种性能指标、安全性及可靠性要求、人机交互要求、系统的对外接口等。

（2）分析问题的性质和求解问题

这一阶段一般被称为面向对象分析（object oriented analysis，OOA）。通常采用需求分析方法，抽取存在于用户需求中的各对象实体，分析并明确这些对象实体的静态数据属性和动态数据属性以及它们之间的相互关系，要能够反映出由多个对象组成的系统的整体功能和状态，提出OOA逻辑模型将用户的需求准确地表达出来。面向对象分析强调的是在系统调查资料的基础上，针对面向对象法所需要的素材进行归类分析和整理，而不是对管理业务现状和方法的分析，不同于结构化分析。

（3）整理问题

这一阶段被称为面向对象设计（OOD），即对分析的结果作进一步的抽象、归类、整理，最终以范式的形式将它们确定下来。具体任务是设计系统应该“怎么做”，在OOA模型的基础上进行人机交互界面设计、系统资源管理功能设计和系统与数据库的接口设计，同时，根据实现的要求再对OOA模型作必要的修改和调整。

（4）程序实现

这一阶段被称为面向对象的程序设计（OOP），即选择一种合适的面向对象的程序设计语言，进行具体编码，实现对详细设计步骤所得的公式、图表、说明和规则等软件系统各对象、类的详尽描述。

2.3.3　面向对象法的优缺点

面向对象法的优势主要体现在：

（1）可重用性

可重用性是指一个软件项目中所开发的模块能够不限于在这个项目中使用，还可以在其他项目中重复使用，从而在多个不同的系统中发挥作用。可重用性的优点表现在它提高了软件开发的效率，缩短了开发周期，因而能降低开发成本，相应减少了维护工作量，可以提高程序的标准化程度，符合现代大型软件开发的需求。

（2）可扩展性

可扩展性使应用软件能够很方便、容易地进行扩充和修改。

（3）可管理性

面向对象的开发方法采用内涵比过程和函数丰富、复杂得多的类作为构建系统的部件，使整个项目的组织更加合理和方便，相应地，项目的管理与控制也变得简单和容易。

正是由于面向对象法具有上述明显的优势，它才能适应现代应用软件规模扩大，复杂性增加，可靠性、质量和效率与标准化程度日益提高的开发要求，逐渐成为人们喜爱的主流开发技术。但面向对象法也存在一定的不足之处，主要表现为：需要一定的软件基础支持才可以应用；不涉及系统分析以前的开发环节；不能成为支持系统开发全过程的方法。

2.4 会计信息系统开发方法的比较

通过分析可以看出，上述会计信息系统开发方法各有优点和不足：

❶生命周期法是能够全面支持整个系统开发过程的方法，在系统开发过程中占主导地位，尤其适用于占系统开发工作量最大的系统调查和系统分析这两个重要环节，适合复杂的大型系统的开发。

❷原型法通过模拟及对模拟后的原型的不断讨论和修改最终建立系统，适用于小型局部系统或处理过程比较简单的系统的设计和实现环节。

❸面向对象法围绕对象进行系统分析与设计，应用面向对象的设计工具构建系统，不能涉及系统分析以前的开发方法，因而不能成为支持系统开发全过程的方法。

在系统开发时，需要根据所开发信息系统的实际情况对开发方法加以选择。会计信息系统作为管理信息系统的一个组成部分，与管理信息系统的其他子系统相比，具有以下特点：数据量大、数据结构复杂、数据处理方法要求严格；数据的真实性和准确性要求高；安全性和可靠性要求高；与其他子系统联系紧密；人为因素多，数据处理方法因不同用户而异等。因此，会计信息系统的开发是一项庞大的系统工程，应该采用以生命周期法为主、其他方法为辅的开发模式。

2.5 会计信息系统的开发途径

2.5.1 会计信息系统的开发方式

2.5.1.1 开发方式

合理选择会计信息系统的开发方式是建设会计信息系统的首要任务，开发方式是否恰当，直接关系到会计信息系统的成败。会计信息系统的开发一般采用自行开发、委托外单位开发、联合开发和购买商品化会计软件等 4 种方式。

（1）自行开发

自行开发指依靠企业自身的技术人员开发满足企业核算要求的会计信息系统，适合有足够信息技术力量的单位。这种开发方式针对性强，特别是由财会人员自行开发的软件，由于他们精通会计业务，也了解用户需求，所开发的软件无论从功能还是操作上都比较实用，日常维护也较方便。其明显的缺点是：开发周期长，投资大，通用性差，软件质量低，系统升级困难，安全保密性差，也不利于实现系统的内部控制和审计。

（2）委托外单位开发

这一方式是指企业委托具有雄厚技术力量和丰富软件开发经验的计算机软件公司、科研机构、高等院校等外部单位来完成系统的开发任务。从用户角度看，这是最省事的一种开发方式，前提是必须配备精通业务的人员。同时，其缺点也是很明显的：

首先，委托开发费用较高，而且由于开发人员大多是计算机人员，对被开发单位的会计业务不熟悉，需要花大量时间了解业务流程及用户要求，必然会延长开发时间。

其次，开发过程中，开发人员大多从计算机的角度去考虑问题，而忽略会计业务的特点和用户的需求，所开发的系统实用性差。

最后，软件的运行与维护难度大，如果本单位没有技术过硬的维护人员，软件很难长久使用。因此，目前很少有人使用这种方式。

（3）联合开发

这一方式是指企业邀请具有信息系统开发实践经验的计算机公司、科研院所的专家进行协作，并选派得力的领导和有经验的会计人员以及本企业的计算机技术人员参与来完成系统的开发任务。合作单位的专家负责整个系统的分析和设计工作，而编程等技术工作可在协作单位专家的指导下由企业组织人员完成。采用这种开发方式开发的会计信息系统由于有本单位人员参与，技术上也过硬，所以开发的会计信息系统实用性强，系统日后的使用维护也比较方便，但前提是合作单位双方必须精诚合作，同时用户自身要具备一定的系统分析和设计能力。

（4）购买商品化会计软件

商品化会计软件是指由计算机软件开发公司或会计软件专业开发公司设计、开发的，经过财政部门评审通过，作为商品在市场销售的通用会计软件。购买现成的通用商品化会计软件当然是最省事的方式，是企业实现会计电算化的一条捷径，是采用最多的一种方式，而且花费的费用也很少（商品化会计软件一般会有较大的销量，从而与面向单一用户的软件开发相比，平均成本大大降低），但要买到完全适合本单位需要的软件并不容易。购买商品化会计软件要考虑的因素有：软件功能的适用性和完整性；软件性能和开放性；负荷能力、响应时间、可扩充性和系统稳定性；软件的安全性和可靠性；软件的运行环境是否适合；软件操作的方便性；售后服务的可靠性和软件公司的实力等。

2.5.1.2　特点

会计信息系统的开发方式不同，其特点也各不相同，企业不能随意选择，而应根据自身的资源情况、技术力量、外部环境等多种因素，选择对企业发展最为有利的开发方式。不同的开发方式对应的特点见表2-1。

表2-1　开发方式对应的特点

途径／特点	自行开发	委托外单位开发	联合开发	购买软件
对分析、设计能力的要求	非常需要	需要	逐步培养	不需要
对编程能力的要求	非常需要	不需要	需要	不需要
系统维护	容易	较困难	较容易	困难
开发费用	少	多	较多	较少

2.5.2 软件开发工具

软件开发工具是帮助人们开发软件并能够在软件开发的各个阶段帮助开发者提高工作质量和效率的一种新型软件，它使得开发过程中的具体工作能够自动地或至少是半自动地完成。软件开发工具的种类较多，有的只是对软件开发的某一方面或某一环节提供支持，有的则是对软件开发提供比较全面的支持。

2.5.2.1 软件开发工具的基本功能

软件开发工具的基本功能主要包括：

❶协助开发人员认识软件工作的环境与要求，管理软件开发的过程；

❷提供存储与管理有关信息的手段和相应的人机界面；

❸帮助用户编制、生成和修改各种文档；

❹帮助用户编写程序代码，使用户能在短时间内生成所需要的代码，并进行测试及修改；

❺对系统运行与版本更新的有关信息进行管理，以便信息与资源的充分利用。

2.5.2.2 软件开发工具的类别

软件开发工具按其支持的开发阶段的不同，可分为：

（1）需求分析工具

需求分析工具是在系统分析阶段用来严格定义需求规格的工具，将应用系统的逻辑模型清晰地表达出来，并对系统分析结果进行一致性和完整性检查，发现并排除错误。需求分析工具主要包括数据流图绘制与分析工具、图形化的E-R（实体-关系）图编辑和数据字典的生成工具、面向对象的模型与分析工具以及快速原型构造工具。

（2）设计工具

设计工具是用来进行系统设计的，将设计结果描述出来形成系统设计说明书，并检查和排除说明书中的错误。属于概要设计的工具有系统结构图的设计工具；属于详细设计的工具有过程设计语言（process design language，PDL）支持工具、数据库设计工具及图形界面设计工具。

（3）编码工具

编码工具应用于程序设计阶段，可为程序员提供便利的编程环境。主要的编码工具有：各种文本编辑器、普通的编译和链接程序、调试跟踪程序、可视化编程工具、数据库管理系统开发工具和语言、管理信息系统应用生成工具等，如VB（visual basic）、VC（visual C++）、Java等。

（4）测试工具

测试工具可用来发现软件中存在的问题，确认软件质量。它能支持整个测试过程，包括测试用例的选择、测试程序与测试数据的生成、测试的执行及测试结果的评价等，主要有静态分析器、动态覆盖率测试器、测试用例生成器、测试报告生成器、测试程序自动生成器及环境模拟器等。

（5）运行维护工具

运行维护工具可用来保证系统的正常运行、发现和解决运行中遇到的问题、使系统能适应新的变化。它主要包括方便程序阅读和理解的程序分析器、从源程序到程序流程图的自动转换工具、文档生成工具以及系统日常运行管理和实时监控程序等。

（6）项目管理工具

软件项目管理贯穿于系统开发生命周期的全过程，包括对项目开发人员的组织与管理、对项目进度的管理、成本分析与预算控制、对项目开发资源的分配与调度、软件质量保证、文档管理、风险分析及项目状态报告和跟踪等人工难以实现的管理任务，以保证缩短工期，有效利用资源和提高经济效益。常用的项目管理工具主要有MS Project。

拓展阅读2-1

素养园地

“宁可放弃，也无法修改”的教训

某软件开发公司为事业单位开发会计信息系统软件，并以某高校财务部门作为开发调研对象。该公司的开发人员是计算机编程高手，在对用户需求调查和用户需求分析中，只进行了初步了解，就开始进行开发。由于该公司比较小，开发人员历经1年多的时间才完成了软件开发工作。

当时，财政部对财务会计软件有规定，作为商品化会计软件必须经过财政厅及以上部门审批方可出售，财政厅接收到该公司送达的会计软件后，指定软件测试专家对该软件进行相关功能与合法合规性的测试。专家在进行软件功能测试中发现，该会计软件中的凭证分为现金凭证、银行凭证和转账凭证三类，而不是五类——现金收款凭证、现金付款凭证、银行收款凭证、银行付款凭证和转账凭证，因此，在进行凭证汇总时，无法实现付款凭证的汇总，即没有提供对付款业务信息的汇总与查询功能。由于是事业单位的会计核算软件，财政部门需要相关付款业务信息，而此问题不解决无法通过审批，因此，测试专家多次与开发者进行沟通，均无法解决该问题。开发者最后的回答是：“宁可放弃，也无法修改！”其主要原因是该会计软件在最初的需求分析时就出现了问题，开发者在进行调研时，会计人员所说的凭证分为现金凭证、银行凭证和转账凭证，其中现金凭证与银行凭证，是分为现金收款、现金付款、银行收款和银行付款凭证的，但开发者不是会计专业，没有搞清楚就进行了全面开发，使该软件夭折。

资料来源　本书编著者对某公司软件进行测试的真实案例。

【价值塑造】

1. 让学生树立严谨的工作作风。

2. 让学生理解系统思维方式和详细调查与深入实践是会计信息系统开发成功的必备条件。

复习思考题

1.会计信息系统的开发方法有哪几种?

2.什么是生命周期法?分为哪几个阶段?各阶段的主要流程及任务是什么?

3.绘制软件生命周期的瀑布图。

4.什么是原型法?原型法的工作流程是什么?原型法有哪些优缺点?

5.什么是面向对象法?面向对象法有哪些基本概念?

6.面向对象法的工作流程及优缺点是什么?

7.试比较生命周期法、原型法及面向对象法3种开发方法。

8.会计信息系统有哪几种开发方式?不同开发方式的优缺点是什么?

9.什么是软件开发工具?按其支持的开发阶段划分,有哪几种开发工具?

第3章　会计信息系统的规划与分析

学习目标

◆重点掌握会计信息系统的分析方法、会计信息系统的分析工具（数据流图、数据字典、决策树、判定表和结构式语言）。

◆掌握会计信息系统的可行性研究的内容与步骤。

◆了解会计信息系统规划的方法、数据存储结构规范化方法。

3.1　会计信息系统的规划

系统规划中的“规划”是指对较长时期的活动进行总体的、全面的计划。在会计信息系统开发之前，为了减少或避免决策上的失误所造成的人、财、物等方面不必要的损失，首先要对拟建设的会计信息系统进行规划，即进行全面、深入的调查、研究、分析和比较，对新建或现行系统在管理上需不需要、资源上有没有条件、经济上值不值得等问题进行论证，提出若干可行性方案，并向决策者推荐相对投资少、进度快、效益高的最佳方案，这就是系统的规划。

3.1.1　系统规划的方法

会计信息系统开发的第一步就是做好规划。系统规划的好坏对系统开发的成败有着至关重要的影响。凡是认真作系统规划的会计信息系统效果都比不认真作系统规划的效果好。会计信息系统开发的管理人员认为：系统规划阶段投入的时间和精力越多，将来设计和实施时的效果越好、花的时间越少，而且困难和波折越少。

会计信息系统规划就是根据用户的系统开发请求，进行初步调查，明确问题，确定系统目标和总体结构，确定分阶段实施进度，然后进行可行性研究。系统规划的主要目标是根据组织的目标与战略制订出组织中业务流程改革与创新和会计信息系统建设的长期发展方案，决定会计信息系统在整个生命周期的发展方向、规模和进程。

系统规划需要的时间长，涉及的内外因素多，不确定性问题突出。科学的系统规划更多地取决于规划人员的远见卓识，取决于他们对环境及其发展趋势的理解。各种方法只能起到辅助作用。系统规划常用的方法有：

3.1.1.1 关键成功因素法

(1) 关键成功因素法的含义

关键成功因素法是哈佛大学教授威廉·扎尼（William Zani）于20世纪70年代末提出的，是以促使企业成功的关键因素为依据来确定系统需求的一种信息系统规划方法。关键成功因素法就是通过分析，找出使企业成功的关键因素，然后围绕这些关键因素来确定系统的需求并进行规划的一种方法。

20世纪80年代初，美国麻省理工学院教授将关键成功因素（critical success factors，CSF）引入信息系统战略规划，通过分析找到影响组织成功的关键因素，围绕关键成功因素确定组织对信息系统的需求，再根据信息系统的需求进行信息系统规划。关键成功因素指的是对系统规划的成功起关键作用的因素。关键成功因素法就是通过分析找出使企业成功的关键因素，再围绕这些关键成功因素来确定系统的需求，进行规划。

不同的行业或同一行业中的不同组织可能有着不同的关键成功因素。关键成功因素在组织的目标和完成这些目标所需要的浩瀚信息之间，起着一种引导和桥梁的作用。通过对关键成功因素的识别，可以找出所需的关键性信息集合，建立重要的信息系统。

(2) 关键成功因素法的实施步骤

❶目标识别：了解企业信息系统的目标。

❷识别所有的关键成功因素。

❸确定关键成功因素。

❹明确各关键成功因素的性能指标和评估标准。

(3) 关键成功因素法的优点和缺点

优点是：能抓住影响系统成功的关键因素进行分析以确定组织的信息需求，使目标的识别突出重点，因此所开发的系统具有很强的针对性，能够较快地取得收益。

缺点是：数据的汇总过程和数据分析比较随意，缺乏一种专门、严格的方法将众多单个的关键成功因素汇总成一个明确的对企业有决定性作用的成功因素。

此外，由于环境和管理规则经常迅速变化，信息系统也必须作出相应调整，然而用CSF法开发系统无法缓解这些因素的影响。此外，它只在确定管理目标上较有效，在以后的目标细化和实现上作用较小。

3.1.1.2 战略目标集转化法

(1) 战略目标集转化法的含义

战略目标集转化（strategy set transformation，SST）法是将整个战略目标看成一个由使命、目标、战略和其他战略变量（如管理的复杂性、改革的习惯以及重要的环境约束等）组成的信息集合，系统规划的过程就是将组织目标转变为会计信息系统目标的过程。

战略目标集转化法将信息系统战略规划与组织战略关联起来，是一个把组织的战略转化为关联信息系统战略目标的过程。

（2）战略目标集转化法的实施步骤

❶识别组织的战略集合。先考虑一下该组织是否有成文的战略长期计划，如果没有，就要构造这种战略集合。为此，可采取如下步骤：描绘组织中各类人员的结构，如财务主管、会计、出纳、成本核算、资产管理、薪酬管理等；识别每类人员的目标、使命及战略；在初步识别组织战略后，应立即交给决策者审查和修改。

❷将组织战略转化为会计信息系统战略。会计信息系统战略包括系统目标、约束、设计原则等。这个转化过程主要是将组织战略转化为对应的会计信息系统战略约束，然后提出整个会计信息系统的结构。

❸选择一个方案提交给决策者。

（3）战略目标集转化法的优点和缺点

战略目标集转化法的优点是反映各种人员的要求，从不同群体的需求引出信息系统的目标，能保证系统目标比较全面，疏漏较少；缺点是重点不突出。

3.1.1.3　企业系统规划法

企业系统规划（business systems planning，BSP）法是IBM公司在1984年提出的一套方法，主要做法是依照企业经营的愿景、使命、目标和战略，导出信息系统的目标、政策与架构。它基于以信息系统支持企业运营的思想，强调自上而下的整体规划，以企业流程为主轴找出企业的信息需求，分析企业目标、识别企业过程、识别数据类，然后自下而上设计和实施系统，以支持企业目标，根据过程/数据需求进行信息系统规划。

BSP法的步骤是：

（1）识别企业目标

应成立规划组，进行系统初步调查，分析企业的现状，了解企业有关决策过程、组织职能和部门的主要活动、存在的主要问题、各类人员对信息系统的看法。要在企业各级管理部门中取得一致看法，使企业的发展方向明确，使信息系统支持这些目标。

（2）定义业务过程

业务过程，就是逻辑相关的一组决策或活动的集合，如订货服务、库存控制等业务处理活动或决策活动。业务过程构成了整个企业的管理活动。识别业务过程可对企业如何完成其目标有较深的了解，可以作为建立信息系统的基础。按照业务过程所建造的信息系统的功能与企业的组织机构相对独立，因此组织结构的变动不会引起管理信息系统结构的变动。

（3）进行业务过程的重组

在对业务过程定义的基础上，分析哪些过程是正确的，哪些过程是低效的，需要在信息技术支持下进行优化处理；哪些过程不适合计算机信息处理，应当取消。检查过程的正确性和完备性后，对过程按功能分组，如经营计划、财务规划、成本会计等。

（4）定义数据类

所谓数据类，就是指支持业务过程所必需的逻辑上相关的一组数据。一个系统中存在许多数据类，如顾客、产品、合同、库存等。数据类是根据业务过程来划分的，即分别从各项业务过程的角度将与它有关的输入、输出数据按逻辑相关性整理出来归纳成数据类。此过程可按三个步骤来实现：识别数据类、给出数据类定义、建立数据类与过程的关系。

（5）设计会计信息系统总体结构

功能和数据类都定义好之后，可以得到一张功能/数据类表格，该表格又可称为功能/数据类矩阵或U/C矩阵。设计会计信息系统总体结构的主要工作就是利用U/C矩阵来划分子系统，刻画出新的信息系统的框架和相应的数据类。

（6）确定子系统实施顺序

由于资源的限制，信息系统的总体结构一般不能同时开发和实施，总有个先后次序。划分子系统之后，根据企业目标和技术约束确定子系统实现的优先顺序。一般来讲，对企业贡献大的、需求迫切的、容易开发的优先开发。

（7）提出建议和开发计划

完成BSP研究报告，提出建议和开发计划。

3.1.2 系统开发的可行性研究

3.1.2.1 系统调查的步骤和内容

在系统调查中，首先必须明确系统目标。系统目标必须提出所开发的会计信息系统是做什么的、它与人工系统之间的界限、哪些信息处理工作由计算机来做、哪些仍然由人工来完成。在分析系统目标时，必须提出一个高功能、高效率的系统目标。有了明确的系统目标，系统调查人员才能恰当地开展系统调查工作。系统调查可分为：

（1）初步调查

其目的是合理地确定系统目标。为了实现这一目的，在初步调查中可以收集并整理与整个系统有关的资料、情况及存在问题。初步调查就是调查一家企业的概况及其对信息系统的总需求。

（2）详细调查

这主要是指调查会计信息系统内部各部门业务工作（信息处理）的功能，以及各功能之间信息流通的关系，目的是设计出新系统的基本功能以外的逻辑模型。为了搞清信息处理功能以及它们之间的信息联系，开发人员与业务人员要共同研究与分析各部门中业务工作的详情。

初步调查是在可行性研究之前进行的，详细调查是在可行性研究报告获得批准以后进行的，两项工作既有区别又有联系。初步调查是为可行性研究提供依据的，详细调查是在初步调查的基础上进行的，是为需求分析获取更详尽的资料。

3.1.2.2　可行性研究

可行性研究是系统开发的一个重要阶段。可行性研究是对系统是否可行的问题进行探讨和研究，从而确定系统是否值得开发和是否有能力开发。这个阶段对系统的开发是至关重要的，如果对系统目标与系统功能不作认真调查与分析，在系统需求、信息来源和可行性等基本问题没有确定的前提下，就进行大量系统设计与程序设计工作，最终可能导致系统不能满足用户要求，浪费大量人力、物力，也拖延了开发的进度。

（1）可行性研究的主要内容

❶开发必要性。可行性并不等于可能性。必须根据现行信息系统的功能、效率、工作组织、人员水平、目前存在的问题以及管理上对业务工作所提出的要求，来分析和论证开发系统的必要性。

❷技术可行性。这是指分析以现有的技术条件实现信息系统开发的可能性。它包括目前市场上提供的计算机硬件和软件、通信设备及计算机网络的条件，同时应了解有关厂商维修、维护等技术服务的条件，从事本系统开发与维护工作的技术人员的技术水平等。

❸经济可行性。这是指对经济合理性进行评价。经济上的可行性包括两个方面：一是初步估算开发管理信息系统需要多大的投资，目前资金是否落实；二是估计系统正常运行所能带来的效益，这包括可以用货币估算的经济效益，也包括不能用货币计算的经济效益或者间接的效益。

❹管理可行性。管理可行性是在企业文化的基础上，根据技术上和经济上的可行性，对相关的运作、管理问题进行分析和研究，确定新系统的开发是否可管理。

❺其他因素。会计信息系统还要符合社会、政府政策的限制条件与要求。例如，会计信息系统所打印的各种账册与报表是否能得到上级的认可，是否符合税务、审计机关的要求，是否符合现行的会计制度与会计准则。以上因素都是开发会计信息系统的约束条件。

（2）可行性分析的步骤

为了成功地开发软件，必须知道要做的工作的范围、要用的资源、要付出的工作量以及应遵循的进度。如果整个工程可以做，并且值得做，那么，分析人员就应该推荐一个较好的解决方案，并为工程制订一个初步的计划。可行性研究需要的时间长短取决于工程的规模。一般说来，可行性研究的成本只是预期的工程总成本的5%~10%。可行性分析的步骤如下：

❶对现行系统进行初步调查。初步调查的目的是了解现行系统概况，确认需要解决的问题，说明建立新系统的迫切性和必要性，提出建立新系统的设想，讨论这些设想的可行性。

❷编写用户需求书面结果。根据初步调查的结果，对系统进行初步需求分析，了解用户的需求。这些需求包括功能需求、性能需求、资源和环境要求、资金和开发进度等。

❸对开发系统进行可行性分析。在对系统的基本情况和需求有所了解的情况下，还要进行可行性分析。可行性分析包括建立系统的必要性、有益性和可能性。有些系统开发虽然有益，但领导不重视，会计人员没有紧迫感，也就没有建立的必要性，那样的系统是不能开发的。

❹写出系统可行性分析报告。在进行可行性分析之后，应将分析结果用可行性分析报告的形式编写出来，形成正式的文件。

❺评审和审批系统可行性分析报告。可行性分析报告是系统开发人员在对系统进行初步调查和分析的基础上作出的，其是否符合用户的意愿，还要进行研究。因此要对可行性分析报告进行评审，确定可行性分析报告内容的正确性。为了做好评审工作，可以请一些外单位的系统开发专家，站在局外人的立场对拟开发的系统可行性作出正确的评价。最后审批可行性分析报告。

❻若项目可行，则制订初步的项目开发计划，并签署合同，进入下一个阶段，即系统分析阶段。可行性分析的结论并不一定是项目可行，也可能是项目在目前的条件下不可行。判断可不可行可以避免由于盲目开发所造成的巨大浪费。

（3）可行性研究报告

可行性研究的结果要以可行性研究报告的形式编写出来，内容包括：

❶系统简述。

❷现有系统的分析。

❸所建议的系统。

❹可选择的其他系统方案。

❺投资及效益分析。

❻社会因素方面的可行性。

❼结论。结论应当就是否可以立即开发或改进原系统、条件具备后再开发等可能的情况得出明确的结论。

系统的可行性研究报告必须经过评审，主管领导同意后，才可以进入详细调查、需求分析阶段。

3.2 会计信息系统的分析

系统分析工作是开发信息系统中的重要环节，特别是开发大中型规模的会计信息系统，系统分析工作做得好坏将直接影响整个系统的成败。系统分析阶段是整个系统建设最关键的阶段之一，也是会计信息系统建设与一般工程项目建设的重要区别。

系统分析就是根据系统规划所确定的范围，对现行系统进行详细的调查，描绘出现行系统的业务流程，指出现行系统的局限性和不足之处，确定新系统的基本目标和逻辑功能要求，即提出新系统的逻辑模型。系统分析阶段的结果在系统分析说明书中描述，系统分析说明书是系统设计阶段工作的依据，也是衡量一个信息系统优劣的依据。

进入系统分析阶段，开发人员应深入实际，对手工会计信息系统进行全面细致的调查分析，运用一定的方法，描述出手工会计信息系统的逻辑模型；再根据用户的需求和计算机的特点，对手工会计信息系统的逻辑模型中的不合理之处进行修改和补充，建立会计信息系统的逻辑模型，最终以系统分析说明书的形式提交文档，标志着该阶段工作的结束。

3.2.1 结构化分析方法的含义与特点

结构化分析方法是进行会计信息系统分析的有力工具，它可以清晰、简明、准确地描述会计信息系统的逻辑模型。

3.2.1.1 结构化分析方法的含义

结构化分析（structured analysis，SA）方法由美国Yourdon公司提出，适用于分析大型的数据处理系统，是会计信息系统开发的一种较流行的方法。它是在对系统进行详细调查的基础上，描述新系统逻辑模型的一种方法，常与设计阶段的结构化设计（structured design，SD）和系统实施阶段的结构化程序设计（structured programming，SP）等方法衔接起来使用。在众多的分析技术中，它是一种简单实用、应用广泛的方法。

结构化分析方法是面向数据流进行分析的方法。它以图形作为表达工具，非常清晰、简明，易于学习和掌握。

3.2.1.2 结构化分析方法的特点

❶采用自顶向下、逐层分解、由粗到细、由繁到简的求解方法，不但能了解系统的全貌，而且能掌握局部模块的要求。

❷结构化分析方法主要是弄清系统的逻辑功能，而且不涉及物理实现方法。

❸使用图和表等工具描述系统，简单明了，易于理解。

3.2.2 结构化分析方法的步骤

3.2.2.1 对现行系统的详细调查与分析

对现行系统的详细调查是对开发的会计信息系统集中时间和人力，通过各种途径作全面、充分和详细的调查研究，从而为系统的开发做好原始资料的准备工作。调查分析主要应包括以下内容：现行系统的边界，组织结构，人员分工，业务流程，各种计划、单据和报表的格式、种类及处理过程，企业资源及约束情况。

（1）详细调查的目的

会计信息系统详细调查的对象是现行系统（包括手工系统和已采用计算机的会计信息系统），目的在于完整掌握现行系统的现状，发现问题和薄弱环节，收集资料，为下一步的系统分析和提出新系统的逻辑模型做好准备。

（2）详细调查应遵循的原则

❶真实性。真实性是指系统调查资料真实、准确地反映现行系统状况，不能依照调查者的主观意愿反映系统的优点和不足。

❷全面性。任何系统都是由许多子系统有机地组合在一起而实现其功能的，系统调查中如果疏忽大意或偷工减料，就容易忽略某些处理过程或漏掉某些账表。

❸规范性。信息系统一般都比较复杂而且庞大。全面、真实地表现信息系统的逻辑模型，就需要有一套循序渐进、逐层深入的调查步骤和层次分明、通俗易懂的规范化逻辑模型描述方法。

❹启发性。调查是开发者通过业务人员获得信息的过程。真实地描述一个系统，不仅需要业务人员的密切配合，更需要调查人员的逐步引导，不断启发；尤其是在考虑计算机处理的特殊性而进行的专门调查中，更应善于以用户能够理解的方式提出问题，打开使用者的思路。

（3）详细调查的方法

❶收集、查阅资料和报表；

❷访问用户；

❸召开座谈会；

❹发调查表进行问卷调查；

❺参加业务实践；

❻系统运行环境分析。

3.2.2.2 进行数据分析，建立数据库逻辑模型

要根据系统的实际需求建立系统内的一些专用数据库和公用数据库。为了进一步描述数据流图，需要建立数据字典，即在详细调查的基础上，用一定的图表和文字对现行系统进行描述。这主要包括对信息的存储、处理与传输的分析。

3.2.2.3 建立新系统逻辑模型

在系统调查和系统分析的基础上建立新系统逻辑模型，并用一组图表工具表达和描述，方便用户和分析人员沟通，以便对系统提出改进意见，即可以使用数据流图、“输入—处理—输出”图，对系统内的功能描述运用结构式语言、决策树和判定表等工具完成其定义工作。

3.2.2.4 编写系统分析说明书

系统分析阶段的成果就是系统分析说明书。它是系统分析阶段的总结和提交的文字报告，反映这个阶段调查分析的全部情况，是下一步系统设计的工作依据。系统分析说明书的内容包括：

❶数据流图，描述了新系统的主要逻辑功能和数据流向。

❷数据字典，对整个系统的每一个数据项、数据存储结构、数据流、处理逻辑等都有明确的定义。核心内容就是有关数据存储结构的规范化。

❸加工说明，表达了最低一层数据流图中每一个处理逻辑。加工说明的内容应以结构式语言为主，对存在判断问题的处理逻辑辅以决策树和判定表说明。

3.3　会计信息系统的分析工具

结构化系统分析的工具主要有以下4种：

❶数据流图（data flow diagram，DFD），对系统进行概要描述的工具；

❷数据字典（data dictionary，DD），对数据部分详细描述的工具；

❸决策树、判定表和结构式语言，对处理逻辑（功能）详细描述的工具；

❹数据存储结构规范化，进行数据库逻辑设计的工具。

结构化系统分析的工具是相辅相成的，它们被共同用于对系统的分析。首先要对现行系统进行详细调查分析，确定其工作流程，用业务流程图表达调查结果，然后从业务流程中识别出信息流程，画出数据流图。数据流图表达了系统数据的来龙去脉，指出了系统的各个逻辑功能，同时也表明了一个逻辑功能与另一个逻辑功能之间数据的传递关系；数据流图还表达了每一个要进行数据访问的数据存储。这些都是对现行系统的概要描述。在对数据流图中每一个数据流详细分析之后，要把所有的数据元素以及由数据元素组成的数据结构明确定义出来，并记录到数据字典中。数据字典是对数据流图的补充解释。对数据流图中的每一个逻辑功能都可以采用“自顶向下”的方法逐级分解成更详细的数据流图，直到每一个逻辑功能都不能再被分解为止。低层的处理功能可以用决策树、判定表、结构式语言等方法表达，处理功能描述对数据流图起注释作用。对数据流图中的每一个数据存储结构，都必须进行规范化处理，以保证数据的一致性，然后把它记录到数据字典中。

3.3.1　数据流图

数据流图以图形方式刻画各种业务的数据处理过程，亦称数据流程图。

数据流图是描述系统中数据的流动、存储和处理状况的图形。它既是结构化系统分析的主要工具，也是编写系统需求分析资料、设计系统总体逻辑模型的有力工具。对于一个复杂的大系统，必须采用逐步分解的方法，由大到小、由粗到细、由繁到简地进行分析。因此，分解是分析的核心，而数据流图是描述分解的主要方法，即按照系统的层次结构对数据流图进行层层分解。DFD能表达有哪些数据流入系统，它们从何处来，经过了什么处理，变成了什么数据，分别流向何处，其中有哪些数据需要存储等情况。

3.3.1.1　数据流图的符号与含义

数据流图由数据流、处理（加工）、存储（文件）、外部项（数据源点或者终点）4个元素组成，见表3-1。

表 3-1　　**数据流图的符号与含义**

符　号	名　称	含　义
→	数据流	用带有箭头的弧线或直线表示，是描述数据的流向和传递数据的通道，反映了系统各部分之间的数据传递关系。其流向大致有以下几种：从“源点”流向“加工”、从“加工”流向“文件”、从“加工”流向“终点”、从“加工”流向“加工”
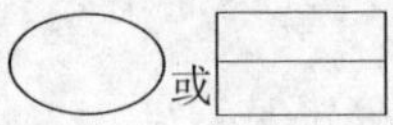	处理或加工	描述对数据的一种处理过程。一个数据流图中至少有一个“加工”，任何“加工”至少有一个输入数据流和一个输出数据流
	存储或文件	描述数据的存储形式，也是系统中相关数据的集合。在数据流图中起着暂时或长久保存数据的作用。指向文件的数据流可以理解为将数据写入文件，从文件流出的数据流可以理解为从文件中读出数据
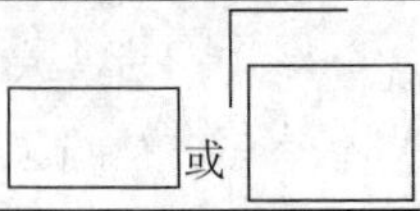	外部项或数据源点或者终点	源点是原始数据的来源处，终点是信息使用者对数据输出的要求。由于它对数据处理过程影响不大，在数据流图中常常可以省略

数据流图的符号可以有多种表示方法，常用的3种数据流图基本符号见表3-2。

表 3-2　　**常用的数据流图基本符号**

成分 类型	外部项 （外部实体）	加　工 （处理逻辑）	数据存储	数据流
类型一	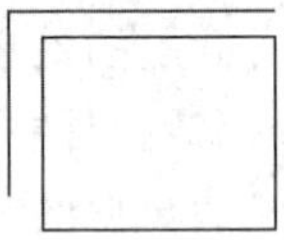	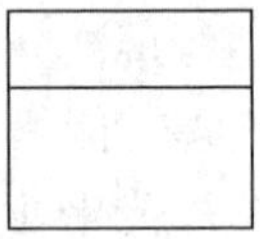	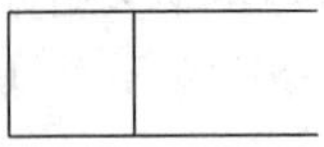	→
类型二	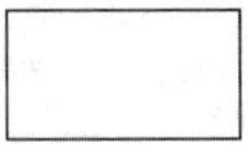	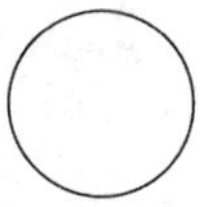	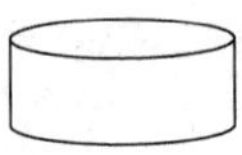	→
类型三	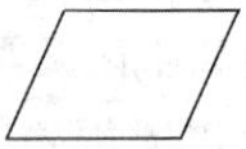		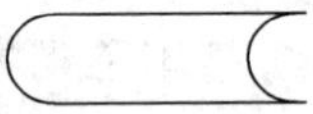	→

本书以表3-2中的类型二描述数据流图，即用这4个元素便可以描述会计信息系统数据处理过程。

3.3.1.2　数据流图举例

系统分析采用“自顶向下，逐层分解”的方法进行，也就是将一个复杂的系统逐步地分解成若干简单的系统。在逐步分解的过程中会产生多张数据流图：

第一层数据流图，仅用一个处理逻辑高度概括地描述整个系统的逻辑功能和与其有关的外部项；

第二层数据流图，是对上层数据流图中的处理逻辑所进行的分解；

第三层数据流图则是对第二层数据流图中每一处理逻辑所进行的分解。

如此进行下去，直到扩展出来的数据流图已基本表达了系统所有的逻辑功能与必要的输入和输出。利用逐层分解数据流图的方法，就可以将一个复杂的系统分解成若干简单的子系统。

现以手工会计信息系统为例讲述绘制的数据流图：第一层和第二层分别如图3-1和图3-2所示；第三层是对第二层中的账务处理子系统进一步分解而形成的，如图3-3所示；第四层是对第三层手工账务处理数据流图中的“记账”“银行对账”进一步分解而形成的，如图3-4和图3-5所示。

图3-1 手工会计信息系统第一层数据流图

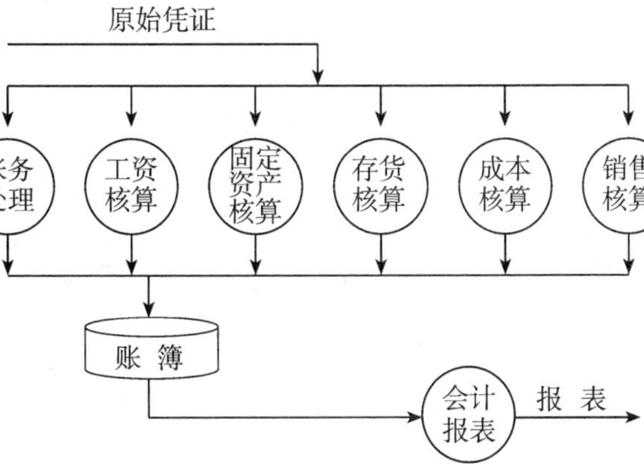

图3-2 手工会计信息系统第二层数据流图

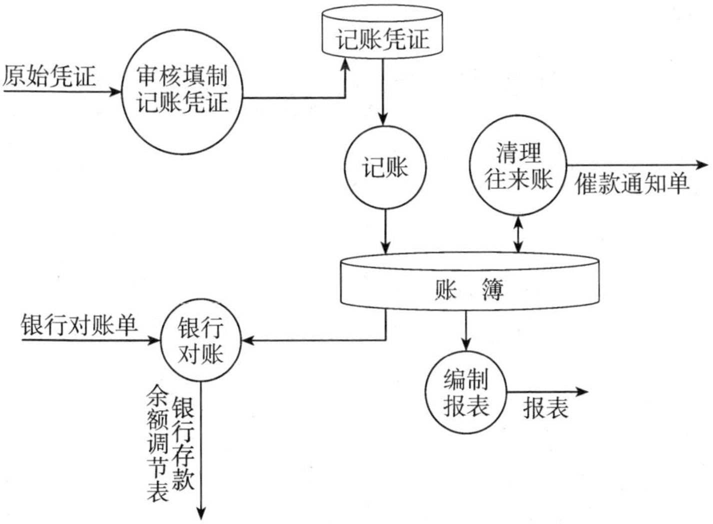

图3-3 手工会计信息系统第三层数据流图

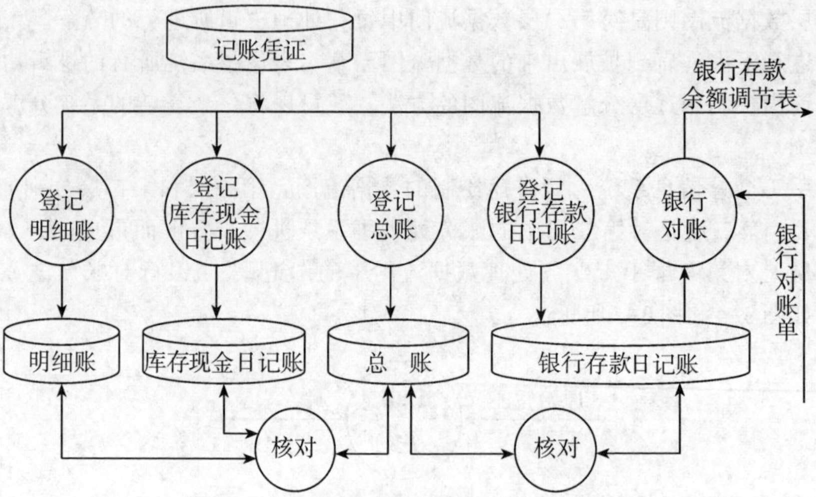

图 3-4 手工会计信息系统记账数据流图

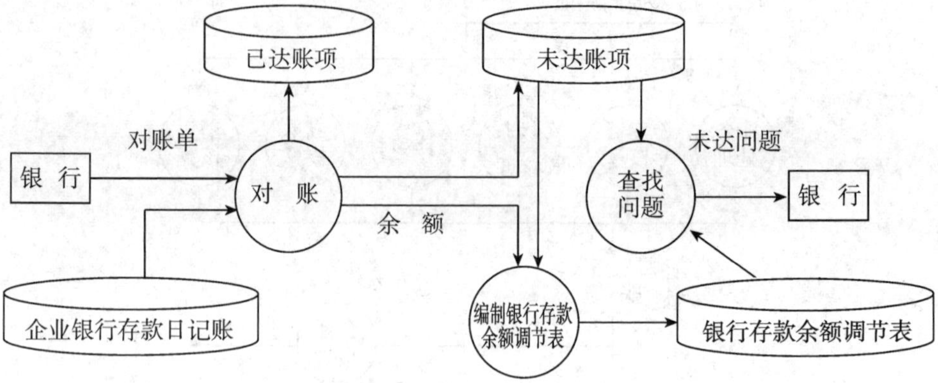

图 3-5 手工会计信息系统银行对账数据流图

3.3.2 数据字典

数据流图只描述了系统由哪几部分组成、各部分之间有什么联系等，但并没有说明系统中各个成分的含义。因此，仅仅用一套数据流图是不够的，必须借助数据字典对图中的每一个数据流、数据存储结构、数据加工给出定义后，才能较完整地描述一个系统。

数据字典是对数据流图中的每一个成分进行详细描述和确切解释的字典。在结构化分析中，数据字典的作用是对数据流图上的每个成分进行定义和说明。换句话说，数据流图上对所有成分的定义和解释的文字集合就是数据字典。例如，定义文件是由哪些更小的单位组成（这些更小的单位一般叫作字段或数据项），并描述每个数据项的具体内容、取值范围等。若想了解某一文件的含义，就可以像使用《新华字典》一样，在数据字典中找到相应栏目，进行查找。

数据字典主要由如下4种类型的条目组成（见表3-3）：

表3-3 数据字典组成及示例

条 目	条目内容	条目内容举例
数据元素条目	数据元素名称 数据类型 数据长度 取值范围	数据元素名称：基本工资 数据类型：数值型 数据长度：9位（包括2位小数） 取值范围：000000.00~999999.99
数据流条目	数据流名称 来源 去向 组成 数据流量	数据流名称：工资结算单 来源：财务部门 去向：职工 组成：职工编号、姓名、基本工资…… 数据流量：1 000（职工人数）
数据处理条目	处理名称 输入 输出 处理逻辑	处理名称：工资汇总 输入：工资结算单 输出：工资汇总表 处理逻辑：按部门进行归类汇总，编制工资汇总表
数据存储条目	文件名称 存储方式 组成 存储频率	文件名称：记账凭证 存储方式：按凭证号顺序组织存储 组成：日期、凭证号、摘要、科目、金额、合计…… 存储频率：500张/天

❶数据元素条目：是指那些已经很明确，不必再分解的数据项，如“姓名”“数量”“基本工资”等。

❷数据流条目：主要说明数据是由哪些数据项组成的，以及数据的来源、去向、组成、数据流量等。

❸数据处理条目：主要说明处理的输入数据、输出数据及处理逻辑等。

❹数据存储条目：主要描述被存储数据的内容及存储方式。

3.3.3 数据存储结构规范化

在系统分析阶段，强调的是数据存储结构的逻辑设计，指出数据元素之间的逻辑关系，用数据结构表达出这种关系。在数据字典中定义了数据存储的逻辑结构，并用数据结构表达数据项之间的逻辑关系，但没有描述数据项的存储方式。如何以最优的方式组织数据项？我们借助规范化方法来设计数据存储结构，数据存储主要是指数据存储结构的规范化分析。

3.3.3.1 数据存储规范化的作用

规范化是数据模型设计中一个非常重要的问题，可以指导我们设计出好的数据存储结构。下面举例说明关系的规范化含义。例如，销售与客户关系R，其属性包括客户代码、客户名称、地区、开户银行、账号、产品代码、产品名称、销售数量、单价、销售额、付款方式等（见表3-4）。

表3-4 销售与客户关系表

客户代码	客户名称	地区	开户银行	账　号	产品代码	产品名称	销售数量	单价	销售额	付款方式
0001	希望公司	辽宁	工商银行	G-0898	A-12	甲产品	50	100	5 000	转账
0001	希望公司	辽宁	工商银行	G-0898	B-01	乙产品	20	200	4 000	转账
0001	希望公司	辽宁	工商银行	G-0898	C-15	丁产品	10	50	500	现金
0002	南北公司	北京	建设银行	J-066	B-01	乙产品	100	200	20 000	汇票
0002	南北公司	北京	建设银行	J-066	A-12	甲产品	60	100	6 000	转账
0003	胜利公司	天津	中国银行	Z-166	D-66	丙产品	100	30	3 000	转账
⋮	⋮	⋮	⋮	⋮	⋮	⋮	⋮	⋮	⋮	⋮

关键字为：客户代码、产品代码。

在销售与客户关系表中，不难看出存在以下几个问题：

（1）数据冗余高

客户名称、地区、开户银行等数据项重复出现在关系中。

（2）插入异常

假如有一个新客户，该客户还未购买产品，这样就无法将客户信息插入关系中，因为其部分关键字（产品代码）值为空。

（3）删除异常

假如要删除丙产品，也把0003胜利公司的相关信息删除了，即把不该删除的信息也删掉了。

（4）修改复杂

如果n个客户购买了甲产品，该产品的单价修改了，则必须无遗漏地修改n个元组中的全部甲产品相关信息（单价）；否则，会出现数据不一致的现象。

产生这些问题的主要原因是上述数据结构内存在多余的数据相关性。解决的方法是将结构复杂的数据结构分解成结构简单的数据结构，即以最优的方式组织数据项，数据存储规范化方法就是用来设计数据存储结构，使其得到优化的。

3.3.3.2　范式与规范化的概念

范式：来自英文normal form，简称NF。规范：是关系满足一定的约束条件，此约束已经形成了一定的步骤。

范式的等级：表示关系的某一级别。如果R为第几范式，就是R符合该级别规范关系，写成R∈XNF，其中X是级别，取值范围为1~5。

规范化：一个低一级范式的关系模式，通过模式分配可以转换为若干高一级的关系模式的集合，这一过程就叫规范化。

3.3.3.3　范式的判定条件与规范化

（1）第一范式：1NF

如果R的所有属性都是不可再分的数据项，则称该关系R属于第一范式，即R∈1NF。例如，表3-4中所有属性都是不可再分的数据项，因此属于第一范式，即1NF。

（2）第二范式：2NF

若关系R属于1NF，且它的每个非关键字都完全依赖它的整个关键字，则称R属于第二范式，即R∈2NF。

例如，表3-4中的依赖关系如下：

关键字为客户代码、产品代码。其中，非关键字客户名称、地区、开户银行等都是依赖部分关键字客户代码，因此R不满足2NF（如图3-6所示）。

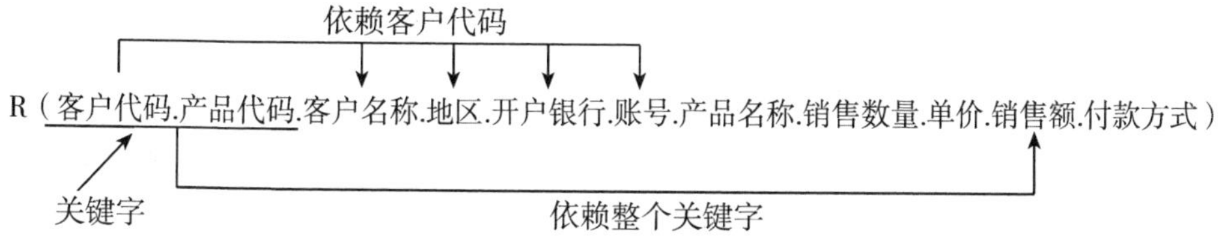

图3-6　关系的依赖分析

解决方法：根据2NF定义，将R模式分解，使得非关键字都完全依赖关键字，消除部分依赖。

将R分解为R1、R2两个关系：

R1（客户代码．客户名称．地区．开户银行．账号）满足2NF条件，R1∈2NF。

R2（客户代码．产品代码．产品名称．销售数量．单价．销售额．付款方式），R2不属于2NF。

由于R2中还存在部分依赖（单价依赖产品名称），所以将R2再分解为R21、R22两个关系：

R21（客户代码．产品代码．销售数量．销售额．付款方式）满足2NF条件，R21∈2NF。

R22（产品代码．产品名称．单价）满足2NF条件，R22∈2NF。

（3）第三范式：3NF

若R∈2NF，且它的每个非关键字都不传递依赖关键字，则R属于第三范式，即R∈3NF。例如，会计岗位与会计人员的关系R3，其属性包括岗位编号、会计姓名、年龄、办公室等；约束条件是一个岗位一名会计人员，见表3-5。

表3-5　**会计岗位与会计人员表**

岗位编号	会计姓名	年　龄	办公室
W01	张阳	38	01-106
W02	李平	33	01-112
W03	王新	35	01-208
W04	赵凯	40	02-306

根据约束条件，关系R3的关键字为岗位编号。

R3的传递依赖关系分析：R3是2NF，但非3NF。因为在该数据结构中，年龄传递依赖岗位编号（经过会计姓名），如图3-7所示。

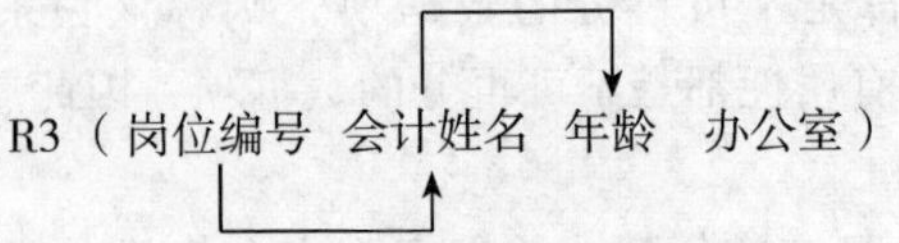

图3-7 R3的传递依赖

可将R3分解为R31和R32，使得分解后的关系不存在传递依赖关系（见表3-6和表3-7）。

表3-6 R31会计岗位

岗位编号	会计姓名
W01	张阳
W02	李平
W03	王新
W04	赵凯

表3-7 R32会计人员

会计姓名	年 龄	办公室
张阳	38	01-106
李平	33	01-112
王新	35	01-208
赵凯	40	02-306

结论：$R31 \in 3NF$；$R32 \in 3NF$。

3.3.3.4 规范化的作用

按第三范式组织数据存储结构，尽管数据存储结构变多了，但数据的冗余度大大减少，使得数据的存储容量降低了。在修改数据时，对第三范式的数据存储结构，只需修改一次，而对非第三范式的数据存储结构，可能要修改多次，因此第三范式的数据存储结构能保证数据的一致性。另外，第三范式的数据存储结构也能解决插入、删除信息时出现的异常问题。按第三范式组织数据存储结构，有时对某些复杂的查询问题，需要进行较多的连接运算，因此要付出较高的代价。如果这类查询较多，为了减少查询的相应时间，则可按第二范式或第一范式组织数据存储结构。

从理论上说，第三范式是一种良好的规范化结构，但在实际应用中还要考虑这种数据存储结构能否真正满足应用需求，应从实际应用出发，对有关的数据存储结构进行调整。

3.3.4　处理逻辑的描述方法

在数据流图中，每个处理框只是简单地标上了处理的名字，不能表达处理逻辑的全部内容。在数据字典中，对各个处理逻辑只是进行了高度概括性的一般描述，没有对各个处理逻辑进行细节性的描述。因此，需要用其他工具来详细描述处理逻辑。

处理逻辑的描述方法一般可以使用以下三种工具：

3.3.4.1　决策树

决策树（decision tree）又称判断树，是一种图形工具，适用于描述加工中具有多个策略，每个策略和若干条件有关的逻辑功能。决策树示意图如图3-8所示。

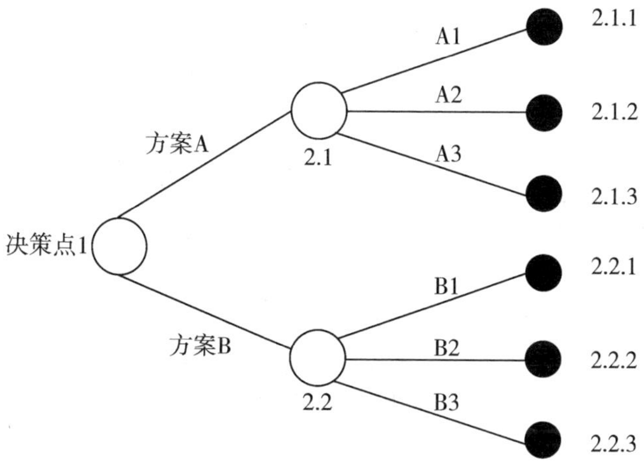

图3-8　决策树示意图

【例3-1】某公司销售产品的折扣政策如下：①若每年交易额（L）大于5万元，近3个月无欠款（N），则享受15%的折扣。若有欠款，但与本公司交易年数（M）大于20年，则享受10%的折扣；若小于等于20年，则享受5%的折扣。②若每年交易额小于等于5万元，则没有折扣。销售折扣决策树如图3-9所示。

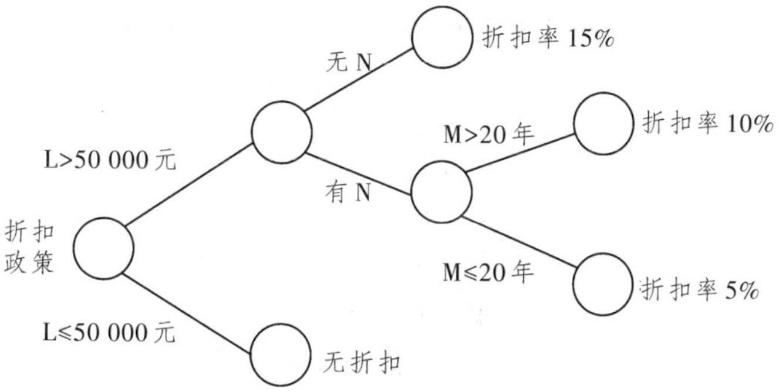

图3-9　销售折扣决策树

【例 3-2】某工厂对工人超产奖励的政策为：该厂生产两种产品A和B。凡工人每月的实际生产量超过计划指标者均有奖励。奖励政策为：①对于产品A的生产者，超产数（N）小于等于50件时，每超产1件奖励1元；超产数大于50件、小于等于100件时，大于50件的部分每件奖励1.25元，其余每件奖励1元；超产数大于100件时，超过100件的部分每件奖励1.5元，其余按超产100件以内的方案处理。②对于产品B的生产者，超产数小于等于25件时，每超产1件奖励2元；N大于25件、小于等于50件时，超过25件的部分每件奖励2.5元，其余按超产25件以内处理；N大于50件时，超过50件的部分每件奖励3元，其余按超产50件以内处理。工人超产奖励决策树如图3-10所示。

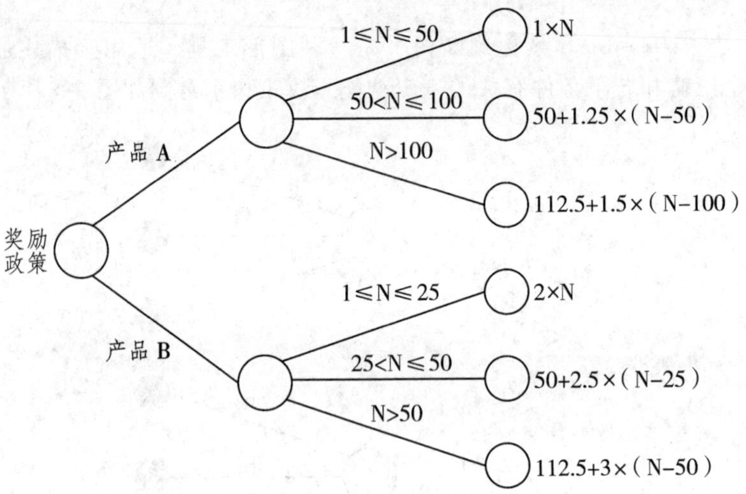

图 3-10　超产奖励决策树

3.3.4.2　判定表

判定表（decision table）又称决策表，为描述加工逻辑提供了表达清晰、简洁的手段。判定表也是一种图形工具，呈表格式。判定表共分四大部分，其中的状态个数为 $2^{条件数}$（如图3-11所示）。

条 件	状 态
判定方案	判定规则

图 3-11　判定表的组成

判定表适用于条件比较多、在每个条件下取值也较多的情况。这时，需要描述的处理是由一组动作组成的，而这些动作是否执行又取决于一组条件的取值。判定表可以把所有的条件和动作都加以说明，不易发生错误和遗漏。

【例 3-3】将例3-1中的销售折扣政策问题用判定表来表示（见表3-8），其中：L为每年交易额，N为近3个月欠款，M为与本公司交易年数。

表3-8 **销售折扣政策判定表**

条件	L>50 000	Y	Y	Y	Y	N	N	N	N	状态
	无N	Y	Y	N	N	Y	Y	N	N	
	M>20	Y	N	Y	N	Y	N	Y	N	
判定方案	折扣率15%	X	X							判定规则
	折扣率10%			X						
	折扣率5%				X					
	无折扣					X	X	X	X	

说明：条件组合的所有可能情况数量是通过2^n（n为条件数）的计算方式获得的理论数量，但有些条件组合在实际中是矛盾或无意义的，因此需要将它们剔除。对上述销售折扣政策判定表进行整理和综合分析，合并后的判定表见表3-9。

表3-9 **整理后的销售折扣政策判定表**

条件	L>50 000	Y	Y	Y	N	状态
	无N	Y	N	N		
	M>20		Y	N		
判定方案	折扣率15%	X				判定规则
	折扣率10%		X			
	折扣率5%			X		
	无折扣				X	

【例3-4】将例3-2中的产品A超产奖励政策使用判定表表示（见表3-10）。

表3-10 **产品A超产奖励政策判定表**

条件	1≤N≤50	Y	N	N	状态
	50<N≤100	N	Y	N	
	N>100	N	N	Y	
判定方案	1×N	X			判定规则
	50+1.25×（N-50）		X		
	112.5+1.5×（N-100）			X	

【例3-5】以薪酬的等级评定为例。等级条件为：①产品质量等级比率为：优等品占70%或50%以上，中等或以下产品占15%或20%以下。②工作纪律表现为好或一般。③薪酬等级方案为一级、二级、三级、四级等。描述薪酬等级处理功能的判定表见表

3-11。

表 3-11 薪酬等级判定表

条件	产品质量	优等品≥70%	Y	Y	Y	Y	N	N	N	N	状态
		优等品≥50%					Y	Y	Y	Y	
		中等或以下产品≤15%	Y	Y	N	N	Y	Y	N	N	
		中等或以下产品≤20%			Y	Y			Y	Y	
	工作纪律	好	Y	N	Y	N	Y	N	Y	N	
		一般	N	Y	N	Y	N	Y	N	Y	
判定方案		一级	X								判定规则
		二级		X	X		X				
		三级				X		X	X		
		四级								X	

由此可以看出，因为等级条件中有些是相容的，相互组合的项较多，决策树是无法描述的，只能使用判定表进行描述。

3.3.4.3 结构式语言

结构式语言（structured language）是在自然语言中使用祈使语句、判断语句和循环语句的一种语言。结构式语言的3种语句为：

（1）祈使语句

祈使语句明确地指出做什么事情，它至少要包括一个动词，说明要执行的功能，以及一个名词，表示动作的对象。

【例 3-6】祈使语句：

获取收发数据

计算补充订货量

（2）判断语句

判断语句是描述决策结构的语句。其一般形式如下：

如果　　条件

则　　行动A（条件成立）

否则　　行动B（条件不成立）

【例 3-7】判断语句：

如果　　凭证已审核

则　　将该凭证记账

否则　　不记账

(3) 循环语句

循环语句是在某一条件存在时重复执行相同的行动，直到条件不成立为止。

【例3-8】循环语句：

对于每个库存项目（循环条件）

获取收入数据

将在库数加收入数据，更新在库数

获取发出数据

将在库数减发出数据，更新在库数

如果	在库数小于或等于临界库存数
则	发出补充订货信号

【例3-9】将例3-1的销售折扣政策问题用结构式语言描述如下：

如果	每年交易额大于50 000元			
则	如果	3个月内无欠款		
	则	折扣率为15%		
	否则	如果	与本公司交易大于20年	
		则	折扣率为10%	
		否则	折扣率为5%	
否则	折扣率为0			

3.3.4.4　3种描述工具的比较

在描述系统处理功能时，可以使用结构式语言、决策树和判定表。这3种工具一般要交替使用，互为补充。这3种工具各有优缺点，所以在描述一个处理过程时，系统分析员应根据不同的情况，选择合适的描述工具。

从以上3种工具的难度来看，决策树最容易被初学者所接受，易于掌握；结构式语言难度居中；判定表的难度最大。一般地说：

❶对一个不太复杂的逻辑判断，也就是说，条件只有2个或3个，对应产生的条件组合数最多有15个，相应的动作只有10个左右，使用决策树较好。

❷对一个十分复杂的逻辑判断，也就是说，条件很多，组合也很多，相应的动作有任意多个，使用判定表较好。

❸如果一个处理过程既包括顺序执行动作，又包括判断和循环逻辑，则使用结构式语言较好。

案例窗3-1

素养园地

应对不确定性挑战 会计行业亟须主动拥抱信息技术

2022年7月30日，由上海国家会计学院主办的“会计科技Acctech应对不确定性挑战”高峰论坛暨2022年影响中国会计人员的十大信息技术评选结果发布会在上海国家会计学院国际会议中心举行。本次论坛正式发布了2022年影响中国会计人员的十大信息技术的评选结果，并邀请各界嘉宾对入选十大信息技术的应用进行深入解读，对潜在影响的五项信息技术进行前景判断。

近年来，新一代信息技术不断推动会计工作的创新发展，大数据、人工智能、移动互联、云计算、互联网、区块链等新技术得到了初步应用。各企事业单位开始积极地使用财务机器人处理财务工作，有的单位已经开始探索推动财务会计的智能化，提升财务工作的效率和效果，促进单位财务管理数字化转型升级和高质量发展。

信息技术的创新迭代加速了会计工作应用场景的趋势变化，推动了会计职能对内对外的拓展，为会计工作带来了诸多便利，但也对我们广大的会计人员提出了新的要求和挑战。为了帮助会计人员改变传统思维模式，主动拥抱信息技术，上海国家会计学院历经4个月的努力，顺利完成了2022年影响中国会计从业人员的十大信息技术和潜在影响中国会计从业人员的五大信息技术的评选工作，这对推动会计职能对内对外拓展、提升我国会计信息化水平有着十分重要的意义。

2022年公众投票的样本数量在上年的基础上有比较大的增长，也更加具有代表性。在2022年的评选结果中，中台技术（数据中台、业务中台、财务中台）的关注度在提高，这类技术的特点是可以打破不同系统之间的信息壁垒，实现信息的高度共享，并能借助低代码、微服务等技术，应对前台应用需求的不断变化。

当下的世界正在进入变幻莫测的VUCA时代，任何一个方面的变化都将给企业的经营带来新的风险。面对诸多的不确定性，一些数字化成功转型的企业借助在线经营系统，从容地应对外部变化带来的各种困境。在“黑天鹅”和“灰犀牛”事件频发的时代，会计人员有必要静下心来，从危机的视角重新认识新一代信息技术，再次思考一下网上支付、电子发票、财务机器人、远程审计、在线办公、金税工程等新技术和新系统给企业发展带来的巨大作用。

资料来源 龚莎. 应对不确定性挑战 会计行业亟须主动拥抱信息技术［EB/OL］.［2024-05-10］. http://sh.people.com.cn/n2/2022/0801/c134768-40063123.html.

【价值塑造】

1. 让学生树立创新精神。

2. 让学生从容应对信息技术的创新，推动会计信息系统的发展。

复习思考题

1. 系统规划方法有哪几种？

2. 简述系统开发的可行性研究内容与步骤。

3. 简述可行性研究报告的内容。

4.什么是结构化系统分析方法？

5.会计信息系统的分析工具包括哪些？

6.试用数据流图描述银行对账处理过程。

7.试用决策树描述某企业计件工资的计算方法：职工生产产品的产量N小于等于50件时，每件奖励10元；产量N大于50件、小于等于100件时，大于50件的部分每件奖励12元，其余每件奖励10元；产量大于100件时，超过100件的部分每件奖励15元，其余按产量100件以内的方案处理。

8.试用判定表描述某公司的销售折扣政策。销售折扣政策为：每年交易额（L）大于5万元，并且近半年无欠款（N），则享受20%的折扣；如果近半年有欠款，但与本公司交易年数（M）大于10年，则享受10%的折扣；若小于等于10年，则享受5%的折扣。每年交易额小于等于5万元，则不享受折扣。

第4章　会计信息系统的设计

学习目标

◆重点掌握系统划分原则、代码设计原则、数据库概念结构设计工具E-R图。
◆掌握系统设计方法、代码设计方法、数据库设计步骤。
◆了解数据库逻辑结构设计和物理结构设计、输出/输入设计内容、处理设计工具。

会计信息系统设计是系统开发过程中的第二个重要阶段。系统分析阶段提出了新系统的逻辑模型，系统设计阶段就是根据系统分析阶段的逻辑功能描述，寻求实现这些逻辑的方式和方法，即根据结构化分析资料，并结合经济、技术和运行环境等具体条件，来解决会计信息系统应该由哪几个子系统组成、每个子系统的功能是什么、它们之间如何进行接口处理等问题。系统设计又称新系统的物理设计，它的主要任务是根据系统分析阶段所建立的逻辑模型来建立系统的物理模型。

4.1　会计信息系统设计概述

结构化系统设计是由美国IBM公司于1974年提出的，即“用一组标准的准则和工具帮助系统设计人员确定系统应该由哪些模块、用什么方式连接在一起，才能构成一个最好的系统结构”。

会计信息系统设计包括系统结构设计、处理流程设计、代码设计、输出/输入设计、数据库设计以及网络设计等，还要给出系统实施计划，编写系统设计说明书。

4.1.1　结构化系统设计思想

结构化系统设计的基本思想是：使系统模块化，即把一个系统自上而下逐步分解为若干彼此独立而又有一定联系的组成部分。任何一个系统都可以按功能采用自上而下、由抽象到具体的方式，逐层将其分解为多层次的、具有相对独立功能的众多模块。

采用模块化设计可以使整个系统简单、结构清晰，可读性、可维护性增强，提高系统的可运行性，同时也有助于信息系统的开发和管理。

4.1.2 结构化系统设计的特点

❶对于一个复杂的会计信息系统，采用系统的观点，按照自顶向下的原则将其分解成若干功能模块，形成层次结构。

❷采用图形描述工具——结构图来描述最初方案和优化结果。

❸有一组基本的设计策略，将数据流图转换成模块结构图。

❹有一组基本的设计原则，对这个最初方案进行优化。

❺有一组评价指标和质量优化技术。

4.1.3 会计信息系统设计的任务

会计信息系统设计的任务是以系统分析说明书为依据，确定新系统在计算机内该由哪些程序模块组成，各模块以何种方式连接在一起可以构成一个最好的系统结构，并使用某些工具将设计的成果描述出来，然后对各个细节进行设计。系统设计的基本任务大体可以分为两个方面：

4.1.3.1 概要设计

概要设计又称总体设计，是指把总任务分解为许多个基本的、具体的任务。其基本任务是：

❶将系统划分为模块。

❷决定每个模块的功能。

❸决定模块的调用关系。

❹决定模块的界面，即模块间的数据传递。模块就是“具有输入和输出功能、逻辑功能、运行程序和内部数据4种属性的一组程序语句”。

4.1.3.2 详细设计

详细设计是为各个具体任务选择适当的技术手段和处理方法。其具体包括编码设计、数据库详细设计、输出/输入设计、处理设计。

4.1.4 结构化设计步骤

结构化设计采用自顶向下、逐层分解的方法。首先设计总体结构，然后进行详细设计，编写系统设计说明书。具体步骤如下：

❶由数据流图导出初始结构图；

❷对初始结构图改进，使之成为完整的结构图；

❸进行会计信息系统代码与数据库设计；

❹进行会计信息系统的输出/输入设计；

❺进行每个模块处理设计；

❻编写系统设计说明书。

完成上述设计步骤后，若评审通过，则进入系统实施阶段。

4.2 会计信息系统设计方法

结构化设计（structured design，SD）方法是与结构化分析方法相衔接的方法，用于从系统分析数据流图中导出系统模块结构图。在导出系统模块结构图的过程中，以低耦合性、高内聚度作为模块划分的准则。先将各大模块逐步划分为较小的模块，直至每个模块都是功能单一的模块，若干模块相互联系、相互配合，完成系统的全部功能。

会计信息系统设计是系统开发过程中的重要阶段，总体设计的过程分为两步：第一步由数据流图转换为初始模块结构图；第二步对初始模块结构图进行优化。系统的质量及一些整体特性基本上是由总体设计这一步决定的。系统越大，总体设计的影响越大。因为一个系统的优化是指对系统整体的优化，而不是局部的最佳化。

4.2.1 模块结构图

在系统设计中，如果采用结构化的系统设计方法，可以以数据流图为依据，借助结构化设计方法的基本思想，将会计信息系统划分为多个大小合适、功能单一的模块，从而可以将复杂的系统转变为多个简单的模块。这些模块的组合就是模块结构图。模块结构图是使用结构化设计方法来精确表达系统结构和系统中模块间的层次关系和联系的图形。在模块结构图中，以特定的符号表示模块间的调用关系和模块之间的数据流与控制流信息的传递关系。模块结构图的基本符号如下：

4.2.1.1 模块

模块以矩形表示，模块的名称写在矩形框内，名称可以是模块的功能说明或简称（如图4-1所示）。

图4-1 模块

4.2.1.2 模块间的调用关系

这是指模块间的调用与被调用关系，通常用箭头或线段表示，即上下两个模块，上层模块调用下层模块。图4-2分别给出了二层结构图和多层结构图中的模块间的调用关系。

在图4-2（a）中，“银行对账”模块调用“自动对账”“手工对账”模块；在图4-2（b）中，“账务处理”模块调用“凭证处理”“会计报表”等模块，而“凭证处理”模块调用“录入”“审核”“记账”等模块，“会计报表”模块调用“编制报表”“输出报表”模块。

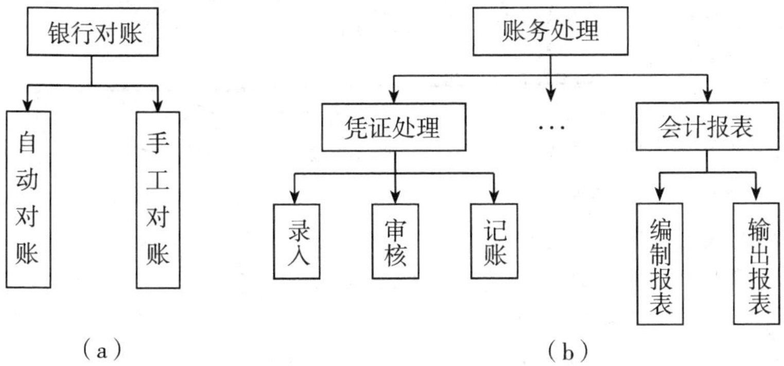

图4-2 模块间的调用关系

4.2.1.3 模块间所传递的信息

在调用模块与被调用模块之间总会有信息的相互传递，传递的信息一般分为两种：

❶数据信息，是指符号、数字、文字等信息，如图4-3中的职工编号“A001”、工资额“890.00”、姓名“张阳”等。

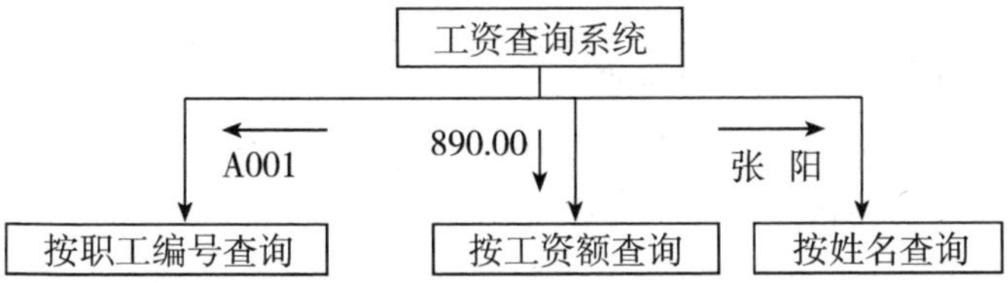

图4-3 数据信息

❷控制信息，只表明“是”或“否”两种状态的信息，一般用“T，F”“1，0”“Y，N”表示，如图4-4所示。

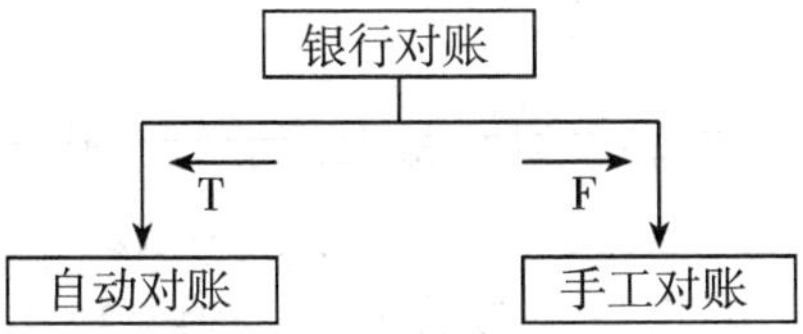

图4-4 控制信息

4.2.2 系统（模块）的划分原则

一个系统的模块究竟应该怎样划分，并没有一个严格、绝对的标准。一个好的模块划分方案也不是唯一的。同样一个系统，由不同的设计人员进行设计，得到的结果可能不同。但是，在模块划分时必须遵循一定的原则。

（1）增强模块与模块之间的独立性

模块的独立性是指模块功能的单一程度，即模块之间是相对独立的。模块相对独立了，在处理每个模块时，就不必考虑该模块以外的其他模块的问题。这样可以降低解决问题的难度，即使出错了，在局部范围内也容易解决。

（2）降低模块与模块之间的耦合性

耦合性是指模块之间的依赖程度，即模块间的耦合程度，包括调用关系、控制关系、数据传递关系等。降低模块间的耦合性，能减少模块间的影响，防止对某一模块修改时所引起的“牵一发而动全身”的水波效应，保证系统设计顺利进行。

（3）提高模块自身的内聚度

模块的内聚度是指模块功能的专一性，即模块内部各部分关系的紧密程度。较高的内聚度能使模块具有较强的独立性，使对系统的修改和维护只能在指定的模块内进行，从而有效地防止系统各模块间的相互干扰，保证系统的稳定性。

4.2.3 模块的辅助设计原则

模块的辅助设计原则主要包括如下内容：

（1）模块的扇入、扇出应适当

扇入：某模块可以被多少个上级模块直接调用。

扇出：某模块可以直接控制或调用多少个模块。

经验表明，设计得好的系统结构通常具有顶层扇出较大、中层扇出较小、底层扇入较大的特点。

（2）模块的作用域应在控制域之内

作用域：受某个模块的判定所影响的模块集合。

控制域：某模块本身加上其下级模块的集合。

4.2.4 模块设计举例

4.2.4.1 由数据流图导出初始模块结构图

根据计算机会计信息系统中的银行对账数据流图（如图4-5所示），导出“银行对账”模块结构图（如图4-6所示）。

系统设计是根据系统分析阶段的数据流图和数据字典，将抽象的逻辑功能具体化，利用结构化的设计方法导出计算机会计信息系统的模块结构图。

在数据流图中，每一个处理逻辑都具有一个独立的处理功能。不管它是一个子系统还是一个子程序，都包含着输入→处理→输出的过程，模块结构图中的每一个模块也都是如此。因此，可以由数据流图逐步地导出系统各个层次的模块结构图。

以图4-5给出的计算机会计信息系统中的银行对账数据流图为例，说明导出“银行对账”模块结构图的方法。从图4-5可见，该数据流图中银行对账共包含5个功能，因此，“银行对账”模块应直接调用“录入对账单”“网络传递对账单”“对账”“输出对账结果”“删除已达账”这5个子模块（如图4-6所示）。

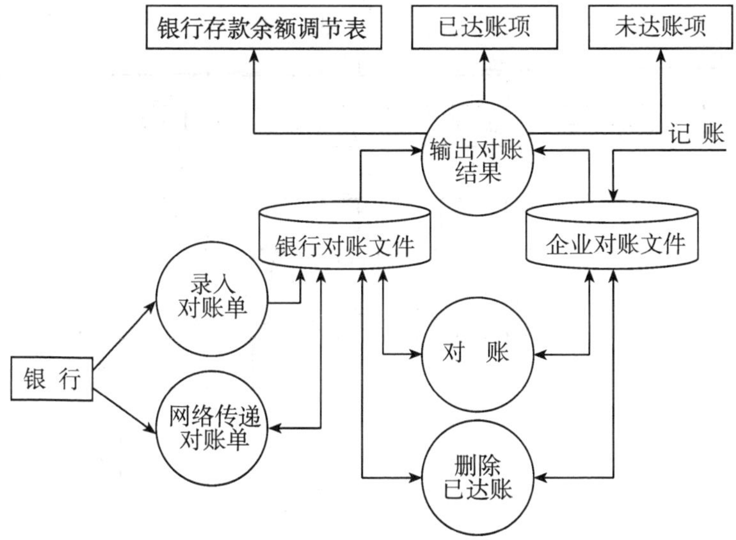

图4-5　计算机会计信息系统中的银行对账数据流图

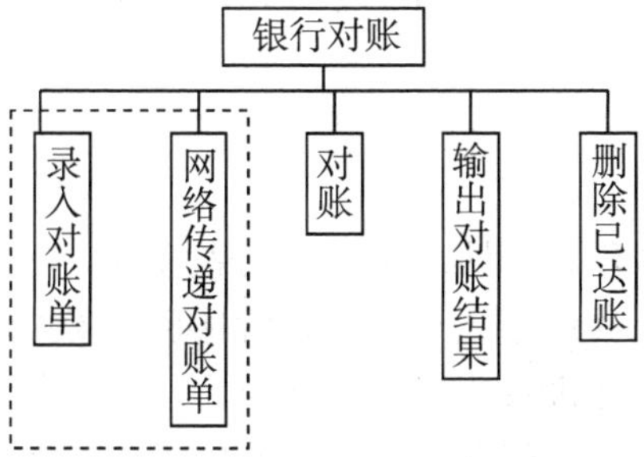

图4-6　“银行对账”模块结构图（一）

4.2.4.2　根据模块的划分原则对初始模块结构图进行改进，优化模块结构图

从图4-6中可以看到，根据模块划分原则，“录入对账单”“网络传递对账单”两个模块不符合模块的高内聚度要求，应当对其进行改进，合并为一个模块“获取对账单”（如图4-7所示）。根据对账功能在实际工作中的要求，对图4-6中的“对账”模块继续进行划分，又可分为“手工对账”“自动对账”模块（第三层模块）。这是因为在对账工作中，银行对账单只给出了某些业务发生的日期和金额，而没给结算单据号，计算机无法进行自动对账，所以增加手工对账的方法以补充完成。对图4-6中的“输出对账结果”模块继续进行划分，可分为“已达账”“企业未达账”“银行未达账”“银行存款余额调节表”模块（第三层模块）。

图4-7中最底层模块都是功能单一的模块，这样“银行对账”模块结构图就设计完成了。采用类似方法和步骤，将计算机会计信息系统划分为若干大模块，再将各个大模块继续划分为较小的模块，直到该结构图中每一个模块都是功能单一的模块。这时，计算机会计信息系统的总体模块结构图就设计完毕了。

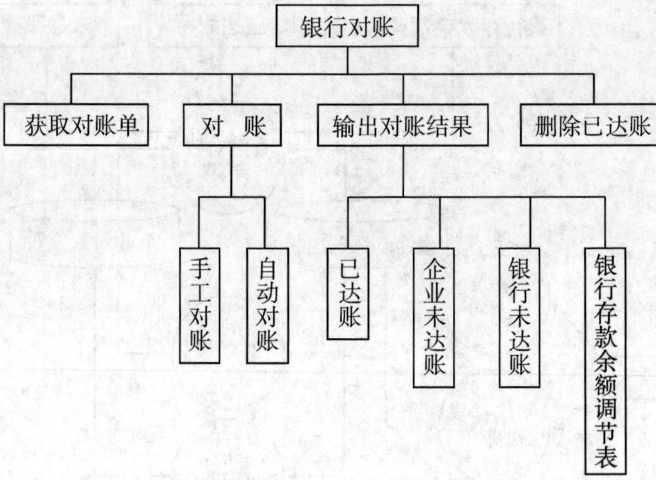

图4-7 “银行对账”模块结构图（二）

4.3 会计信息系统代码设计

4.3.1 代码的概念

代码是事物或概念的名称、属性或状态的代表符号。

会计信息系统代码设计的任务，是把会计信息系统要处理的事项用特定的字符、数字或其组合来描述，以便计算机系统识别与处理。

代码设计是一个科学管理的问题。一个好的代码系统方案对会计信息系统是非常重要的，它可以简化输入、节省存储空间、简化数据处理过程等。在会计信息系统中需要对各种数据进行代码设计，如进行会计科目代码设计、往来单位代码设计、部门代码设计、职工代码设计、固定资产代码设计、产品代码设计等。

4.3.2 代码的编制方法

代码的编制方法有如下3种：

（1）顺序码

这是指代码按照一定的标准依次排列，如1、2、3或者1001、1002、1003等。

（2）组码

这是指用若干连续数组区段表示不同类别事物的编码。如00~99代表一类事物，200~299代表另一类事物。

（3）群码

这是指每一代码由固定的几个区段组成，每一区段表示一种特征，并可以按照顺序码或组码进行编码。如会计科目编码“10020101”中，第1~4位是一级科目，第5~6位是二级科目，第7~8位是三级科目，它反映了一级科目和明细科目之间的层次关系。这种编码方式代表的含义丰富，格式固定，系统性强，便于分类、排序和维护，因此是会计信息系统常用的编码方法。

另外，代码的结构是指代码共分几段，每段有几位，如上例会计科目编码“10020101”代码结构为4-2-2。

4.3.3　代码的作用

❶可用来标识和确定某个具体的对象，以便于计算机的识别。利用代码便于反映数据或信息间的逻辑关系，并使其具有唯一性。

❷便于处理与优化统计检索功能。信息代码化，便于计算机处理，即当按对象的属性或类别进行编码时，易于优化对象的统计和检索。

❸可以节省计算机的存储空间，提高运行速度。

❹可以增强系统的可靠性。例如，在代码中加入校验码，在输入数据时就可进行校验，以保证输入数据的准确性、可靠性，从而增强整个系统的可靠性。

4.3.4　代码的设计原则

（1）唯一性

每个代码都只能标识某个事物。不同的事物以不同的代码表示，不能出现一个代码代表两个或多个事物的现象，也不能出现一个事物用多个代码表示的现象，即代码的表示不能有二义性，否则会降低系统效率。

（2）系统性

在整个会计信息系统中所有项目的编码标准都要一致，并体现了数据的规律性，避免数据编码不一致与出现重复、混乱的现象。

（3）简明性

代码的结构要简单明了，易于记忆。

（4）稳定性

代码一经确定便不可随意更改和取消。所设计的代码要能够适应环境的变化，可在较长时间内使用。

（5）可扩展性

设计代码时要考虑到未来扩充代码的可能性，使代码易于维护。

（6）合法合规性

国家为了对经济实行宏观调控，在不同时期所颁布、执行的一些经济法规、制度不尽相同，这些因素对会计信息系统的代码设计有直接的影响。因此，所设计的代码必须符合国家有关法律条文的规定。

4.3.5　代码设计的步骤

❶确定编码对象。首先选定编码对象，然后明确编码的目的及代码在系统中的作用，确定代码的使用范围。

❷考查是否已有标准代码。检索目前是否有国际标准、国家标准、部门标准等，如果已经有标准代码，那么应该使用标准代码；否则，可以参考其他国家、其他部门的编

码标准，设计出便于今后使用的标准化的代码。

❸根据代码的使用范围、使用时间等，来选择代码的类型。

❹考虑检错功能。

❺决定编码方法，编写代码表，作详细的说明。

4.4 数据库设计

4.4.1 数据库设计概述

4.4.1.1 数据库设计内容

数据库是会计信息系统中至关重要的一个组成部分，它为会计信息系统存储和管理有关的数据，是系统开发中的一项重要工作。

数据库设计的内容是指数据库的结构设计和数据库的行为设计。

数据库的结构设计是指根据给定的应用环境，进行数据库的模式设计。数据库模式包括概念结构设计、逻辑结构设计和物理结构设计。

数据库的行为设计是指确定数据库用户的行为和动作，即用户对数据库的操作，也就是应用程序的设计。

4.4部分主要介绍数据库的模式设计。

4.4.1.2 数据库设计步骤

（1）数据库概念结构设计

在系统分析期间得到的数据流图、数据字典的基础上，结合有关数据规范化的理论，用一个概念数据模型将用户的数据需求明确地表达出来，这是数据库设计过程中的关键部分。

概念结构是从用户的角度看到的数据库，是各种数据模型的共同基础，它使数据模型更独立于机器、更抽象，从而更加稳定。

（2）数据库逻辑结构设计

根据概念数据模型以及所选定的数据库管理系统的特性，按照一定的转换规则，把概念数据模型转化为数据库管理系统（database management system，DBMS）所能接受的数据模型，一般称之为逻辑数据模型。

（3）数据库物理结构设计

数据库在物理设备上的存储结构与存取方法被称为数据库的物理结构，它依赖给定的计算机系统。为一个给定的逻辑数据模型选取一个最适合应用要求的物理结构的过程，就是数据库物理结构设计，即根据所选定的软、硬件运行环境，权衡各种利弊因素，确定一种高效的物理存储结构，使之既能节省存储空间，又能提高存取速度。

4.4.2　数据库概念结构设计

概念数据模型是一个面向问题的数据模型，它反映了用户的现实环境，与数据库的具体实现技术无关。数据库概念结构设计使用的工具是E–R图。

4.4.2.1　E-R图的含义

实体–联系法（entity-relationship approach）是用来表示概念数据模型的方法，这一方法所对应的设计工具被称为E-R图。

4.4.2.2　E-R图的成分

（1）实体

实体是客观世界中存在的且可相互区分的事物。它可以是人或物，也可以是具体事物或抽象事物，如教师、学生、课程等实体。实体用矩形框表示；通常一个实体由若干属性来刻画。

（2）联系

客观世界中的事物彼此之间有联系，描述实体与实体之间的联系用菱形框表示。联系有3种：

❶1∶1（一对一）联系，如实体“财务主管”与“财务部”之间的联系；

❷1∶N（一对多）联系，如实体“财务主管”与“会计”之间的联系；

❸M∶N（多对多）联系，如实体“销售人员”与“客户”之间的联系。

（3）属性

属性是实体或联系所具有的性质。通常一个实体或联系由若干属性来刻画。属性用圆形框表示。

4.4.2.3　E-R图的特点

❶E-R图描述的概念数据模型非常接近人的思维方式；

❷E-R模型采用简单的图形来表达人们对现实的理解，使不懂计算机技术的用户也能接受。

在系统分析阶段，开发人员收集了大量的素材，画出了数据流图，编写了数据字典，然后在此基础上建立一个用E-R图表达的概念数据模型。

【例4–1】假定通过对材料核算系统的数据流图、数据字典的分析研究与数据规范，确定该系统须保留的实体有产品、零件、仓库、材料4个，这4个实体的属性分别是（带“*”号的为关键字）：

产品：产品号*、产品名、预算

零件：零件号*、零件名

仓库：仓库号*、地点、面积

材料：材料号*、材料名、单位、单价

这些实体之间存在3个联系，即“构成”“消耗”“存储”，分别表示产品与零件、零件与材料和零件与仓库之间的联系，并且都是多对多的联系。这一系统的E-R图如图4–8所示。

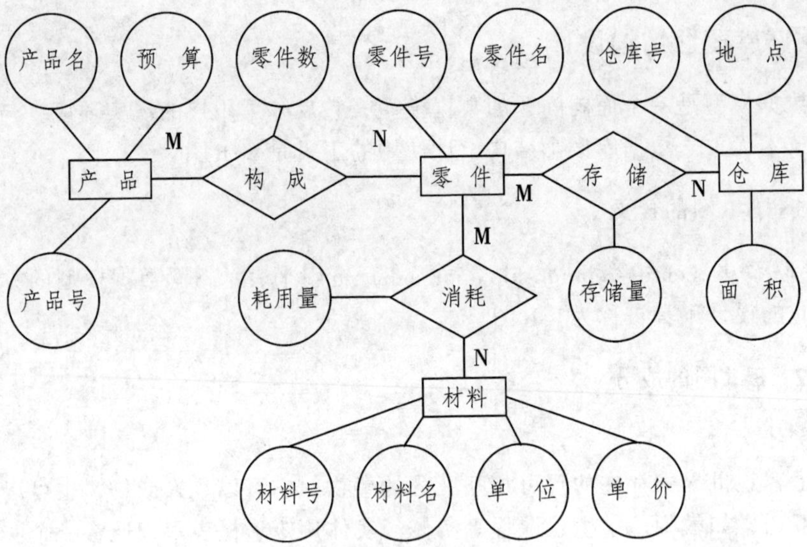

图4-8 材料核算系统E-R图

4.4.3 数据库逻辑结构设计

逻辑结构设计就是把概念数据模型按一定的方法转化成某个具体的DBMS所能接受的形式。概念结构是独立于任何一种数据模型的信息结构。逻辑结构设计的任务就是把概念结构设计好的基本E-R图转换成与所选用的DBMS产品支持的数据模型相符合的逻辑结构，并对其进行优化。不同的DBMS所支持的数据模型的类型不同，由E-R图转化为不同的DBMS所支持的数据模型的方法也各不相同。常用的数据模型分层次型、网状型和关系型。目前，数据库大多采用支持关系型数据模型的数据库管理系统，如Oracle、Sybase等。

将E-R图转化为关系模型的基本规则如下：

❶对E-R图中的每一个实体分别建立一个关系。

❷对E-R图中的每一个1∶N的联系，分别让“1”的一方的关键字进入“N”的一方作为外部关键字。联系本身若具有属性，也让它们进入“N”的一方作为外部关键字。

【例4-2】两个实体：①部门实体，属性包括：部门编号、部门名称、部门经理、部门预算，其中“部门编号”是关键字。②职工实体，属性包括：职工编号、姓名、职务、工资，其中“职工编号”是关键字。部门与职工是1∶N的关系。按照1∶N的转换规则，需要将部门中的部门代码放入职工实体中，即关系模型为：

部门（<u>部门编号</u>.部门名称.部门经理.部门预算）

职工（<u>职工编号</u>.姓名.职务.工资.部门编号）

【例4-3】某企业集团有三个实体：公司（公司编号、公司名称、公司地址）；仓库（仓库号、仓库名、仓库地址）；职工（职工编号、姓名、性别）。其中公司与仓库之间存在“隶属”关系，每家公司都可以管辖若干仓库，每个仓库只能属于一家公司的管辖；仓库与职工之间存在“聘用”关系，每个仓库都有若干职工，每个职工只能在一个仓库工作，仓库聘用职工有聘期和工资。图4-9为公司仓库与职工的E-R图。

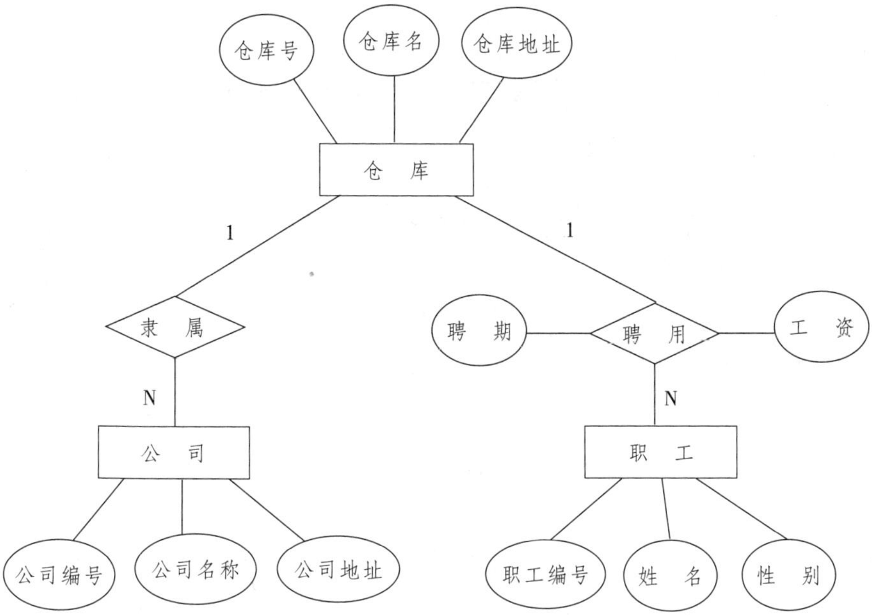

图4-9　公司仓库与职工的E-R图

转换后的关系模型为：

公司（公司编号.公司名称.公司地址）

仓库（仓库号.仓库名.仓库地址.公司编号）

职工（职工编号.姓名.性别.仓库号.聘期.工资）

❸对E-R图中的每一个M：N的“联系”，分别建立一个“关系”，使之成为M个1：N的“联系”。其中关系的属性要包括对应“联系”自身的全部属性，还要包括形成该“联系”的多方实体的关键字。

【例4-4】商店、商品及职工3个实体的E-R图如图4-10所示。

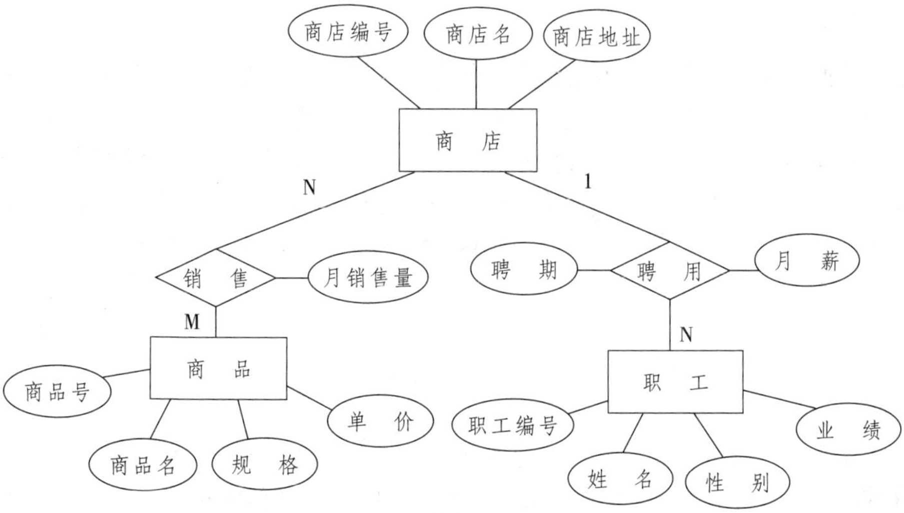

图4-10　商店、商品及职工三个实体的E-R图

转换后的关系模型为：

商店（商店编号.商店名.商店地址）

职工（职工编号.姓名.性别.业绩.商店编号.聘期.月薪）

商品（商品号.商品名.规格.单价）

销售（商店编号.商品号.月销售量）

❹检查按照以上方法所形成的多个“关系”，如果发现有的“关系”最终只含有一个属性，则把这样的“关系”取消。

说明：在进行模型转化时可以参照上述基本规则，对具体的DBMS有某些特殊要求和限制时，还要根据具体情况进行调整。

4.5 输出/输入设计

会计信息系统输出/输入（O/I）设计是一个在系统设计中很容易被忽视的环节，又是一个重要的环节，对今后用户使用的方便性、安全性和可靠性，都有着直接的影响。一个好的输出/输入设计可以为用户提供简洁、明了、有效、实用的会计信息，也可以为用户和系统开发者带来良好的工作环境。

会计信息系统的设计过程与实际工作的过程正好相反，它并不是从输入设计到输出设计，而是从输出设计到输入设计。这是因为会计信息系统只有通过输出才能为使用者服务。会计信息系统能否为用户提供准确、及时、适用的会计信息是评价会计信息系统优劣的标准之一，输出信息是用户最关心的，系统应全面、准确地提供内外部使用者所需要的会计信息。如果不先进行输出设计，就很难确定究竟用户需要哪些数据、哪些数据可以通过中间转换得到，这样势必造成用户需要的信息没有考虑到，不能满足用户的信息需求，而有些数据输入了，用户又不使用，从而造成浪费。

4.5.1 输出设计

在系统设计中，输出设计占据很重要的地位。因为，计算机会计信息系统对输入的数据进行加工处理的结果，只有通过输出才能为用户所使用，故输出的内容与格式是用户最关心的问题。另一方面，从系统开发的角度来看，输入信息只有根据输出要求才能确定，即输出决定输入。因此，会计信息系统输出设计的主要任务是针对用户的特点和需求，选择适当的输出设备，使用最佳的输出方式，以清晰的格式准确、及时、完整地输出最符合实际需要的会计信息。

4.5.1.1 输出类型

根据信息的输出目标分类，输出类型可分为以下类别：

❶外部输出：输出目标是系统之外的环境，如向其他系统输出信息等。

❷内部输出：系统内部多个子系统之间的文件输出，如将凭证文件输出到账簿文件中。

❸中间输出：系统处理的中间结果，尚待进一步处理。

❹交互输出：与用户之间的对话输出。

❺操作输出：计算机运行过程中与操作有关的输出，如出错信息等。

4.5.1.2　输出内容

（1）确定输出内容

用户是输出信息的主要使用者，因此，在进行输出内容的设计时，首先要确定用户在使用信息方面的要求，包括使用目的，输出速度、频率、数量，安全性要求等。根据用户要求，设计输出信息的内容，包括信息形式（表格、图形、文字），输出项目及数据结构，数据类型、位数及取值范围，数据的生成途径，完整性及一致性等。

（2）选择输出设备、介质与输出方式

会计信息系统常用的输出设备有显示终端、打印机、绘图仪、多媒体设备等。输出介质有纸张、U盘、移动硬盘、多媒体介质等。常用的输出方式主要有：

❶显示输出：只需将查询的信息在屏幕上显示。

❷打印输出：将信息按一定的格式打印出来。

❸介质输出：将要求保存以便于将来系统调用的信息输出到U盘或移动硬盘中存储。

❹网络传递输出：将信息通过网络传递出去。

（3）确定输出格式

提供给使用者的信息要进行格式设计。输出格式要满足使用者的要求和习惯，做到格式清晰，易于阅读和理解。

为了提高会计信息系统的规范化程度和编程效率，在输出设计上应尽量保持输出内容与格式的统一性，即对于同一内容的输出，显示器、打印机、文本文件和数据库文件应具有一致的格式。显示器用于查询和浏览，打印机用于提供纸质账表等。

4.5.2　输入设计

会计信息系统的输入设计对系统的质量有着决定性的影响。输入设计的目标是选择恰当的输入方式和输入媒体或设备，提供方便的输入界面与帮助功能，采用有效的检验方法对输入数据进行检查，以确保输入系统的数据是正确的。输入设计是会计信息系统与会计人员进行交互的纽带，决定了人机交互的效率。输入的数据完全是根据输出的要求来选择的。由于一切输出均依赖输入，而输入的个别错误可能引起输出的大量错误，因此，保证输入的绝对正确是系统成功的关键。

4.5.2.1　输入设计原则

正确的数据输入才能保证系统输出正确的信息。输入环节不仅工作量大，还是关系系统运行速度的瓶颈，而且容易出错，是特别敏感的环节，因此，输入设计应遵循以下原则：

❶最少量原则：输入量应保持在能满足处理要求的最低限度。

❷简单性原则：输入的准备及输入过程应尽量简单、易行，以减少错误的发生。

❸早检验原则：应尽早对输入的数据进行检查，以便使错误及时得到改正。

❹早记录少转换原则：输入数据尽量用其处理所需的形式，尽早地记录在处理所需的介质上，以免转换介质时发生错误。

❺一致性原则：向另一个子系统或上一级系统输入数据时，应注意数据结构的一致性。

4.5.2.2 输入设计的内容

（1）输入信息源的设计

确定哪些数据应当由人工输入，哪些可以从其他文件或子系统输入。应当结合计算机的处理特点对原来手工方式进行详细分析，不能照搬手工作业方式。

会计信息系统输入的信息是比较复杂的。有通过键盘输入的，也有通过中间介质输入的。使用键盘输入方式时，要确定哪些凭证和票据应当直接输入，哪些文件的数据可以从其他的文件中获得，不必或不应该通过键盘输入。

（2）输入类型的设计

确定当前处理模块的数据是由哪一种类型输入的。常用的输入类型有：

❶外部输入：系统的原始输入。

❷内部输入：系统内部产生的信息的输入。

❸操作输入：计算机运行过程中与操作有关的输入。

❹计算机输入：由系统内部或外部计算机通过通信线路进行的信息的直接输入。

❺交互式输入：通过人机对话进行的输入。

（3）输入设备和介质的设计

通常在会计信息系统中，外部输入常采用键盘输入；内部输入则可以通过磁介质；操作输入和交互式输入采用键盘与屏幕相结合的方式；计算机输入多半是由另一个子系统或终端工作站、通信电缆输入的。

（4）输入内容及格式的设计

❶输入内容设计，主要是指根据数据库设计和输出设计的结果，确定哪些数据项在哪一个输入模块中进行输入，以及这些数据项的名称、类型、长度（精度）、小数位、输入格式等。

❷输入格式设计，主要考虑输入设备和介质的类型。对于手工键盘输入，主要考虑屏幕输入格式与手工方式的对应性，为避免输入错误，应尽量使屏幕格式和数据的输入次序与输入原始数据表一致。

（5）输入数据的检验及纠错

输入校验方式的设计也是非常重要的。特别是针对数字等字段，没有适当的校验措施作保证是很危险的。对于一些重要的数据，输入设计一定要考虑适当的校验措施，以减少错误。

输入数据的校验方法主要包括视觉校验、分批汇总校验、重复校验、数据类型校验、逻辑校验、界限校验、记录计数校验、平衡校验、对照校验等。

为了保证输入数据正确无误，在数据输入过程中需要通过程序对输入的数据进行严格的校验。发现错误时，程序应当自动输出“出错提示”，它可以是以数据校验为目的的程序，也可以是边处理边进行数据校验的程序。

4.6 处理设计

4.6.1 处理设计步骤

处理设计是要确定每个模块的内部执行过程，包括局部的数据组织、控制流程、每一步的具体加工要求和实施细节，为下一步的程序设计作出详细的描述。因此，处理设计的主要任务是确定各个模块要实现的功能及与其他模块的接口，选择恰当的算法，使用合适的工具表达该算法的详细处理过程，并根据输入、处理、输出的细节和有关文件的结构，编写处理流程设计说明书。处理设计步骤如下：

❶明确模块要实现的功能及模块间的接口；

❷将各模块按功能再进一步细分，直至使每一部分都可用一个程序实现；

❸对每个模块设计具体的算法和详细处理过程。

4.6.2 处理设计工具

处理设计的关键是用恰当的表达方法来描述每个模块的执行过程。处理设计常用的描述工具有输入—处理—输出（input-process-output，IPO）图、流图（flow chart，FC）、问题分析图（problem analysis diagram，PAD）和过程设计语言等。这些工具能够表达具体的算法，反映详细的处理流程，所以在处理设计中被广泛使用。本书只介绍IPO图和PDL这两个常用工具。

4.6.2.1 IPO图

IPO图是由美国IBM公司发明并逐渐完善起来的一种工具。在由系统分析阶段产生数据流图，经转换和优化形成系统模块结构图的过程中，产生了大量的模块，开发者应为每一个模块写一份说明。IPO图就是用来描述每个模块的输入、输出和数据处理的重要工具。目前，常用的IPO图的结构如图4-11所示。

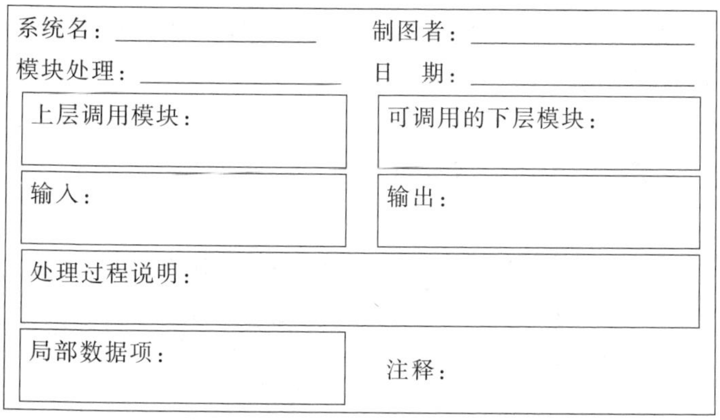

图4-11　IPO图结构

【例 4-5】在库存管理子系统中，根据入库单和出库单修改库存数据。其处理过程为：当获取到出入库单时，首先进行审核；如果是入库单，则在库存数据中增加入库数据；如果是出库单，则在库存数据中增加发出数据；如果是增加库存记录，则作增加记录处理；如果是减少库存记录，则作减少记录处理。库存管理中收发数据处理IPO图如图 4-12 所示。

系统名：库存管理	制图者：×××
模块处理：收发数据	日　期：202×/07/18
上层调用模块： 修改库存数据	可调用的下层模块： 增加在库数 减少在库数 增加记录 减少记录
输入：（由修改库存数据模块提供） 库房收发数据 库存数据	输出：（由修改库存数据模块接收） 修改后的库存数据 无效收发数据
处理内容： 如库房收入，则调用增加在库数模块 如库房发出，则调用减少在库数模块 如增加库存文件记录，则调用增加记录模块 如减少库存文件记录，则调用减少记录模块 否则，按无效收发数据处理	
局部数据项：	注释：

图 4-12　库存管理中收发数据处理IPO图

4.6.2.2　PDL

PDL是介于自然语言和结构化程序设计语言之间的一种语言，因此亦被称为过程设计语言。它遵循自顶向下、逐步细化的原则，结合简单的语法规则和自然语言，既概括又简单地描述了模块的算法。

PDL的主要特征是：

（1）含有一些能够表明程序结构的关键字

PDL中含有一些能够表明程序结构的关键字，这些关键字常常是高级程序语言中的关键字，如PROCEDURE、DO WHILE、IF ELSE、DO CASE等。

（2）简单语法与自然语言相结合

PDL只使用少量的简单语法规则，大量使用人们最习惯的自然语言语句。

简单的语法规则有：

表明子程序结构：PROCEDURE　<子程序名>

顺序结构：自然语言

选择结构：IF-ELSE-ENDIF

分支结构：DO CASE-ENDCASE

循环结构：DO WHILE-ENDDO

这样，为灵活、方便地描述处理过程以及提高可读性创造了良好的条件。描述处理过程时，设计者把精力集中在处理的逻辑上，而不必过分受语法规定的限制。

（3）按逐步细化的方式写出程序

使用PDL，常常从比较概括和抽象的PDL程序逐步写出更为精确、细致的PDL程序来。

【例4-6】将图4-7“银行对账”模块结构图用PDL描述如下：

```
PROCEDURE  银行对账
DO WHILE    .T.
     显示菜单
     1——获取对账单
     2——对账
     3——输出对账结果
     4——删除已达账
     DO CASE
          CASE  选择“1——获取对账单”
                调用“获取对账单”处理模块
          CASE  选择“2——对账”
                调用“对账”处理模块
          CASE  选择“3——输出对账结果”
                调用“输出对账结果”处理模块
          CASE  选择“4——删除已达账”
                调用“删除已达账”处理模块
          OTHERWISE
                退出，返回调用模块
     ENDCASE
ENDDO
```

另外，对图4-7中“删除已达账”模块的详细设计如下：

PROCEDURE 删除已达账

请输入：要删除已达账的银行科目代码——XKMDM

屏幕提示：

是否要删除（XKMDM）已达账（Y/N） 注意：删除前请备份对账数据!!!

```
IF 回答“Y”
    删除企业对账文件中（XKMDM）银行科目的已达账记录
    删除银行对账文件中（XKMDM）银行科目的已达账记录
    显示“删除已达账工作结束”
ELSE
    显示“已达账未被删除”
ENDIF
返回调用模块
```

用此方法对模块结构图中的每一个模块进行详细设计，直至所有模块的详细设计完毕。

案例窗4-1

复习思考题

1.结构化系统设计的特点有哪些？

2.模块结构图由哪些部分组成？

3.简述系统（模块）的划分原则。

4.简述结构化系统设计步骤。

5.代码的作用及设计原则分别是什么？

6.简述数据库设计的步骤。

7.系统的输出与输入设计目标是什么？

8.处理设计的工具包括哪些？

9.画出IPO图的基本结构图。

10.某商业集团有3个实体：商场（商场编号、商场名称、商场地址）；库房（库房编号、库房名称、库房地址）；员工（员工号、姓名、年龄、岗位）。其中，库房归属于商场，每个商场都有若干库房，每个库房只归一个商场管理；商场与员工之间存在“聘用”关系，每个商场都有若干员工，每个员工只能在一个商场工作，商场聘用的员工有合同和工资。要求：画出E-R图，并在图上注明相关属性。

11.什么是PDL？它具有什么特征？

第5章 会计信息系统实施、测试、转换与维护

学习目标

◆重点掌握系统转换的方法以及各种方法之间的比较。
◆掌握会计信息系统实施阶段的含义和内容、系统测试的方法和步骤。
◆了解系统维护和评价工作的内容。

5.1 会计信息系统实施概述

5.1.1 会计信息系统实施的含义

系统实施就是通过一系列专门的方法将系统的设计付诸实现的过程，即将系统设计阶段建立的物理模型变成“活”的能投入实际运行的系统。

5.1.2 会计信息系统实施的内容

会计信息系统实施的主要内容包括物理系统的实施、程序设计与调试、项目管理、人员培训、数据初始准备、系统转换和评价等。在系统正式实施之前，需要制订周密的计划，明确系统实施的方法、步骤、所需要的时间和费用，并监督计划的执行，以保证系统实施工作的顺利进行。

物理系统的实施是指建立满足信息系统运行的硬件环境，主要包括计算机系统和网络设备的订购、机房的准备和设备的安装调试等一系列活动。

程序设计阶段的主要任务是为每一个模块编写程序，将详细设计的结果转换成某种程序设计语言编写的源程序，编译程序再将这些源程序转换为依赖具体机器的目标代码。程序设计阶段要形成软件包、程序设计说明资料、操作说明手册等文档资料。

5.2 会计信息系统的测试

5.2.1 系统测试的含义

系统测试是对系统开发过程，包括系统分析、系统设计和系统实施过程的最终审查。其目的除了要找出系统开发过程中各个阶段的错误，以便分析错误的性质和确定错误的位置并加以纠正外，还可以对软件的功能和性能是否达到设计要求进行检测。系统测试在系统开发过程中占有重要的地位，任何一个系统在系统分析和设计时都会或多或少地发生差错，这恰恰是系统开发过程中不允许出现的，所以说，测试就是寻找“系统错误”，特别是寻找不经常出现的错误及对系统的容错、纠错能力等进行测试。

著名软件测试专家迈尔斯（Grenford J. Myers）在《软件测试技巧》一书中就系统测试目的提出以下观点：

❶测试是为了发现错误而执行程序的过程；

❷测试是为了证明程序有错，而不是证明程序无错误；

❸一个好的测试用例在于能够发现至今未能发现的错误；

❹一个成功的测试是发现了至今未发现过的错误。

5.2.2 系统测试方法

按照迈尔斯的观点，测试是一个执行程序的过程，即要求被测程序在机器上运行。其实，不执行程序也可以发现程序的错误。为便于区分，一般把前者称为“动态测试”，把后者称为“静态分析”。广义地说，它们都属于程序测试，测试的方法分类如图5-1所示。

- 程序测试
  - 静态分析（程序不执行）
    - 静态分析器分析（自动方式）
    - 代码评审（人工方式）
      - 代码会审
      - 代码走查
      - 桌面检查
  - 动态测试（程序执行）
    - 黑盒测试法（测试程序功能）
    - 白盒测试法（测试程序结构）

图5-1 程序测试的方法分类

5.2.2.1 静态分析

静态分析一般是指人工审查被测程序，借以发现代码中潜在的错误。由于在这种测试方式下，被评审的文档或程序不必运行，所以称为静态分析。人工审查的手续虽然比较简单，但却是一个相当有效的检验手段。当然，由于评审人员的能力有限，静态分析显然不可能发现所有的错误。

5.2.2.2　动态测试

动态测试是指在计算机上运行被测程序，用测试数据测试程序，判定测试结果是否与期望结果一致，从而检验程序的正确性、可靠性和有效性。这种方法是使程序有控制地运行，并从多个角度观察程序运行时的行为，以发现其中的错误。动态测试的方法主要有黑盒测试法和白盒测试法。

（1）黑盒测试法

黑盒测试法也称功能测试法或数据驱动测试法，它是在已知产品所具有的功能，将被测程序看成有一定输入、处理和输出功能的黑盒子的前提下，根据程序的功能来设计测试数据，在完全不考虑程序内部结构和内部特性的情况下，来检测每个功能是否都能正常使用的方法。对会计信息系统的测试，可以根据一系列模拟的会计数据或真实的会计数据作为输入内容，通过系统处理后，对产生的各种输出数据进行验证，从而测试系统的功能和性能。“黑盒测试法”是穷举式输入测试，只有把所有可能的输入都作为测试情况使用，才能以这种方法查出程序中所有的错误。

（2）白盒测试法

白盒测试法也称结构测试法或逻辑驱动测试法，它是在知道产品内部工作流程的前提下，通过测试来判定各个单独的功能模块的实际功能是否按照设计规格说明书正常运行。白盒测试法按照程序内部的结构测试程序，检验程序中的每条通路是否都按照要求正常工作，而不关心它的功能。白盒测试法对测试人员的软件开发知识要求较高，主要用于软件验证。

5.2.3　系统测试步骤

在进行系统测试时，通常按照以下步骤进行：

5.2.3.1　模块测试

这是指通过测试发现该模块单元的子程序或过程的实际功能与该模块的功能和接口的描述是否相符，以及是否有错误编码存在。模块测试的主要目的是检验模块的设计功能是否符合说明书的要求，它是系统测试的基础。

5.2.3.2　集成测试

这是指在模块测试的基础上，将各个功能模块进行组装并测试，从而形成一个完整的系统。集成测试主要考虑将模块集成为系统的过程中可能出现的问题：模块之间传递的数据是否会丢失；一个模块是否可能破坏另一个模块的功能等。重点测试各功能模块之间、各子系统之间接口是否正确。

5.2.3.3　系统测试

这是指将软件系统与硬件、外设或其他系统元素结合在一起，测试所开发系统是否达到系统设计时所确定的系统功能和性能要求，从全局来考察软件系统的功能和性能。

系统测试完毕后应提交测试报告，经有关部门评审确认后，才能结束系统研制和开发工作。上述工作完成后，方可将系统作为一个产品投入运行。

5.3 会计信息系统的转换

新系统开发完成后，就进入了新旧系统的转换阶段。信息系统转换是以新的计算机系统代替旧的手工处理系统的过程。

5.3.1 系统转换前的准备工作

在系统转换前，应注意以下问题：

❶数据的整理与录入。数据整理就是按照新系统对数据要求的格式和内容统一进行收集、分类和编码。录入就是将整理好的数据输入计算机，并存入相应的文件中。

❷系统转换不仅是机器的转换、程序的转换，也要做好人员的培训工作，完成人员的观念、岗位、操作方式和职能的转变。

❸对系统运行时出现的各类问题要及时记录，并及时分析、解决。

5.3.2 系统转换方式

系统开发出来以后，经过测试、试运行以后，就可以着手进行系统的转换工作，让会计信息系统进入实际运行。会计信息系统的转换方式有直接转换、并行转换和分段转换3种方式。

（1）直接转换方式

这种转换方式是在某一时刻，用新系统完全代替旧系统工作。这种转换方式简单、省时省力，但风险较大。

（2）并行转换方式

这种转换方式是将新、旧系统同时进行一段长时间的并行运行，一般是3~5个月，在这段时间内，新、旧系统同时工作。这种转换方式可靠性高、风险小，但并行运行阶段会增加业务人员的工作量。

（3）分段转换方式

这种转换方式的特点是分阶段、分部分进行转换。它在很大程度上避免了直接转换方式的风险，又避免了并行转换方式发生的双倍费用。

在实际的系统转换工作中，通常都采用并行转换方式。这样做既保证了安全，技术上也简单。有时也可以将三种转换方式配合起来使用。例如，在系统的某个阶段部分采用直接转换方式，其余部分采用其他转换方式。

5.4　会计信息系统的维护

5.4.1　会计信息系统维护的类型

当系统通过测试以后，便进入了系统运行和维护阶段。系统维护是在系统运行的过程中，为了使系统适应环境的变化，保证系统能够正常运行所采取的各项手段。系统维护包括对硬件设备的维护、对软件系统和数据的维护。系统维护工作需要由专门的维护人员负责，分析系统存在的问题，及时修正出现的错误，使系统保持正常的运行。

5.4.1.1　会计信息系统维护的内容

（1）系统硬件设备的维护

系统硬件设备的维护应由专职的硬件人员负责，主要包括两方面：

❶定期预防性维护，又称设备保养维护，指定期对计算机设备进行例行检查和保养；

❷突发性故障维护，当设备出现突发性故障时，由专职的维修人员或请厂商进行检修或更换。

（2）软件系统的维护

软件系统维护的目的是使程序和数据始终保持最新的工作状态，主要指程序维护，根据需求变化或硬件环境的变化对程序进行部分或全部的修改。

软件系统维护在某种意义上比软件开发更困难，更需要计划和经验，也需要工具辅助和加强组织管理。它是系统维护中最重要的，也是工作量最大、耗资耗时最多的一项维护工作。

（3）数据的维护

数据的维护是指根据需要定期做好数据的备份。当出现问题时，能及时正确地进行数据的恢复。该工作一般由数据库管理员来完成。

5.4.1.2　会计信息系统维护的分类

（1）正确性维护

这是指对在系统开发阶段已发生，而在系统测试阶段未能发现的错误的修改。

（2）适应性维护

当系统硬件、软件环境发生变化时，要求对系统作出相应的改动，优化系统的功能，以适应新的系统环境，即要求系统进行适应性维护。

（3）完善性维护

这是指为扩充系统的功能和改善性能而进行的修改，主要是在已有的软件系统中添加一些在系统设计阶段没有考虑到的功能和性能，也包括对程序处理效率的改进。这种维护应占整个系统维护的大部分。

（4）预防性维护

这是指为改善系统的可维护性和可靠性，适应未来软、硬件的变化而增加的预防性功能，以适应未来变化的需要而不被淘汰。相对前三类维护而言，这类维护活动比较少。

5.4.2 对会计信息系统的评价

会计信息系统投入使用一段时间后，需要对系统进行全面的评价。根据用户的反应和会计信息系统运行情况的记录，评价系统是否达到了设计要求，并针对发现的问题进行改进。系统评价最终应形成系统评价报告。

系统评价的范围应根据系统的具体目标和环境而定，一般包括以下几个方面：

（1）系统运行的一般情况

这包括系统功能是否达到设计要求、用户的经济回报以及用户对系统工作情况的满意程度。

（2）系统的使用效果

这是从系统提供的信息服务的有效性方面来考察系统，主要包括提供信息的准确性、及时性、完整性和有用性等方面。

（3）系统的性能

这主要包括计算机资源的利用情况、系统的可靠性及可扩展性等方面。

（4）系统的经济效益

这主要包括系统研发时所发生的费用、获得的收益以及投资效率等方面。

案例窗 5-1

复习思考题

1. 会计信息系统实施阶段主要包括哪些任务？
2. 会计信息系统转换有哪些方式？这些方式各有什么优缺点？
3. 会计信息系统维护包括哪些内容？
4. 会计信息系统评价包括哪些方面？

第6章 账务处理子系统的分析与设计

学习目标

◆重点掌握计算机环境下的账务处理流程与手工方式下的账务处理流程的区别，凭证处理模块详细设计中的凭证录入与记账。

◆掌握账务处理子系统的目标、手工方式下账务处理流程的不足、保证记账凭证正确录入的控制手段、计算机方式下账簿输出的变化。

◆了解账务处理子系统的主要数据库文件设计与代码设计、初始化模块设计、系统服务模块设计。

6.1 账务处理子系统概述

账务处理是指从输入记账凭证到输出账表的过程。在会计实务中，虽然各企业所属的行业、规模不同，经济业务的繁简程度不一，核算的范围有大有小，但账务处理都是必不可少的，会计的整个体系就是在账务处理的基础上逐渐充实和发展起来的，没有账务处理也就没有会计。

账务处理子系统是利用计算机完成会计账务处理工作的信息系统，是会计信息系统的重要子系统，适合各行各业进行会计核算与管理工作。凡是企业进行财务管理和会计核算所需要的会计信息，都是由账务处理子系统对发生的经济活动的数据进行处理后产生的，基本任务是从填制会计凭证开始的，根据凭证登记各种账簿，根据账簿编制会计报表，为企业经营管理提供连续、完整、及时、准确的会计信息。

6.1.1 账务处理子系统的设计要求

账务处理子系统是会计信息系统的核心，该系统设计的质量直接影响着整个会计信息系统的运用效率和系统维护工作量，因此，在账务处理子系统的设计中必须考虑以下要求：

❶账务处理子系统可以集中反映本单位经济活动的综合信息，因而，必须按照财政部的统一规定进行该系统的设计。

❷账务处理子系统除接收大量的原始数据外，还有其他有关子系统转入的数据，同

时其他子系统又需要该子系统提供大量加工后的数据，因此，在设计时应考虑数据量大和数据关系复杂的特点。

❸账务处理子系统中的数据是企业处理各种经济关系的重要依据，账务处理子系统的信息质量主要取决于输入的凭证数据的正确性，所以设计中必须增强系统内部对凭证数据输入的严格自控能力和安全保密措施。

6.1.2 账务处理子系统的特征

与会计信息系统的其他子系统相比，账务处理子系统具有以下特征：

（1）规范性强，一致性好，通用性强

账务处理子系统是按照世界通用的借贷记账法设计的，遵循“有借必有贷，借贷必相等”“资产=负债+所有者权益”“总账余额及发生额=下属明细账余额及发生额之和”等基本原则。尽管不同的行业和单位由于业务性质及业务量的不同，可以选择不同的账务处理形式与核算流程，但最终形成的账簿格式与记录内容基本相同，在会计软件上易于实现商品化和通用化，适用于任何类型的企事业单位。因此，无论是国内还是国外的会计软件，账务处理子系统的结构和程序模块的功能基本相同。

（2）综合性强，在会计信息系统中起核心作用

账务处理子系统以货币为主要计量单位，综合、全面、系统地反映企业人、财、物和供、产、销过程中的所有方面。账务处理子系统除直接采集部分原始数据进行加工处理外，还要接收其他子系统处理后产生的综合性数据并进一步加工，以获得能全面反映经济活动的总括性信息。因此，账务处理子系统所产生的信息具有很强的综合性和概括性，能准确地反映出企业全部的财务状况和经营成果。

（3）准确性要求高

账务处理子系统所产生的会计信息要提供给与企业的各项经济活动相关的企业各级管理人员、投资者、债权人、财政部门、税务部门等对象，作为他们进行管理与监控的依据，因此必须保证处理结果的及时性、准确性和真实性。

6.1.3 账务处理子系统的目标

无论是企事业单位内部管理需要的会计信息，还是外部信息使用者制定决策所需要的会计信息，都必须由账务处理子系统对发生的经济业务进行加工处理后才能取得。账务处理子系统的总目标是及时、正确、连续、系统、全面地记录经济交易和会计数据，及时、准确地完成会计核算，为所有信息使用者提供需要的会计信息，便于会计监督、控制和决策。账务处理子系统的具体目标包括：

❶及时、准确、全面地采集和输入各种凭证，保证输入计算机的会计数据是正确、安全和可靠的。

❷高效、正确地完成凭证审核、记账过程，正确、有效地登记各种账簿。

❸随时输出某个时期内任意会计科目发生的所有业务，随时输出各个会计期间的各种账表，为企业管理者提供信息。

❹建立账务处理子系统与其他子系统的数据接口，实现会计数据的及时传递和数据

共享。

❺也可建立其核算与管理功能，如往来核算和管理、项目核算与管理、部门核算与管理等。这些辅助管理功能都是对账务处理功能的进一步补充。

6.2 账务处理流程设计

在长期的会计实践中，会计核算已经建立起一套科学的程序和方法体系，主要包括设置会计科目及账户、复式记账、填制与审核记账凭证、登记账簿、成本核算、财产清查、编制会计报表等。合理有效的会计核算组织程序是保证会计工作有序进行的基本前提。账务处理数据流程就是根据手工环境下的会计核算组织程序并考虑计算机的特点来确定的。

6.2.1 手工账务处理流程分析

在手工条件下，由于不同行业会计主体的经济业务的内容和繁简程度各不相同，即使是同一行业内企业的规模和管理要求也不同，因此每个会计主体对从取得会计凭证到编制生成会计报表的会计处理方法和步骤都有着不同的要求，不同企业可能采用不同形式的账务处理流程。手工条件下的账务处理流程主要有五种形式：记账凭证账务处理流程、日记总账账务处理流程、科目汇总表账务处理流程、汇总记账凭证账务处理流程、多栏式日记账账务处理流程。这五种账务处理流程在登记明细账时没有什么区别，主要的区别是登记总账的方法不同。其中记账凭证账务处理流程是最基本的账务处理流程，主要特点是直接根据记账凭证逐笔登记总账及明细账，其余四种则是在此基础上变化而来的。

6.2.1.1 记账凭证账务处理流程分析

记账凭证账务处理流程的主要任务是根据记账凭证分别直接登记总账和各个明细账。这种方法由于需要在总账和各明细账上逐笔登记每笔业务，登记总账的工作量较大，因此它只适用于业务量较小的企业。记账凭证账务处理流程如图6-1所示。

（1）手工方式下记账凭证账务处理流程的主要步骤

❶根据原始凭证填制记账凭证。日常经济业务发生时，业务员将原始凭证提交给财会部门。制单人员据此填制记账凭证，形成记账凭证。审核人员要对会计填制的每一张凭证进行审核，以确保登记到账簿的每一笔经济业务的准确性和可靠性。如果审核通过，则对记账凭证作审核标记；否则，将未通过审核的凭证提交给录入人员。

❷登记账簿。出纳人员根据涉及库存现金、银行存款的有关凭证登记库存现金日记账和银行存款日记账。会计人员根据记账凭证逐笔登记各个明细账和总账。

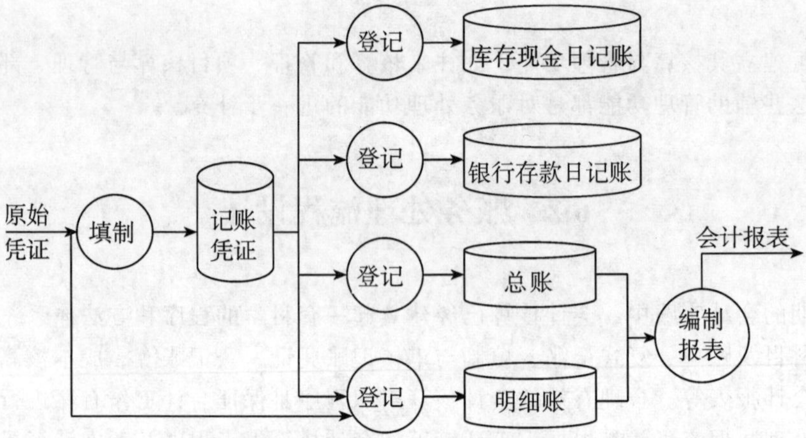

图6-1 记账凭证账务处理流程

❸期末处理。财会人员月末要进行结账，即计算会计账户的本期发生额和余额。但由于总账、日记账、明细账分别由多个财会人员进行登记，不可避免地会存在这样或那样的错误，因此，每月月末，财会人员都要进行对账，将日记账与总账核对，明细账与总账核对，以做到账账相符。

❹编制会计报表。根据库存现金日记账、银行存款日记账、明细账和总账编制企业内部和外部所需的各种会计报表。

（2）记账凭证账务处理流程的优缺点分析

记账凭证账务处理流程的优点是：数据流程清楚、简单；总账既可反映一个科目本期内的发生额、期末的结余数，也可详细反映整个会计期间内各笔经济业务，有利于对经济活动进行分析和检查。

其缺点是：登记总账的工作量大（总账是根据记账凭证逐笔登记的）。在计算机环境下，充分地利用计算机的特点与优势，登账工作完全可通过程序自动完成。因此，在计算机方式下此处理流程具有参考价值。

6.2.1.2 科目汇总表账务处理流程分析

科目汇总表账务处理流程是根据记账凭证登记各个明细账，之后定期地先根据记账凭证编制科目汇总表，然后根据科目汇总表登记总账。这样便大大地减少了登记总账的工作量，比较适用于业务量较大的企业。科目汇总表账务处理流程如图6-2所示。

（1）手工方式下科目汇总表账务处理流程的主要步骤

❶根据原始凭证填制记账凭证。日常经济业务发生时，业务员将原始凭证提交给财会部门。制单人员据此填制记账凭证，形成记账凭证。审核人员要对会计填制的每一张凭证进行审核，以确保登记到账簿的每一笔经济业务的准确性和可靠性。如果审核通过，则对记账凭证作审核标记；否则，将未通过审核的凭证提交给录入人员。

❷登记日记账及各种明细账。出纳人员根据涉及库存现金、银行存款的有关凭证登记库存现金日记账和银行存款日记账。不同的财会人员根据记账凭证登记各个明细账。

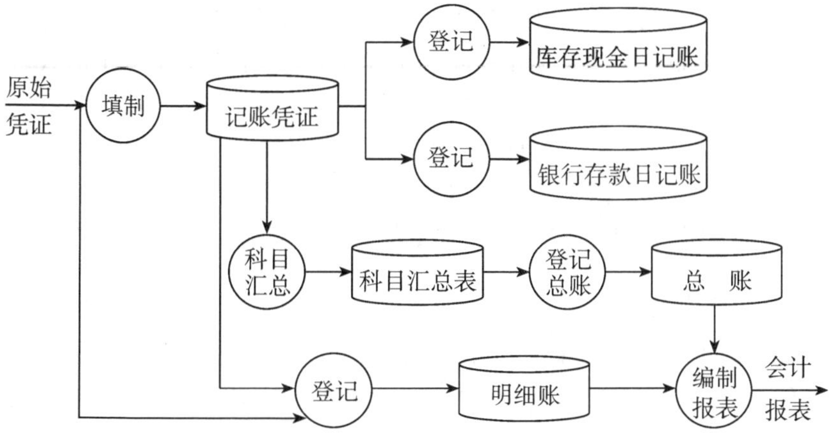

图6-2 科目汇总表账务处理流程

❸编制科目汇总表并登记总账。总账会计根据记账凭证定期进行汇总并生成一张科目汇总表，根据科目汇总表登记总账。

❹期末处理。财会人员月末要进行结账，即计算会计账户的本期发生额和余额。但由于总账、日记账、明细账分别由多个财会人员进行登记，很可能会存在某些错误，因此，每月月末，财会人员都要核对日记账与总账、明细账与总账，以做到账账相符。

❺编制会计报表。根据库存现金日记账、银行存款日记账、明细账和总账编制企业内部和外部所需的会计报表。

（2）科目汇总表账务处理流程的优缺点分析

科目汇总表账务处理流程的优点是：减少了登记总账的工作量；可通过科目汇总表检测借贷方发生额是否平衡。

其缺点是：科目汇总表不能明确反映科目之间的对应关系，也不便于对经济活动进行分析和检查。

此外，在手工条件下，进行科目汇总的工作量较大，但在计算机方式下，完成这一工作是轻而易举的。但同时，在计算机方式下进行科目汇总的方式无法反映科目之间的对应关系。

通过上述分析，虽然手工方式下科目汇总表账务处理流程最为常见，但在计算机方式下该账务处理流程参考价值不大。由此可见，在计算机方式下不能照搬手工流程，要充分利用计算机的特点与优势，对手工流程进行改进，建立计算机方式下的账务处理流程。

6.2.1.3 手工方式下账务处理流程的不足

手工方式下账务处理流程的设计以减少会计核算工作量、提高会计核算数据的准确性为目标，因此也就决定了这些处理流程带有手工处理固有的局限性。其主要不足有以下四点：

（1）数据大量重复

记账凭证是账务处理子系统的数据来源，从一定意义上讲，它所包含的信息量等于各种明细账、总账以及会计报表所包含的信息量之和。从信息量的角度来看，明细账、总账、会计报表中包含的信息不比凭证中的信息多，但考虑到不同的对象需要不同的信息，因此，手工处理设置了登记明细账和总账等环节，使得记账凭证上的数据被多次转抄。如当一笔反映现金支出业务的记账凭证编制完毕之后，需要由不同的财会人员在库存现金日记账、相关的明细账、总账上，同时转抄凭证上的日期、凭证号、摘要、金额等数据。同一数据的大量重复，不仅造成存储浪费，还极易导致数据的不兼容。在手工方式下，时常会有账证不符、账表不符的现象产生，这与手工方式下数据的大量重复登记有着直接关系。

（2）信息提供不及时

会计报表是账务处理子系统的“最终产品”，是企业内部管理部门、银行部门及税务部门等了解企业的财务状况和经营成果的重要资料，也是这些部门制定相关决策的依据。但由于账务处理的工作量很大，再加上手工处理速度缓慢，往往需要延迟相当长的时间才能编制出各种会计报表，严重影响了会计报表所起的作用。

（3）准确性差

在长期的账务处理实践中，人们总结出了一套特殊的方法来避免和发现错误，如记账凭证记账之后，可以在记账凭证上面加注“√”号来防止重复登账；明细账和总账采用平行登记的方法，以便相互核对发现明细账或总账中的记账错误和计算错误。但无论财会人员的素质如何，在从记账凭证的编制到会计报表输出的每一个环节中，转抄错误和计算错误都在所难免，而会计账目不允许有一分钱的差错，为此常常因为几分钱的差错，多次进行手工汇总和核对，既费时又费力。特别是在月底，为了尽快编制各种会计报表，又要保证账表相符，有时不得不根据会计报表来修改总账，类似的做法必然影响会计数据的准确性。

（4）工作强度大

在其他条件不变的情况下，既要算得快又要算得准，只能靠加大财会人员劳动强度的方式去实现，这是手工账务处理的必然结果。

6.2.2 计算机环境下账务处理子系统流程分析

与手工处理方式相比，计算机处理方式不仅在处理速度上有成百上千倍的提高，数据的存储能力也是手工处理方式所无法比拟的，而且不会因工作时间过长或疲劳引起计算错误和抄写错误。因此，在设计计算机条件下的账务处理流程时，不能照搬手工处理方式下的账务处理流程，而应从账务处理子系统的目标出发，充分发挥计算机的优势，设计出更适合计算机处理、效率更高、处理更合理的系统。

6.2.2.1 计算机环境下账务处理子系统流程设计

在不同的财务会计软件中，账务处理子系统设计哪些文件、存储哪些信息、具体数据处理流程等内容都是不尽相同的，又由于对会计信息的安全性与会计软件技术的保密性要求不同，所以账务处理子系统中建立的文件与数据处理流程也不是固化的。因此，下面给出的账务处理流程是对实际软件流程进行归纳与简化后的理论化的典型流程。

（1）计算机条件下账务处理中使用的数据库文件及功能

❶临时凭证文件。临时凭证文件的主要作用是存放已经录入但未审核的所有凭证。当凭证存于此文件时，属于非正式会计档案，可以对其进行修改。一经审核与记账，则从此文件转移到“历史凭证文件”中，所以，任何一张凭证都不可能永远在此文件中存储。

❷汇总文件。该文件主要存放所有科目的年初余额、累计借方发生额、累计贷方发生额、期末余额、每个月的借贷方发生额等，即对所有科目的汇总描述。在编制总账、明细账、会计报表时都大量使用这些数据。

❸历史凭证文件。该文件主要用于存放已经记账的所有凭证，存于该文件中的凭证是有效的会计档案，不能直接修改；如果有错，则只能用会计法规定的错误更正方法进行更正。

❹企业对账文件。该文件是辅助数据库文件，是专门为银行对账设计的，用于存放企业没有对上账的银行业务的文件。历史凭证文件中有关银行业务的凭证需要永久保存，不能删除，而企业对账文件中登记的银行业务是新发生的未达账，一旦与对账文件中的业务对上账，就可以删除。

❺银行对账文件。银行对账文件也是专门为银行对账设计的辅助数据库文件，主要用于存放银行给单位的对账单；当与企业对账文件中的业务对上账后，就可以删除。

综上，平时通过录入模块将凭证送入临时凭证文件，并对其进行审核，记账模块从临时凭证文件中挑出已审核的凭证进行记账，分别对汇总文件、历史凭证文件、企业对账文件、银行对账文件进行更新，需要输出库存现金日记账、银行存款日记账或其他明细账时，根据汇总文件和历史凭证文件加工而成。

（2）计算机条件下的账务处理流程

计算机条件下的账务处理流程如图6-3所示，具体步骤如下：

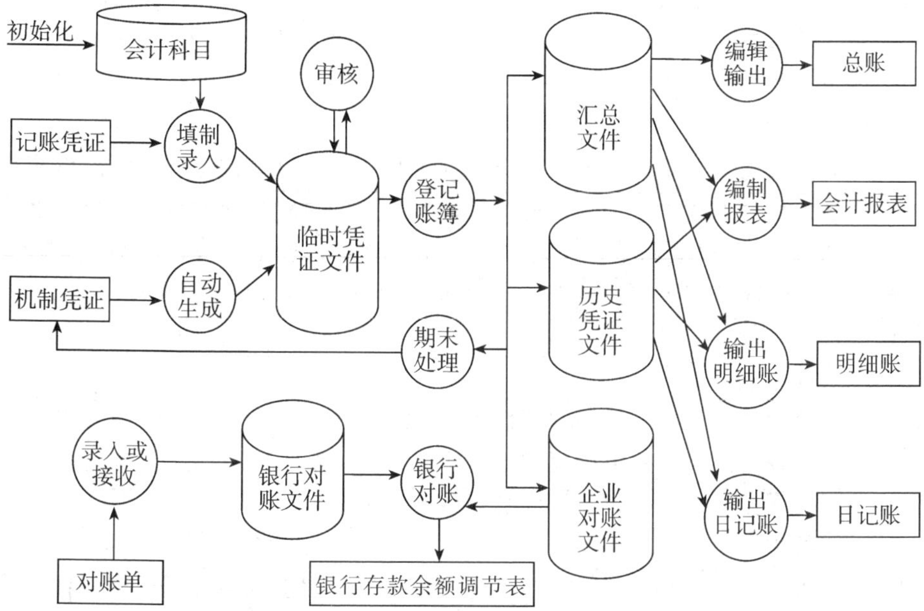

图6-3 计算机条件下的账务处理流程

❶凭证录入。录入员根据所发生的经济业务的原始凭证与使用的会计科目，以键盘输入方式录入记账凭证，或通过期末处理自动生成机制凭证。录入的凭证经检查无误后，存入临时凭证文件。

❷凭证审核。审核人员对临时凭证文件中未审核的凭证进行审核。

❸登记账簿。根据临时凭证文件中已审核凭证进行记账，即分别更新汇总文件、历史凭证文件、企业对账文件，并在临时凭证文件中删除已记账的凭证。

❹录入或接收银行对账单。出纳人员从银行取得对账单或取得网络传递的对账单，录入或接收存入银行对账文件中。

❺银行对账。根据企业对账文件和银行对账文件中的银行业务进行对账，输出对账结果，同时编制银行存款余额调节表，并将已达业务从两个文件中删除。

❻编辑输出账簿。根据汇总文件和历史凭证文件生成日记账、明细账，根据汇总文件编辑输出总账。

❼编制会计报表。根据汇总文件及历史凭证文件编辑输出各级管理者所需的内部与外部会计报表。

该账务处理流程的优点是：处理流程清晰、明了，避免了数据的重复存储。

该账务处理流程的缺点是：日记账与明细账的输出，首先需要在历史凭证文件和汇总文件中筛选出相应记录，然后形成日记账和明细账的格式再输出完成。

6.2.2.2 计算机处理方式和手工处理方式下账务处理流程的区别

（1）数据处理的起点与终点不同

在手工处理方式下，会计数据处理的起点为原始会计凭证，以财会人员编制并上报会计报表为工作终点。在计算机处理方式下，账务处理以记账凭证或机制凭证为起点，会计账簿与会计报表是自动生成的，并且各种格式的内部及外部会计报表的编制与输出工作，也由单独的会计报表子系统完成。

（2）记账的含义不同

在手工处理方式下，不同的财会人员根据记账凭证分别登记不同的账簿以完成记账工作。在计算机处理方式下，记账只是一个数据处理的过程，因此计算机环境下的记账被称为“过账”，它只是更新数据库的过程，而不是真正登记账簿，也不需要每个财会人员各执行一遍账簿登记工作，数据间的运算和归集由计算机自动完成，大大减少了财会人员的记账工作量。

（3）账表存储方式不同

在手工处理方式下，会计账表按照固定的格式存储在看得见、摸得着的纸质介质中。在计算机处理方式下，账务处理子系统中的账表以凭证文件、汇总文件的形式存储在电磁介质中，在需要时，通过查询和打印的方式输出。

（4）对账的方式不同

在手工处理方式下，每一笔经济业务都要由不同的财会人员根据记账凭证分别在总账、日记账、明细账中进行登记，因为重复转抄，极易导致账证不符或账账不符，所以，财会人员定期将总账、日记账与明细账中的数据进行核对，直到所有的明细账、总账和日记账相符为止。在计算机处理方式下，由于账务处理子系统采用预先编制好的记账程序自动、准确、高速地完成记账过程，明细与汇总数据同时产生。只要预先编制好的程序正确，就没有必要进行总账、日记账与明细账的核对。

（5）会计资料的查询、统计方式不同

在手工处理方式下，财会人员要查询一些已经发生的会计业务数据，只能一本本地翻阅会计账簿，工作量大不说，准确性也难以保证。在计算机处理方式下，由于计算机具有高速处理数据的能力，只要财会人员通过各种条件的组合选择，在系统中输入待查询资料应满足的条件，就可以最快的速度完成数据的查询统计。

（6）账务处理工作量不同

在手工处理方式下，从设置账户、编制记账凭证、登记账簿、计算成本、财产清查到编制会计报表的全部工作，均由财会人员手工完成。在计算机处理方式下，财会人员只要保证输入到计算机系统中的记账凭证是正确的，输入凭证后的全部工作就将由计算机取代，计算机根据输入的凭证自动产生日记账、明细账和总账，自动编制会计报表，极大地减少了会计人员的账务处理工作量。因此，计算机账务处理替代手工账务处理是必然趋势。

6.3　账务处理子系统设计

6.3.1　账务处理子系统总体结构

功能结构设计就是以账务处理子系统数据流图等为依据，将账务处理子系统划分为一个个功能相对独立的模块，并建立账务处理子系统的模块结构图。到底应该将账务处理子系统划分为几个功能模块，并没有固定的标准，它与系统分析中设计的数据流图、用户需求和设计人员等诸多因素有关，但必须遵循模块划分原则，根据不同行业、不同单位和不同核算与管理的需要，对账务处理子系统进行不同方式的划分。

账务处理子系统除应具备基本的数据输入、处理、输出功能外，为了使系统正常、安全运行，还应具备系统服务功能；另外，应设置初始化功能，便于将通用商品化系统转化为适合企业业务需求的专用系统。有些企事业单位，为了满足会计管理实务的需求，增加了辅助核算和管理功能。因此，账务处理子系统的功能一般包括初始化设置、凭证处理、账簿管理、银行对账、期末处理、系统服务等功能模块。账务处理子系统功能模块结构如图6–4所示。每个处理模块的详细设计在6.4部分介绍。

6.3.2　账务处理子系统的代码

代码是人与计算机沟通的桥梁，是计算机进行信息分类、核对、汇总、统计和检索的关键字，在会计信息系统中发挥着重要的作用。在账务处理子系统中，需要编码的对象主要有会计科目、凭证号、核算币别、辅助核算项目等。

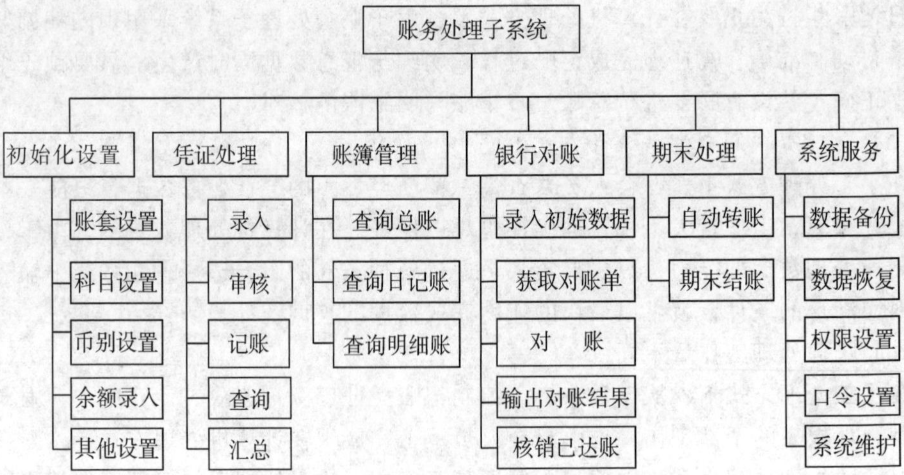

图6-4　账务处理子系统功能模块结构

6.3.2.1　会计科目代码设计

（1）会计科目代码设计的必要性

会计科目是对经济业务的一种分类。无论是填制记账凭证、记账处理、输出账簿还是编制会计报表，都是围绕会计科目进行的。会计科目代码设计是根据会计制度的规定及会计科目的设置，按照系统的方案确定出各级科目唯一代码的方法。利用计算机处理会计数据时，采用会计科目代码的原因如下：

❶便于反映会计科目间的逻辑关系。对会计科目进行编码后，每个会计科目都有唯一的科目代码，利用代码既可表示会计科目，又可判断科目属性、科目级别及科目之间的逻辑关系，这样可简化会计数据的表现形式，有利于会计数据的输入、存储和传输。

❷保证会计科目的唯一性。账务处理子系统要求会计科目具有准确性、确定性和唯一性，保持前后一致。在计算机条件下，用文字表示会计科目容易产生二义性，如相同的文字中若多一个或少一个空格，计算机会将其当作两个不同的科目。因此，用一个代码唯一地标识一个会计科目，可以避免会计科目的二义性，保证其唯一性。

❸便于计算机处理和分类。将文字型的会计科目用一个统一的代码表示，为计算机分类、检索及处理提供了便利。

❹节省存储空间。在计算机账务处理子系统中，几乎每个文件都会用到会计科目，使用文字型会计科目，必然会占用大量存储空间，而采用会计科目代码，可以节省存储空间，避免浪费计算机的内外存。

❺提高处理速度。在处理经济业务时需要涉及大量的会计科目，输入文字型会计科目将会大大降低会计科目的输入速度，进而影响计算机的处理速度，因此，对会计科目进行编码是提高计算机处理速度的重要途径。

总之，在账务处理子系统中，设计一套科学的会计科目体系和会计科目代码设计方案，对于提高账务处理子系统的输入效率、保证账务处理的正确性、输出详细而完整的会计信息有着极为重要的意义。

（2）会计科目代码设计方案

根据会计制度对会计科目代码的规定和要求，会计科目通常采用群码方式，即将会计科目代码分成若干段，每一段有固定的位数，第1段表示一级科目代码，第2段表示二级科目代码，以此类推，每一段按照一定的规则编码。如4-2-2结构，表示科目代码分为3段，其中一级科目代码4位，表示最多可以设置9 999个一级科目；二级、三级科目代码都是2位，表示最多可以设置99个二级科目或三级科目。在设计中，一级科目严格按照会计制度的规定进行编码，二级、三级科目代码可以根据企业情况自己设定。科目代码总位数指各级代码长度的总和。科目代码的总位数可以是固定的，也可以是可变的，使用单位可以根据经济业务的实际需要进行代码方案的设计。

【例6-1】科目代码采用4-2-2结构：

科目代码　　科目名称

5001　　生产成本

　500101　　生产成本——基本生产成本

　　50010101　　生产成本——基本生产成本（材料费）

　　50010102　　生产成本——基本生产成本（人工费）

　500102　　生产成本——辅助生产成本

2006年财政部颁布的企业会计准则统一规定了总账科目的代码和部分明细科目的代码。表6-1列出了企业一级会计科目代码表。其他二级、三级等明细科目代码财政部没有统一制定，需要财会人员根据企业具体情况进行代码设计。

表6-1　　会计科目代码表

科目代码	科目名称	科目代码	科目名称
一、资产类		二、负债类	
1001	库存现金	2001	短期借款
1002	银行存款	2101	交易性金融负债
1012	其他货币资金	2201	应付票据
1101	交易性金融资产	2202	应付账款
1121	应收票据	2203	预收账款
1122	应收账款	2211	应付职工薪酬
1123	预付账款	2221	应交税费
1131	应收股利	2231	应付股利
1132	应收利息	2232	应付利息
1221	其他应收款	2241	其他应付款
1141	坏账准备	2314	受托代销商品款

续表

科目代码	科目名称	科目代码	科目名称
1312	代理业务资产	2501	长期借款
1401	材料采购	2502	应付债券
1402	在途物资	2701	长期应付款
1403	原材料	2702	未确认融资费用
1404	材料成本差异	2711	专项应付款
1405	库存商品	2801	预计负债
1406	发出商品	2901	递延所得税负债
1407	商品进销差价	三、共同类（略）	
1408	委托加工物资	四、所有者权益类	
1411	周转材料	4001	实收资本（或股本）
141101	包装物	4002	资本公积
141102	低值易耗品	4101	盈余公积
1412	包装物	4103	本年利润
1471	存货跌价准备	4104	利润分配
1501	债权投资	4201	库存股
1502	债权投资减值准备	五、成本类	
1503	其他债权投资	5001	生产成本
1504	其他权益工具投资	5101	制造费用
1511	长期股权投资	5201	劳务成本
1512	长期股权投资减值准备	5301	研发支出
1521	投资性房地产	六、损益类	
1531	长期应收款	6001	主营业务收入
1532	未实现融资收益	6051	其他业务收入
1601	固定资产	6061	汇兑损益
1602	累计折旧	6101	公允价值变动损益
1603	固定资产减值准备	6111	投资收益
1604	在建工程	6301	营业外收入

续表

科目代码	科目名称	科目代码	科目名称
1605	工程物资	6401	主营业务成本
1606	固定资产清理	6402	其他业务成本
1701	无形资产	6403	税金及附加
1702	累计摊销	6601	销售费用
1703	无形资产减值准备	6602	管理费用
1711	商誉	6603	财务费用
1801	长期待摊费用	6701	信用减值损失
1811	递延所得税资产	6702	资产减值损失
1901	待处理财产损溢	6711	营业外支出
		6801	所得税费用
		6901	以前年度损益调整

（3）会计科目代码设计中应注意的问题

❶科目代码的稳定性和可扩展性。会计档案资料需要保存的时间较长，而会计科目代码是会计账户的标识，是检索、分类、汇总、统计会计信息以及输出账簿的关键字。科目代码在账务处理子系统乃至整个会计信息系统中的使用范围都很广，其稳定性对于会计人员记录会计数据非常重要。同时，会计科目的数量也要随企业经济活动的变化而不断发生增减变化。这就要求会计科目代码方案有一定的可扩展性，即直接在原编码方案的基础上进行扩展，避免重新设计，无端增加工作量。

❷代码位数不宜过长。代码位数过长对记忆、输入、使用都非常不便。据国外资料统计，科目代码的长度与输入出错率有很大关系，代码越长，出错率越高，科目代码的长度应尽可能在8位以下。

6.3.2.2 凭证号的设计

为严格凭证管理与方便查阅，记账凭证必须连续编号。凭证号一般采用顺序码，这是最简单的一种代码，它按一定的规则，如按发生的顺序给凭证分配连续的顺序号码。也可以将凭证类型与凭证号组合起来进行编码，即用群码表示，如“收-001”，“收”表示收款凭证，“-”表示分隔符，“001”表示凭证顺序码。

6.3.2.3 货币代码设计

随着国际经济业务的增多，企业外币核算业务越来越多，账务处理子系统应支持多国货币核算。货币代码一般采用助记码，用货币名称缩略表示，又称缩写码。如长度为

3位的代码中，人民币代码为CNY，美元代码为USD，港元代码为HKD等。

6.3.2.4 辅助核算代码的设计

为满足企业辅助核算的要求，有时需要设计往来单位代码、部门代码、职工代码等。往来单位代码应根据核算和管理的要求及客户的数量决定代码的级次与位数。代码要能反映客户所在的地区，采用组码，以利于按科目纵向或按地区横向统计与分析，满足管理要求。而部门代码要视单位情况确定代码的级次和长度。粗放型管理的单位，可只设一级部门代码，如长度为2位，采用组码或群码；细化管理的单位，可增加级次，以便反映下属部门的情况。

往来单位代码、部门代码和职工代码属于公共代码，在薪酬管理、固定资产管理、采购管理、销售管理、成本核算等子系统中均要使用，因此需要在整个系统中统一编码，从而实现信息共享。

6.3.3 账务处理子系统的主要数据库文件设计

在计算机会计信息系统中，所有的账、证、表数据都保存在计算机中，以数据库文件的形式存放。账务处理子系统中的账、证、表，以哪一类型的文件、何种结构在计算机中进行存储，与系统分析期间得到的数据流图、数据字典有关，与数据存储规范化的理论有关，即按照数据库设计步骤设计，既能节省存储空间，又能提高数据存取效率的数据库文件。

一个成熟的商品化会计软件可以包括成百上千个数据表，虽然不同的会计软件的设计思路不同，数据表结构会存在一定的差别，但因计算机账务处理的基本功能和基本流程的一致性，账务处理子系统的数据表结构大同小异。好的数据表结构设计不但可以减少对数据存储空间的需求，还可以大大提高数据处理效率。在此，只介绍账务处理子系统中最重要的几个数据表结构的设计方案。

6.3.3.1 科目文件的设计

科目文件是用来存放账务处理中所有会计科目及相关内容的数据库文件。利用科目文件可以提高会计凭证的编制效率，并为计算机自动记账、生成账簿报表提供保证。它是账务处理子系统的核心数据库文件之一。

（1）科目文件结构设计方案

由于会计科目体系是一个典型的树状结构，科目之间具有层次关系，在科目文件中，除了要描述有关会计科目的名称、代码、类别等属性外，还应指定科目之间的这种层次关系，即科目代码的级别、父科目。

描述这种关系可以通过两种方式：一种是通过科目代码自身来实现（见表6-2）。例如，科目结构为4-2-2的会计科目100201，可以根据其科目结构与科目自身长度判断它为2级科目，其父科目为前4位，即1002。另一种是通过给出一个科目的父科目和它的级别等信息来体现（见表6-3）。

表6-2 科目文件结构方案一

序号	字段名	字段类型	宽度	备 注
1	KMDM	C	10	科目代码，如1001、1002
2	KMMC	C	20	科目名称，如库存现金、银行存款
3	KMLB	C	4	科目类别，如资产、负债、成本
4	KMXZ	C	6	科目性质，如对账、外币等核算要求

表6-3 科目文件结构方案二

序号	字段名	字段类型	宽度	备 注
1	KMDM	C	10	科目代码，如1001、1002
2	KMMC	C	20	科目名称，如库存现金、银行存款
3	KMLB	C	4	科目类别，如资产、负债、成本
4	KMXZ	C	6	科目性质，如对账、外币、数量等核算要求
5	FKM	C	8	父科目，如100201中的1002
6	JB	N	1	级别，如1、2、3分别表示一、二、三级科目

表6-2和表6-3中部分字段说明：

❶科目代码。必须符合科目结构，为本级科目的全码，如一级科目1002、二级科目100201等。

❷科目名称。明细科目的名称是一级科目至本级科目名称的合成。由于同一级科目的下属科目是逐级录入的，因此，科目名称即本级科目的名称，它的上级科目名称要检索到该上级科目记录才能获得。

❸科目类别。目前，新会计准则将会计科目分成资产、负债、共同、所有者权益、成本、损益六类。仅一级科目需要说明，下级科目的类型继承其父科目。

❹科目性质。科目性质可以根据核算和管理的需要进行设置，如对账、外币、数量、往来、部门、职工、项目等性质都是常用科目性质。例如，为了加强外币核算和管理，在科目设置时，将进行外币核算的银行存款科目性质定义为“外币”，则在凭证录入时计算机会自动根据该科目的“外币”性质，提示财会人员输入外币金额及汇率；账簿输出时，也会根据该科目的“外币”性质，自动输出借方、贷方、余额都包括外币金额、人民币金额和汇率的复币账。又如，为了对某材料类科目（如“原材料——甲材料”科目）加强核算和管理，决定该科目不仅要按金额进行核算，而且要按数量进行核算。因此，在科目设置时，将该材料科目的性质设置为“数量”，则在凭证录入时计算机自动提示财会人员输入数量和单价；在账簿输出时，也会自动输出借方、贷方、余额都包括数量、金额和单价的数量金额账。

（2）科目文件的组织方式

对于科目文件而言，一个科目一个记录，该文件中不允许有重复的科目，而且科目应该按照由小到大的顺序排列。因此，科目文件的组织方式是以科目代码为关键字建立的索引文件。当增加或减少科目时，计算机会自动按照科目代码的大小重新排序。

6.3.3.2 凭证文件设计

凭证文件是账务处理子系统的核心数据库文件。从系统分析阶段所建立的数据流图看，计算机条件下的账务处理子系统用来存储记账凭证的文件有临时凭证文件和历史凭证文件两个文件。临时凭证文件是用来存储已经录入和审核但未记账的所有凭证，记录在一定时间内所发生的各项经济业务的数据库文件。历史凭证文件则用来存储已经记账的所有凭证。虽然两个文件存放的凭证不同，但其结构基本相同，可以采用同一种结构设计方案。

凭证文件的结构应该包括记账凭证本身要求的内容，如日期、凭证号、摘要、会计科目、金额、制单、审核等基本信息；也可以包括核算与管理所需要的更详细的内容，如结算单据号、结算方式、外币金额、汇率、数量、单价、部门代码、人员代码、项目代码等信息。

（1）凭证文件结构设计方案

记账凭证的要素包括凭证号、日期、摘要、科目代码、借方金额、贷方金额、附件、外币、汇率、数量、单价、结算方式、结算单据号、往来单位代码、制单、审核、记账标记等。

❶凭证文件结构设计方案一。本节以记账凭证本身要求的基本信息为例，即只考虑凭证号、日期、摘要、科目代码、借方金额、贷方金额、附件、制单、审核、记账、记账标记这些属性，介绍其文件结构设计方案（见表6-4）。

表6-4 凭证文件结构方案一

序号	字段名	字段类型	宽度	备　注
1	PZH	C	4	凭证号，如0001、0002
2	RQ	D	8	日期，如202×/08/08
3	ZY	C	36	摘要，如支出转利润
4	KMDM	C	10	科目代码，如1001、1002
5	JJ	N	12	借方金额，如1 000
6	DJ	N	12	贷方金额，如1 000
7	FJ	N	2	附件，如附带的原始凭证张数：1
8	LR	C	8	录入，如录入人员的名字：张阳
9	SH	C	8	审核，如审核人员的名字：李平
10	JZ	C	8	记账，如记账人员的名字：王新
11	BJ	L	1	记账标记，如.T.或.F.

【例6-2】对于一张期末将所有支出科目转入“本年利润”科目的记账凭证，存储结果见表6-5。

表6-5　　支出转利润凭证存储结果

PZH	RQ	ZY	KMDM	JJ	DJ	FJ	LR	SH	JZ	BJ
0511	202×/08/30	支出转利润	4103	200 000			张阳	李平	王新	.T.
0511	202×/08/30	支出转利润	6401		100 000		张阳	李平	王新	.T.
0511	202×/08/30	支出转利润	6402		10 000		张阳	李平	王新	.T.
0511	202×/08/30	支出转利润	6403		10 000		张阳	李平	王新	.T.
0511	202×/08/30	支出转利润	6601		50 000		张阳	李平	王新	.T.
0511	202×/08/30	支出转利润	6602		10 000		张阳	李平	王新	.T.
0511	202×/08/30	支出转利润	6603		10 000		张阳	李平	王新	.T.
0511	202×/08/30	支出转利润	6711		10 000		张阳	李平	王新	.T.

借：本年利润

　贷：主营业务成本

　　　其他业务成本

　　　税金及附加

　　　销售费用

　　　管理费用

　　　财务费用

　　　营业外支出

由此可以看出，一项经济业务发生时，在记录中凭证号、日期、摘要、录入、审核、记账标记的值多次重复，易造成数据冗余，不满足数据存储规范化的要求。因此，需要进行分解，降低数据冗余度。

❷凭证文件结构设计方案二。将凭证文件分成两个文件：一个是“凭证内容文件”，用于存放与每一笔经济业务无关的内容（如凭证号、日期、附件、录入、审核、记账标记等）；另一个是“凭证业务文件”，用于存放经济业务之间有对应关系的内容（如摘要、科目代码、借方金额、贷方金额等）。从数据结构规范化理论方法的角度看，摘要字段应该放到“凭证内容文件”中，以减少数据冗余。但由于摘要是对经济业务的简要说明，而凭证业务文件存储的是相关经济业务信息，从信息处理的角度看放入凭证业务文件更加合理。因此，这两个文件结构见表6-6和表6-7。

表6-6 凭证内容文件结构

序号	字段名	字段类型	宽度	备 注
1	PZH	N	6	凭证号，如0511，要求连续编号
2	RQ	D	8	日期，如202×/08/30
3	FJ	N	2	附件，附带的原始凭证张数
4	LR	C	8	录入，录入人员名字
5	SH	C	8	审核，审核人员名字，未审核为空
6	JZ	C	8	记账，记账人员名字，未记账为空
7	BJ	L	1	记账标记，如.T.或.F.

表6-7 凭证业务文件结构

序号	字段名	字段类型	宽度	备 注
1	PZH	N	6	凭证号，如0511，要求连续编号
2	ZY	C	36	摘要，如支出转利润
3	KMDM	C	10	科目代码，如1001、1002
4	JJ	N	12	借方金额，如20 000
5	DJ	N	12	贷方金额，如20 000

将结转本年利润业务存入该凭证文件中，其存储结果见表6-8、表6-9。

表6-8 凭证内容文件存储结果

PZH	RQ	FJ	LR	SH	JZ	BJ
0511	202×/08/30		张阳	李平	王新	.T.

表6-9 凭证业务文件存储结果

PZH	ZY	KMDM	JJ	DJ
0511	支出转利润	4103	200 000	
0511	支出转利润	6401		100 000
0511	支出转利润	6402		10 000
0511	支出转利润	6403		10 000
0511	支出转利润	6601		50 000
0511	支出转利润	6602		10 000
0511	支出转利润	6603		10 000
0511	支出转利润	6711		10 000

由上述可见，对于表6-8凭证内容文件来说，一笔经济业务对应一条记录；对于表

6-9凭证业务文件来说，一笔经济业务对应多条记录，即一笔经济业务涉及几个会计科目就对应几条记录。两个文件通过“凭证号”字段进行关联，用以识别是否为同一笔经济业务。

在实际应用中，凭证文件需要保存更多的信息，如支票号/结算单据号、外币、汇率、数量、单价、部门、项目、往来单位代码等。这时就需要增加若干字段，使凭证文件最大限度地保存会计核算和管理所需的信息。

（2）凭证文件的组织方式

凭证一般是按照发生的时间顺序产生的，因此，凭证文件的组织方式为顺序文件。

6.3.3.3 汇总文件设计

汇总文件主要用来存放所有会计科目（包括一级科目和明细科目）的年初数、累计借方发生额、累计贷方发生额、期末余额、每个月的借贷方发生额等。其作用是：记账时，系统自动按科目进行汇总并将汇总结果存入该文件；输出账簿时，系统自动从该文件和历史凭证文件中提取数据，并进行加工生成所需账簿；编制报表、进行财务分析等管理分析工作时，也需从该文件中提取数据生成所需的结果。

（1）汇总文件结构设计方案

❶汇总文件结构方案一见表6-10。

表6-10 汇总文件结构方案一

序号	字段名	字段类型	宽度	备注
1	KMDM	C	10	科目代码，如1001、1002
2	QCYE	N	12	期初余额，如果是复币，核算时分外币、人民币
3	JDFX	C	2	借贷方向，如“借”或“贷”
4	BYJHJ	N	12	本月借方合计，本月借方发生额合计
5	BYDHJ	N	12	本月贷方合计，本月贷方发生额合计
6	BNJLJ	N	12	本年借方累计，年初至本期累计借方发生额
7	BNDLJ	N	12	本年贷方累计，年初至本期累计贷方发生额

说明：表6-10汇总文件结构方案一中没有给出“期末余额”。期末余额可以通过下列公式计算得到：期末余额=期初余额+本月借方合计-本月贷方合计。如果期末余额>0，则期末余额方向为“借”；如果期末余额<0，则期末余额方向为“贷”；如果期末余额=0，则期末余额方向为“平”。

这种结构的汇总文件适合于以月为单位进行存储，即每月1个汇总文件、1年12个这种结构的汇总文件，其结构相同但内容不同。编制账簿、报表所需的“期初余额”“本月借方合计”“本月贷方合计”“本年借方累计”“本年贷方累计”等数据可以直接获取，而“期末余额”可以通过上述公式计算得到，未单独设项目存储，有利于节约存储空间。

这种结构的优点是简单、清晰；缺点是汇总文件过多，给编程和管理带来一定的难度。

❷汇总文件结构方案二见表6-11。

表6-11　　汇总文件结构方案二

序号	字段名	字段类型	宽度	备　注
1	KMDM	C	10	科目代码，如1001、1002
2	NCYE	N	12	年初余额，如果是复币，核算时分外币、人民币
3	JDFX	C	2	借贷方向，"借""贷"等
4	YJHJ	N	12	1月借方合计，1月借方发生额合计
5	YDHJ	N	12	1月贷方合计，1月贷方发生额合计
6	EJHJ	N	12	2月借方合计，2月借方发生额合计
7	EDHJ	N	12	2月贷方合计，2月贷方发生额合计
8	SJHJ	N	12	3月借方合计，3月借方发生额合计
9	SDHJ	N	12	3月贷方合计，3月贷方发生额合计
⋮	⋮	⋮	⋮	⋮
26	SEJHJ	N	12	12月借方合计，12月借方发生额合计
27	SEDHJ	N	12	12月贷方合计，12月贷方发生额合计

这种结构的汇总文件适合于以年为单位进行存储，即每年1个汇总文件，账簿、报表所需的"本月借方合计""本月贷方合计"等数据可以直接获取。"期初余额""本年借方累计""本年贷方累计""期末余额"等数据可以通过计算得到，以3月的数据为例，予以说明。

3月期初余额：

3月期初余额=年初余额+1月借方合计+2月借方合计-1月贷方合计-2月贷方合计

3月的本年累计：

借方累计=1月借方合计+2月借方合计+3月借方合计

贷方累计=1月贷方合计+2月贷方合计+3月贷方合计

3月期末余额：

3月期末余额=3月期初余额+3月借方合计-3月贷方合计

这种结构的优点是清晰，数据库文件少，便于管理；缺点是不能直接得到账簿所需的数据，只能通过计算得到，如果会计科目数较多，该结构的数据表过大，会影响数据库文件的备份、恢复等操作。

（2）汇总文件的组织方式

汇总文件的组织方式是以"科目代码"为关键字，建立索引文件。

6.3.3.4　银行对账文件和企业对账文件

银行对账文件和企业对账文件可根据企业与银行对账的需要及数据字典的内容设计其结构（见表6-12和表6-13）。

表6-12 银行对账文件结构

序号	字段名	字段类型	宽度	备 注
1	RQ	D	8	日期：银行对账单日期
2	KMDM	C	10	科目代码：1001、1002等
3	ZY	C	36	摘要
4	JSFS	C	10	结算方式：“现金”“支票”等
5	JSH	C	4	结算单据号
6	SRE	N	12	收入额
7	FCE	N	12	付出额
8	YDBJ	L	1	已达标记：如.T.或.F.

表6-13 企业对账文件结构

序号	字段名	字段类型	宽度	备 注
1	PZH	C	4	凭证号
2	KMDM	C	10	科目代码：1002等
3	RQ	D	8	日期：企业登记日期
4	ZY	C	36	摘要
5	JJ	N	12	借方金额
6	DJ	N	12	贷方金额
7	JSFS	C	10	结算方式：“现金”“支票”等
8	JSH	C	4	结算单据号
9	YDBJ	L	1	已达标记：如.T.或.F.

6.4 账务处理子系统的详细设计

6.4.1 初始化模块设计

账务处理子系统是一个通用性较强的系统，为了使其能够在各行各业应用，设计时应重点考虑各单位会计核算和财务管理的一般特性。当具体单位使用时，就要根据本单位的业务性质进行具体设置，使通用软件专用化，这种设置工作被称为初始化工作。

在进行账务处理之前，首先要做的工作就是初始化工作，它是连接手工会计和电算化会计的纽带，是手工会计通向电算化会计的桥梁。初始化模块可以为账务处理子系统的运行准备必要的环境。因此，初始化模块应包括账套设置、科目设置、币别设置、余额录入及其他设置等功能。

6.4.1.1 账套设置

利用计算机进行账务处理工作，首先必须进行账套设置，以存放企业全部的会计工作信息。账套中存放的内容主要包括会计科目、记账凭证、账簿、固定资产、工资信息、会计报表及其他业务核算资料等。一个账套只能保存一家公司或一家独立核算单位的会计资料。在实际工作中可以根据需要建立多个账套，通过合理组织账套文件，及时掌握各子公司或下属独立核算单位的财务状况，为加强企业管理和经济核算提供必要的信息。建立账套通常是在建账向导指引下进行的，主要确定账套文件名、账套名称、企业性质、记账本位币、会计科目体系结构、会计期间的划分及账套启用期间等。

6.4.1.2 科目设置

科目设置模块的功能是将企业会计核算中使用的所有科目逐一输入并保存到科目文件中。科目设置必须按照账套设置中会计科目体系结构设定的级次和长度进行。财会人员可以根据需要进行会计科目的增加、删除、修改、查询与打印。

（1）科目设置内容

科目设置的内容要根据科目文件的结构而定（见表6-14）。

表6-14 **科目设置格式**

科目代码	科目名称	科目类别	科目性质	父科目	级　别
1002	银行存款	资产			1
100201	中国工商银行	资产	对账	1002	2
100202	中国建设银行	资产	对账	1002	2
⋮	⋮	⋮	⋮	⋮	⋮

（2）科目设置模块的功能

在科目设置模块中应包含以下子功能：

❶“增加”功能，允许增加一个新的会计科目，增加时要进行合法性和正确性检查，即不允许有相同的科目代码出现，以保持科目代码的唯一性；新增科目为明细科目时，其上级科目必须存在；对已有发生额和余额的明细科目不能再增加下级科目，只能在年初进行调整；上下级科目的类别必须一致。

❷“修改”功能，允许修改科目名称、科目性质等内容。修改时要进行合法性和正确性检查：科目已经使用，科目代码不能修改；非明细级科目代码不能修改；设有辅助核算的会计科目一旦使用，其科目代码不能修改。

❸“删除”功能，允许删除不用的会计科目，删除时要进行合法性和正确性检查：已有发生额和余额的科目不允许删除；非明细级会计科目不能删除，若要删除，只能先删除其下级科目，但必须给出提示，方可删除；设有辅助核算的会计科目一旦使用，其

科目代码不能删除。

❹“保存”功能，将科目设置的所有内容保存在科目文件中。

❺“退出”功能，放弃刚刚完成的科目设置内容，退出科目设置模块，并返回到上级模块。

6.4.1.3　币别设置

企业如有外币业务，要进行外币及汇率的设置。设置外币及汇率是为需要进行外币核算的会计科目提供外币代码、名称、汇率、折算成记账本位币的公式等信息，以便该会计科目能同时进行本位币及外币的核算，在期末进行汇兑损益核算等。在初始化模块中，币别设置包括币别和汇率的增加、删除与修改，以及折算成记账本位币的方式等内容。

外币及汇率的设置仅录入固定汇率值与浮动汇率值，录入记账凭证时，是使用固定汇率还是浮动汇率由初始化设置决定。如果使用固定汇率，则应在每月月初录入记账汇率（即期初汇率），月末计算汇兑损益时录入调整汇率（即期末汇率）；如果使用浮动汇率，则应每天在此录入当日汇率。

6.4.1.4　余额录入

余额录入的功能是将手工账簿所有明细科目的年初余额和启用会计期间月份前各月的发生额输入到计算机中，以保证手工账簿和计算机账簿内容的连续性和继承性，并将初始余额保存在汇总文件中。有两种录入初始余额的方法：一种方法是直接录入使用月份的月初余额和累计额；另一种方法是录入年初额和1月至使用计算机前各月的发生额。前一种方法工作量小，但不能反映出一年的累计发生额，后一种方法则相反。

在所有余额录入之后，应该由计算机自动进行如下控制：

（1）平衡检查控制

平衡检查的主要内容包括：资产=负债+所有者权益；总账科目余额=下属明细科目余额之和。只有平衡后，才能表示所录入的余额准确无误。如果平衡检查出现问题，应进行修改，直至正确。

（2）会计科目一致性控制

汇总文件中的会计科目要与科目文件中保存的会计科目一致。

（3）会计科目余额与辅助科目余额相符控制

如果某会计科目设置有辅助核算，则辅助核算科目的余额应与会计科目余额一致。

（4）科目余额要与科目类别相符

如银行存款科目必有借方余额，而管理费用科目无期初余额。

6.4.1.5　其他设置

除上述设置外，还应包括凭证类型及相应的设置，以及为了辅助核算和管理需要进行的往来单位客户通讯录的设置、项目核算与管理所需的各项目信息设置、部门代码设置、人员代码设置、自动转账分录设置、结算方式设置等。初始化工作完成后，就可以进入正常的计算机日常处理阶段。

6.4.2 凭证处理模块设计

凭证处理模块的功能主要是完成对凭证的日常处理工作，它又可分为凭证录入、凭证审核、凭证记账、凭证查询、凭证汇总等功能模块。

6.4.2.1 凭证录入

凭证录入模块是账务处理子系统中凭证处理模块下的一个重要子模块，其功能是将记账凭证的格式显示在屏幕上，财会人员通过键盘录入一张会计凭证；在录入过程中系统自动对会计科目等凭证要素进行正确性检查；当凭证输入完成之后存盘时对金额进行检查；如果凭证检查正确无误，则保存在凭证文件中，否则，拒绝保存，等待财会人员修改。在凭证录入模块设计时主要考虑以下内容：

（1）记账凭证录入格式

记账凭证录入格式设计是指设计凭证录入时的屏幕显示格式，格式设计是否合理、实用、方便，将直接影响记账凭证的录入速度。在手工条件下，各企业会根据业务量的大小，选择不同的记账凭证类型，如收款、付款、转账凭证或通用记账凭证等，各类记账凭证具有不同的格式，以方便会计人员查询和统计汇总。在计算机条件下，允许财会人员根据需要设置凭证类型，但所有类别的凭证均采用统一的格式，通过凭证字区分凭证类别。图6-5给出了常用的记账凭证录入格式的设计方案。

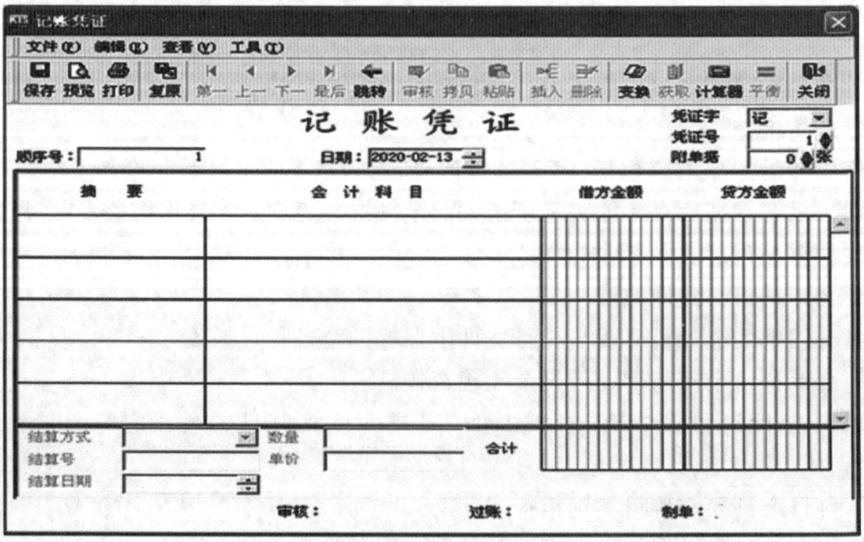

图6-5 记账凭证格式

【例6-3】202×年2月13日，财务部张三持现金支票从中行提取备用金5 000美元。录入的凭证内容如图6-6所示，录入的内容主要包括：

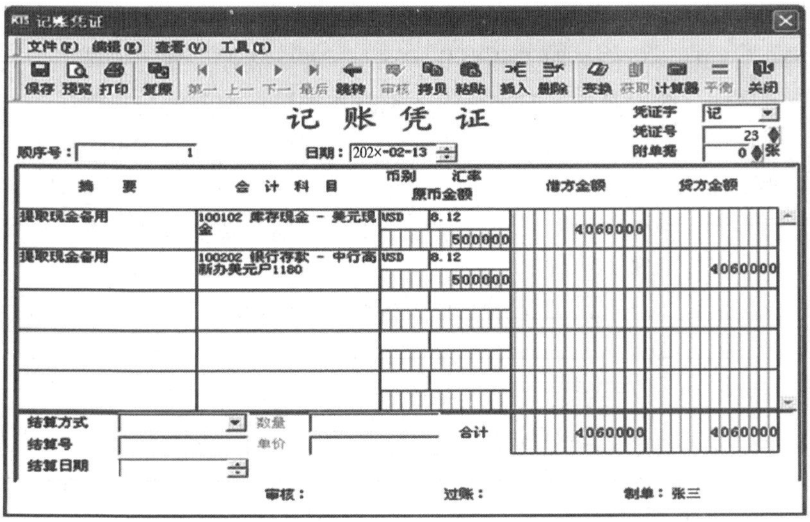

图6-6 记账凭证

❶凭证字号。采用凭证类型与凭证编号组合编码方式。一般情况下，由系统分类按月自动编制，即每类凭证每月都从0001（若凭证编码采用4位代码表示）开始。

❷凭证日期。凭证日期用于标识经济业务发生的日期，系统应自动给出，可以修改。

❸附件。本凭证所附的单据数。

❹摘要。本凭证的业务说明，摘要应当简单明了。

❺科目。科目是经济业务分类的主要依据，科目栏必须输入最明细级会计科目的代码。在科目栏中输入会计科目的方法主要有3种：在科目栏直接输入会计科目代码；如果在科目设置中定义了助记码，则可以直接输入助记码；在科目栏，运用查看代码功能调出会计科目代码表，选择所要录入的科目代码。代码输入后，系统自动将代码对应的科目名称给出。

❻金额，即该笔凭证的借方或贷方本币发生额。金额不能为零，但可以是红字，红字金额以负数形式录入。

❼辅助信息。科目可以设置辅助核算，如“外币”“对账”“数量”“往来”“项目”“个人”“部门”等。在设计凭证录入模块时，就要求在凭证输入过程中，凡是涉及这些科目的分录，在输入完会计科目后，系统自动根据该科目的性质提示并要求财会人员输入不同辅助核算与管理所需要的数据。

❽录入、审核、记账、主管。输入凭证录入、凭证审核、凭证记账、会计主管人员的姓名，系统会根据操作员身份自动填写。

（2）保证记账凭证录入正确的控制

为避免错误的凭证被输入计算机，并导致产生错误的账簿和报表，在录入及保存过程中必须增加正确性检查和控制机制，确保凭证正确可靠。

❶凭证号检查。按会计制度要求，不同类型凭证每月分别从1开始连续编号，不能有重号、漏号的现象。系统应能够检查出最后一张凭证号，自动加1后生成当前凭

证号。

❷凭证日期检查。凭证日期必须为公历日期，并随凭证号递增；凭证录入的日期不能是当前会计期间之前的日期，只能输入本期及本期以后期间的记账凭证，但记账时只处理本期的记账凭证，以后期间的凭证不作处理。因此，凭证录入模块应该能够自动检查凭证日期的正确性。

❸摘要检查。一张凭证中第一条分录摘要不能为空。系统自动检查凭证第一条分录是否录入了摘要，如未录入，则不予存盘。

❹科目代码检查。科目代码是经济业务分类的主要依据，凭证录入模块应该提供对科目代码进行一系列检查的功能：

第一，存在性检查。检查凭证中录入的科目代码在科目文件中是否存在，若科目文件中该科目代码存在，则检查结果为“正确”或“真”，否则，检查结果为“错误”或“假”。

第二，是不是明细记账科目的检查。检查凭证中的科目代码是不是最末级科目代码，只能输入记账明细科目或最末级科目，不能输入控制性科目或父科目。如果输入的是明细科目，检查结果为“正确”或“真”，否则，检查结果为“错误”或“假”。

第三，与凭证类型是否相符的检查。对凭证中输入的借方科目或贷方科目与凭证类型是否相符的检查。如付款凭证的贷方科目必须是“库存现金”或“银行存款”科目；收款凭证的借方科目必须是“库存现金”或“银行存款”科目；而转账凭证借贷方科目不允许输入“库存现金”和“银行存款”科目。若满足上述条件，检查结果为“正确”或“真”；否则，检查结果为“错误”或“假”。

❺金额检查。任何一张凭证都应满足“有借必有贷，借贷必相等”的原则。因此，系统对每一张凭证，都应在存入凭证文件之前，自动进行借贷平衡检查。如果平衡，检查结果为“正确”或“真”；否则，检查结果为“错误”或“假”。

只有当所有检查结果都为“正确”或“真”时，该凭证才能被计算机接受；否则，计算机拒绝接受，不予存盘。

（3）凭证录入中的其他功能

财会人员每天要和凭证录入模块打交道，为了提高凭证录入模块的易用性，在设计凭证录入模块时还使用辅助功能（如图6-5所示的工具栏），以方便财会人员操作：

❶“获取”功能。其主要提供科目代码、摘要、往来单位、部门、职工、项目等代码与名称的对照表，财会人员在录入这些相关信息时，可以随时利用“参照”功能，在列表中选择其代码。

❷“计算器”功能。为了方便财会人员在录入凭证时计算与复核，系统为用户提供计算器功能。

❸“打印”功能，即系统提供在输入凭证或显示凭证的同时，打印该张凭证的功能，以便和原始凭证一起保存。

❹“保存”功能。对凭证进行保存的快捷按钮。

❺“关闭”功能。退出当前的录入操作，返回到上级模块中。

（4）凭证录入过程的详细设计——PDL的描述

```
PROCEDURE  凭证录入
打开：临时凭证文件、科目文件
屏幕显示记账凭证格式
DO WHILE .T.
    输入会计科目
    调用科目检测函数，对科目进行检查
    IF  科目正确
        输入金额，并计算合计
    ELSE
        返回重新输入会计科目
    ENDIF
        调用按钮函数，进行保存，或退出
        IF  借方金额合计=贷方金额合计
            存入临时凭证文件中
            凭证号自动加1
        ENDIF
ENDDO
返回调用模块
```

6.4.2.2　凭证审核

（1）凭证审核的目的与功能

由于凭证文件是整个账务处理子系统的主要数据来源，因此，其正确性非常重要。凭证审核的功能主要是对录入的记账凭证进行正确性、合法性、有效性审核，对审核无误的凭证作标记以示审核通过，如果想取消审核，也可以利用该模块进行操作。虽然凭证在录入过程中进行了正确性检查，但一般只能对凭证的某类错误，如借贷不平、科目代码不存在等错误进行检测，而无法发现“串户”“借贷反向”“同增同减相同金额”之类的错误。对记账凭证进行审核的目的，一是发现凭证输入过程中无法检测到的错误，二是为记账提供依据，只有审核过的凭证才能记账。

（2）凭证审核方式

❶人工审核方式，是指计算机自动依次将未审核的凭证显示在屏幕上，审核人员通过目测等方式对凭证进行检查，审核人员认为有错误或有异议的凭证应交给填制人员修改后，再审核；若审核人员认为没有错误可按签章键，这样审核人员的姓名即被记在凭证上，表示已审核通过。这种方法受操作员熟练程度的影响较大，而且长时间目测会引起眼睛疲劳，效率比较低。

❷自动审核方式，又称“二次输入法”，是将同一批记账凭证再次录入，通过计算机比较两批录入的凭证是否相同，从而检查录入错误的一种审核方法。重复录入时录入工作最好由不同的操作员担任，因为同一个操作员由于其自身的习惯和思维定式，容易

犯同一种错误，使得其错误在检查时不易被发现。采用这种方法可以检查出“多输”“漏输”“数据不一致”的凭证等。这种方法查错效率较高，但是录入时间花费较多。

❸成批审核方式，是人工审核已打印出来的凭证，然后确定已审核凭证范围通知计算机系统进行成批审核确认。这种方式是最有效率的方法，既消除了人工审核的弊端，又提高了审核效率。

（3）凭证审核模块的控制功能

根据会计制度与会计软件功能规范的要求，审核模块应具有如下控制功能：

❶无论是审核签字还是取消审核，审核人和制单人都不能是同一个人；

❷凭证一经审核，就不能修改、删除，只有取消审核后才可以修改或删除。

（4）审核处理过程详细设计

审核处理的步骤与审核方式有关，采用不同方式其处理步骤也不相同，但其最终的目标是一致的，即将审核人员（操作员）的名字填到已通过审核凭证的审核字段上。如成批审核方式就是审核人员成批地审核已打印出来的凭证，审核不合格的凭证直接退回，由录入人员重新修改后再审核。审核后在系统中设置一个成批审核按钮，其功能是审核凭证范围确定，即可将审核人员的名字自动填入凭证中。

6.4.2.3 凭证记账

（1）凭证记账的含义及功能

凭证记账又称凭证过账，是以记账凭证为依据，将经济业务全面、系统、连续地登记到相关账簿中的一种会计核算方法。从记账原理看，记账实际上是会计数据在不同数据库文件之间的传递与汇总。

记账模块的功能是根据临时凭证文件中已审核的凭证，自动更新账务数据库文件，得到账簿和报表所需的汇总信息和明细信息。

（2）手工方式记账与计算机方式记账的区别

❶记账含义不同。手工方式下的“记账”是根据记账凭证逐笔登记日记账、明细账和总账，即登记账簿的简称，是真正意义的“记账”；而计算机方式下的“记账”只是一个过程，即根据临时凭证文件中已审核的凭证，高速、快捷、准确地自动更新账务数据库文件，得到账簿和报表所需的汇总信息和明细信息。

❷记账方式不同。手工条件下的记账工作需要不同财会人员分别在不同的账簿中进行登记来完成；在计算机条件下，财会人员只要使用记账模块，记账工作便由计算机自动、准确、高速地完成。记账工作可以在编制一张凭证后进行，也可以在编制一天的凭证后记一次账，既可以一天记数次账，也可以多天记一次账。

（3）凭证记账处理过程

不同的账务处理子系统，记账处理流程是不同的，它与系统分析、系统设计思路有关。本节以计算机条件下账务处理子系统流程图（如图6-3所示）说明在计算机方式下自动记账的过程：

❶记账凭证的检验，即检验记账凭证是否存在不平衡的情况。虽然在凭证录入和凭证审核时对凭证的合法性和平衡问题都作过检查，但为防止病毒感染和非法操作发生，

系统记账前应再次统一进行凭证的平衡检验工作，以保证系统正常运转。如果系统发现凭证借贷不平，就将该凭证的凭证类型及凭证号显示给操作者，同时显示出不平的金额。当所有选择范围内的凭证都检验通过后，才可进行下一步工作。

❷保护记账前状态。将记账前的所有数据保存到硬盘备份目录中。其目的是防止记账过程被中断。一旦由于断电或其他原因造成记账过程中断，可以自动恢复到记账前状态，然后重新记账。

❸开始记账。显示记账开始，在不同工作区打开“科目文件”“临时凭证文件”“历史凭证文件”“汇总文件”“企业对账文件”等，并将临时凭证文件和科目文件按科目代码建立关联。

❹取“临时凭证文件”中已审核凭证的一条记录，如果文件没有结束，继续执行，否则转到❽。

❺以该条记录中的科目代码为查找关键字在“汇总文件”中查询相应的记录，更新“汇总文件”中的“科目余额”和“发生额”，并逐级更新“汇总文件”中该科目的父科目的“科目余额”和“发生额”。

❻如果该记录的科目性质为“对账”，则将该记录添加到“企业对账文件”中。

❼将该记录直接追加到“历史凭证文件”中。然后将该记录作记账标记“T”，返回❹。

❽从“临时凭证文件”中删除记账标记为“T”的所有记录。

❾关闭所有文件，结束记账过程。

（4）凭证记账过程的详细设计——PDL的描述

```
PROCEDURE 凭证记账
打开：临时凭证文件、历史凭证文件、科目文件、汇总文件、企业对账文件
DO WHILE 临时凭证文件没到库底
    取临时凭证文件中已审核的一条记录
    将该记录追加到历史凭证文件
    用该记录更新汇总文件（并逐级更新其父科目）
    IF 科目性质是对账
        将该记录追加到企业对账文件
    ENDIF
        将该记录作记账标记
        记录指针加1
ENDDO
删除临时凭证文件中所有有记账标记的记录
关闭所有数据库文件
返回调用模块
```

（5）凭证记账处理过程中的文件之间的数据传递关系

从上述的凭证记账过程看，共使用了临时凭证文件、历史凭证文件、科目文件、汇总文件及企业对账文件5个文件，记账过程各文件之间的关系表现为数据传递关系。记

账过程中涉及的主要数据库文件之间的数据传递关系可用图6-7加以说明。

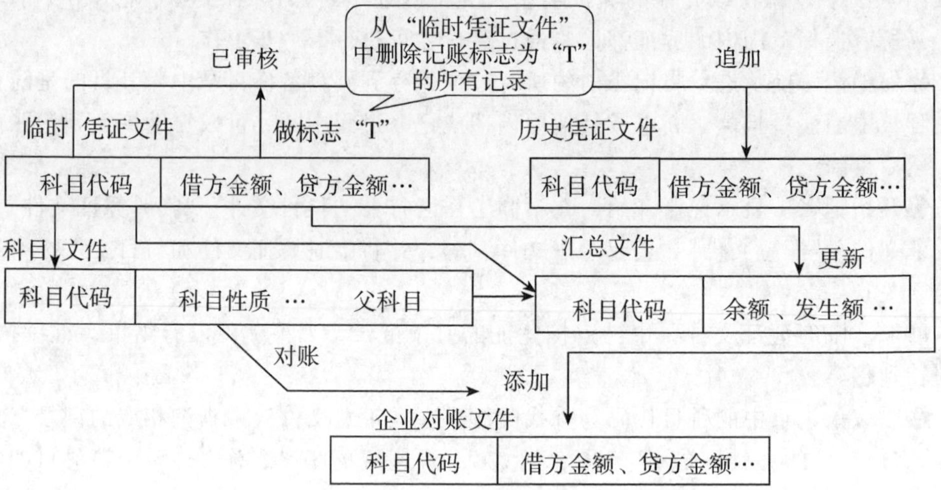

图6-7 记账过程文件之间的数据传递关系

6.4.2.4 凭证查询

凭证查询，主要完成对各种凭证（未审核凭证、已审核凭证）的显示与打印。因为系统中记账凭证的数量往往很多，为了提高凭证的查阅速度，可由查询人员给出一定的限定条件，形成不同的凭证查询方式。凭证查询有简单查询和组合查询两种基本形式。

简单查询是根据单一查询条件来查询相应凭证的查询方式，而组合查询是由系统提供给用户的可对多个输入条件进行任意组合的查询方式。查询条件可以是按凭证类型查询、按凭证号查询、按录入人查询、按未记账的凭证查询、按已记账的凭证查询等。查询的凭证可以根据实际需要打印出来。

6.4.2.5 凭证汇总

凭证汇总，是指按照指定的范围和条件汇总记账凭证的借方和贷方发生额，生成凭证汇总表。系统一般显示一个汇总窗口供用户指定条件与范围，用户可以指定日期、凭证类型、凭证号、录入人，可以指定参与汇总的凭证是否已过账或指定汇总的科目级次等。按不同条件对记账凭证进行汇总，可以获得不同的汇总表。例如，按总账会计科目汇总，生成凭证汇总表，可以反映科目之间的对应关系，满足财务管理的需要，或者按凭证类型汇总等。

6.4.3 账簿管理模块设计

账簿管理模块主要完成各类会计账簿的生成、查询和输出，主要针对日记账、明细账和总账等。由于查询并不需要修改数据，因此虽然各种账簿的查询要求不完全相同，但流程基本相同；不同的只是打开的文件和显示与打印的格式。

账簿查询的输出主要包括屏幕显示输出、打印机打印输出、传递输出等多种方式。

6.4.3.1　日记账输出模块设计

日记账输出模块的功能是根据财会人员录入的会计科目和日期，系统自动从汇总文件、历史凭证文件中提取数据，经过加工后输出相应的日记账。

（1）日记账格式设计

日记账格式基本与手工相似，一般包括普通三栏式日记账、复币式日记账。普通三栏式日记账包括借方、贷方、余额三栏；复币式日记账主要针对外币科目而设立，其借方、贷方和余额三栏均应包括三小栏，即外币、汇率和人民币。表6-15、表6-16给出了普通三栏式日记账的格式。

表6-15　**库存现金日记账**　第　页

年		凭证号	摘　要	对方科目	借方	贷方	借或贷	余　额
月	日							
			合　计					

表6-16　**银行存款日记账**　第　页

年		凭证号	摘　要	结算凭证		对方科目	借方	贷方	借或贷	余　额
月	日			方式	单据号					
			合　计							

（2）输出日记账的处理过程

日记账一般按一定的时间段生成，生成时应注意：对于1月1日开始的日记账，其第一行应是上年结转的余额数据，对于其他月份月初开始的日记账，第一行应是月初余额数据，而最后两行应是余额合计数和年累计数。处理过程如下：

❶用户输入日期和科目代码，明确输出何时、何种科目的日记账。

❷在不同的工作区中打开汇总文件和历史凭证文件，并从历史凭证文件中筛选出用户录入日期和科目的记录。

❸从汇总文件中取出用户录入科目的期初余额或通过计算得到的期初余额，并将其输出在相应的位置。

❹选择历史凭证文件，取一条记录，如果遇到文件结尾标记，则转至❾，否则继续执行。

❺判断是同一天的记录吗？如果是，则继续进行下一步；否则，执行❽。

❻依次输出日、月、凭证号、金额内容。

❼累加当日小计，下移一条记录，继续执行❺。

❽输出当日小计，返回❹，继续输出下一天的业务。

❾选择汇总文件，提取本月借方发生额、本月贷方发生额、累计借方发生额、累计贷方发生额、余额或计算出的余额，输出本月合计、本年累计数据。

关闭所有数据库文件，结束过程。

(3) 输出日记账的详细设计——PDL的描述

```
PROCEDURE  输出日记账
输入待输出日记账的会计科目代码和日记账的日期
打开：汇总文件和历史凭证文件
从历史凭证文件中筛选出满足日期和科目代码的记录
输出日记账表头信息
从汇总文件中取出期初余额或计算出期初余额
取历史凭证文件当前记录并记录日期
DO WHILE  历史凭证文件没到库底
   DO WHILE  同一天的记录
               输出当前记录中的相关内容
            累计当日小计
            记录指针加1
    ENDDO
    输出当日小计
ENDDO
从汇总文件中取出相关的发生额、累计额并计算出余额
输出本月合计、本年累计数
关闭所有数据库文件
返回调用模块
```

(4) 日记账输出方式

在手工条件下，考虑到工作量的关系，只有少量重要科目记日记账，如库存现金日记账、银行存款日记账、销售日记账等。使用计算机后，由于输出日记账的过程非常快捷，所以每个科目都可以有日记账，同时也可以有明细账。区别在于重要科目的日记账必须每天都打印输出，而其他科目的日记账可视需要显示输出或按月、季、年打印输出。

6.4.3.2 明细账输出模块设计

明细账是明细分类账的简称，它是根据企业经营管理的实际需要，按照某些一级科目所属的二级或明细科目分类、连续地记录各种资产、负债和所有者权益，以及费用、成本和利润增减变动情况的账簿。

明细账输出模块的功能是根据财会人员录入的会计科目、日期，自动从历史凭证文件和汇总文件中提取数据，经过加工后输出相应的明细账。

（1）明细账格式设计

明细账的格式基本与手工账表相似，主要有三栏式、数量式、复币式和多栏式。本节以三栏式明细账为例介绍其格式。三栏式日记账是指普通金额三栏式明细账，主要由借方、贷方、余额三栏组成，适用于“应收账款”“应付账款”等科目的明细核算。三栏式明细账的格式见表6-17。

表6-17　　明细账（三栏式）

二级科目或明细科目：　　第　页

年		凭证号	摘　要	借　方	贷　方	借或贷	余　额
月	日						

（2）输出明细账的处理过程

三栏式、复币式或数量金额式明细账与日记账仅有一点差别，就是明细账不需要在每日经济业务录入完毕后输出当日小计行。因此，其处理过程参照日记账的处理过程，此处略。

（3）明细账输出方式

由于在计算机条件下随时都可以通过屏幕，高速、准确、方便地查询各种明细账，因此，明细账既可以按月打印输出，也可以按季、年打印输出。

6.4.3.3　总账输出模块设计

总账是总分类账的简称，是指按照一级会计科目分类，连续地记录和反映各种资产、负债、所有者权益，以及费用、成本、利润的总括情况的账簿。它能全面系统、总括地反映企事业单位资金循环和收支的情况，为编制会计报表提供数据资料。

总账输出模块的功能是根据财会人员录入的会计科目、日期，自动从汇总文件中提取数据并输出相应的总账。

（1）总账格式设计

在计算机条件下，总账一般采用两种格式：一种是三栏式总账（见表6-18），与手工方式下的格式基本相同，一个科目一页；另一种是用科目余额表（见表6-19）或科目汇总表代替总账，这是计算机条件下常用的一种方式，一个总账科目一条记录，所有科目在一张账页上，可以明确地反映科目之间的对应关系，有利于对经济业务进行检查与分析。

表6-18 ××科目总账（三栏式）

科目：×××× 年 月

月	日	凭证字号	摘 要	借 方	贷 方	借或贷	余 额
合 计							

表6-19 科目余额表

年 月

科目代码	科目名称	期初余额		本期发生额		期末余额	
		借 方	贷 方	借 方	贷 方	借 方	贷 方
合 计							

（2）输出总账的处理过程

输出总账的处理过程是：

❶用户录入日期，确认输出何时的总账；

❷打开汇总文件；

❸输出表头；

❹从汇总文件中取出一条条记录的基本数据，将其输出在相应的位置；

❺输出表尾，关闭数据库文件，结束处理。

6.4.4 银行对账模块设计

银行对账是货币资金管理的主要内容，是出纳负责的既烦琐又重要的日常业务。银行要为每家企事业单位通过银行结算的大量经济业务进行记载，而企业也要准确掌握银行存款的实际金额，防止记账发生差错，因此，必须定期进行银行对账。

6.4.4.1 银行对账的目的

银行对账是指核对企业的银行存款日记账与银行出具的对账单。结算凭证在企业与银行之间传递需要一定的时间，因此会出现银行与企业的记账时间不同或一方已入账而另一方尚未记录的情况，这种一方已入账而另一方尚未入账的账项被称为未达账项。通常可能有四种类型的未达账项：银行已收企业未收、银行已付企业未付、企业已收银行未收、企业已付银行未付。产生未达账项的原因是多方面的，主要有两类：一是时间上的延误，如银行收到款项后未及时通知企业，形成银行已收企业未收的未达账项；二是记录上的错误，如企业错把银行收款业务记到了库存现金日记账上，形成银行已收企业未收的未达账项。记录上的错误有可能是无意的分类抄写错误，也可能是有意的资金挪用或贪污。

银行对账的目的就是通过企业对账文件与银行对账文件的核对，找出经济业务相同的进行核销，同时还要找出未达账项及造成未达账项的原因，以避免出现有意或者无意的错误。对于长期未对上账的未达账项，更应引起警惕。

6.4.4.2　银行对账模块的功能

（1）录入初始数据

初次启用银行对账功能，需要进行银行对账的初始化工作，即录入初始数据。由系统提供录入界面，允许财会人员将使用计算机前最后一张银行存款余额调节表上的未达账项全部录入计算机，并保存在企业对账文件和银行对账文件中，完成初始数据的录入工作。在此基础上每月再获取或录入银行对账单，并进行对账，才能保证产生的银行存款余额调节表是正确的。

（2）获取对账单

获取对账单的功能是定期将银行的对账单及时、准确地录入系统，并保存在银行对账文件中。获取对账单的工作通常由企业出纳人员完成。对账单的内容主要包括日期、结算方式、结算号、借贷方金额等。

目前，大多数银行是以书面的形式将对账单交给企业，但随着银行与企业会计信息化程度的提高，银行可以通过计算机网络将对账单传给企业，因此应在“获取对账单”模块下设置“录入对账单”和“网络传递对账单”两个模块。

（3）对账

一般来说，银行对账分为自动对账和手工对账两种方式，因此在“对账”模块下又设置“自动对账”和“手工对账”两个子模块。

❶自动对账。自动对账模块的功能是由计算机自动在“企业对账文件”和“银行对账文件”中寻找完全相同的经济业务进行核对或勾销。所谓完全相同的经济业务是指经济业务发生的时间、内容、摘要、结算方式、结算单据号、金额等都相同的经济业务，但由于同一笔经济业务在银行和企业分别由不同的人登记，经济业务发生的时间、摘要等不可能完全一样，因此，比较经济业务是否相同的依据是：

第一，结算单据号+方向+金额，即“企业对账文件”和“银行对账文件”中结算单据号、金额方向和金额完全相同的记录。

第二，结算方式+结算单据号+方向+金额，即“企业对账文件”和“银行对账文件”中结算方式、结算单据号、金额方向和金额都相同的记录。

为了保证自动对账的正确和彻底，企业和银行应当确保对账数据处理的规范化和合理化，以避免出现不一致的情况。

❷手工对账。手工对账模块指对于使用完自动对账后不符合自动对账依据而没有勾销的已达账（被视为未达账项），由财会人员从“企业对账文件”或“银行对账文件”中选出一笔，计算机自动从对应的文件中选出金额相同的多笔，财会人员根据其自身的判断在对账屏幕上进行手工勾销。它是对“自动对账”模块的补充，为了保证对账更彻底，我们可以手工方式对系统的对账模块进行调整。

（4）输出对账结果

输出对账结果模块的功能是从屏幕上和打印机上输出“已达账项”“企业未达账项”“银行未达账项”“银行存款余额调节表”等。其中输出“银行存款余额调节表”模块的功能是把“企业对账文件”和“银行对账文件”中没有核销的经济业务整理出来，形成“银行存款余额调节表”，其格式见表6-20。

表6-20 银行存款余额调节表

编制单位： 年 月

企业银行存款日记账账面余额		银行对账单余额	
银行账户代码： 对账截止日期：			
加：银行已收企业未收		加：企业已收银行未收	
减：银行已付企业未付		减：企业已付银行未付	
企业银行存款日记账调节后余额		银行对账单调节后余额	

（5）核销已达账

“对账”仅仅是在“企业对账文件”和“银行对账文件”两个文件中将对上账的已达业务作标记，然而已达账项仍然保留在各自的文件中。核销已达账模块的功能是将核对正确并确认无误的已达账项记录，从“企业对账文件”和“银行对账文件”中删除，从而释放存储空间，同时也可提高下次的对账速度。

6.4.5 期末处理模块设计

期末处理是指本期所发生的各项经济业务全部过账后所要做的工作，这些工作主要包括计提、分摊、结转及结账等业务。期末业务是会计部门在每个会计期末都要完成的特定任务，虽然数量不大，但处理复杂且有很强的规律性，主要数据来源于系统内部。期末处理包括自动转账和期末结账两项工作。

6.4.5.1 自动转账

在期末会计业务中存在几类转账业务，它们每个月都是有规律地发生，其凭证中的摘要、借方科目、贷方科目是相同的，金额的来源或计算方法也是不变的，这类凭证可以通过事先设置好的自动转账凭证格式，由计算机自动生成。

（1）自动转账的特点

❶自动转账业务大多数在各个会计期末进行。

❷自动转账业务不同于一般业务，没有具体反映该业务的原始凭证。

❸自动转账业务多数需从会计账簿中提取数据，这就要求在处理期末转账业务前必须先将其他具体业务记账。

❹自动转账业务需分批按步骤进行处理。

可以通过自动转账功能完成的业务主要有：费用分配的结转；费用分摊的结转；税金计算的结转；提取各项费用的结转；成本费用的分配结转；期间损益的结转；汇兑损益的结转等。

（2）自动转账凭证的设置

自动转账处理首先要进行自动转账分录的设置，即在屏幕提供的录入界面，用户录入自动转账凭证设置的相关内容，并将其保存在自动转账分录文件中。定义自动转账凭证的步骤如下：

❶定义自动转账凭证的转账序号。该序号是该张转账凭证的代号，一张转账凭证对应一个转账序号，转账序号可以任意定义，但不能重号。

❷定义自动转账凭证的摘要。

❸录入每笔转账凭证的科目代码。

❹如果科目涉及辅助核算（如按部门、项目、个人等）时，可根据需要进行定义。

❺定义转账凭证借贷方科目的金额取数公式（金额的来源）。

❻该张自动转账凭证的所有分录定义完毕后，将其保存在自动转账凭证数据库文件中。

（3）自动转账凭证的生成

自动生成转账凭证就是在定义完自动转账凭证后，每月月末只需执行生成转账凭证功能即可快速生成转账凭证，该凭证将自动存入临时凭证文件。自动生成转账凭证的操作步骤如下：

❶选择要生成自动转账凭证的凭证类型。

❷选择要结转的月份和需要结转的凭证。

❸选择完毕并确认后，屏幕将显示要生成的转账凭证。

❹如凭证类型、日期、附件等与实际情况不符，可直接在当前凭证上进行修改。

❺确认凭证正确后，进行保存，系统将自动将当前凭证存入临时凭证文件。

（4）自动转账模块应具备的控制功能

❶自动转账应在期末结账前进行。

❷自动转账凭证的借贷方科目只能录入最明细级科目。

❸自动转账凭证必须经过审核后，才能过账。

❹执行自动转账功能之前，应将所有未过账的记账凭证过账。

❺对于相关转账凭证的结转，要严格按照“结转—审核—记账—再结转”的顺序进行，避免多次执行重复结转。

6.4.5.2 期末结账

会计业务处理要求日清月结。因此，在计算机会计信息系统中也应设计结账功能，主要是计算和结转各个会计科目的本期发生额和期末余额，同时结束本期的账务处理工作。结账包括月结和年结。月结时要结出本月的期末余额，年结（12月结账）时还要作一些年结处理。

（1）结账处理过程

❶选择结账年、月。用户确认后，检查本月会计工作是否结束。若上月未结账，则本月不能结账；若本月还有未记账凭证，本月也不能结账。

❷保护结账前状态。自动进行结账前的数据备份，以防止结账过程被中断，可以自动恢复到结账前状态。

❸如果是年末结账，则必须产生下年度的空白账簿文件，并结转年度余额。

❹将所有账户的期末余额转为下期的期初余额。

❺作结账标记。结账是一种批处理，只允许每月结账日使用，结完账后要作结账标记。如果某月有结账标记，则不能再在该月的会计记录中输入凭证。

（2）期末结账模块的控制功能

❶上月未结账，则本月不能结账。

❷上月未结账，则本月不能记账，但可以填制、审核凭证。

❸本月还有未记账凭证时，则本月不能结账。

❹已结账月份不能再填制凭证。

❺结账只能由具有结账权限的操作员进行。

❻相关账户没有结转时，不能结账。

6.4.6 系统服务模块设计

系统服务模块主要包括会计数据备份、会计数据恢复、权限设置、口令设置、系统维护等。

6.4.6.1 会计数据备份

计算机在运行时，经常会受到来自各方面因素的干扰，如人的因素、硬件的因素、软件或计算机病毒因素，从而导致会计数据被破坏。因此，会计数据备份的目的就是将存储在计算机硬盘上的账套或文件备份到软盘、磁带、移动硬盘、光盘上，以便长期保存，防止意外事故造成的硬盘数据丢失。一旦发生数据库文件破坏的情况，能够及时利用备份文件，使系统数据尽快得到恢复，以保证业务处理的正常进行。

数据备份工作可经常进行，在下列情况下，必须进行数据备份：每月结账前和业务处理结束后；更新软件版本前；硬盘进行格式化前；会计年度终了进行结账时，由系统进行强制备份。

数据备份可以通过设计对话框来实现（如图6-8所示），可以通过选择备份路径的方法实现数据备份，也可以使用Windows中的复制方法实现数据备份。

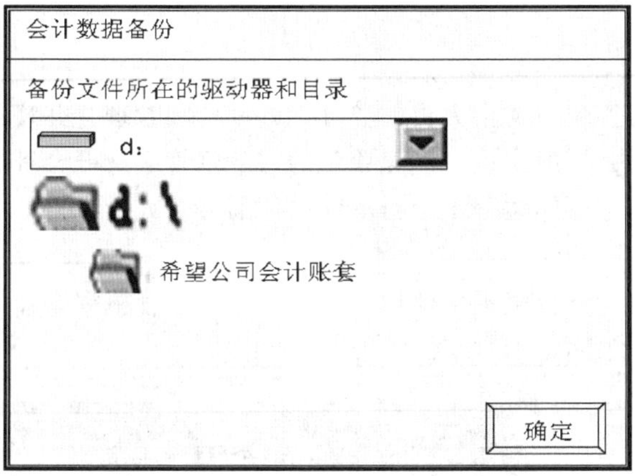

图6-8　数据备份

6.4.6.2　会计数据恢复

在具备数据备份功能的同时，系统必须提供数据恢复功能。会计数据恢复是将备份的会计数据恢复到指定的目录下。它与数据备份是一个相反的过程。进行数据恢复的目的是：当硬盘数据被破坏时，用最新备份数据将数据恢复到硬盘上；当硬盘上某年的数据已被删除而又需要查询时，可将往年的数据恢复到硬盘上。

恢复备份数据会将硬盘中现有的数据覆盖，容易造成错把硬盘上的最新数据变成软盘上的旧数据，如果没有发现数据损坏，一般不用进行数据恢复；如需要恢复往年数据，必须先将硬盘数据备份，保存最新的数据，再恢复往年的数据。

数据恢复模块的设计，也可以设计对话框的方式来实现（如图6-9所示）。选择恢复数据的源驱动器和目标驱动器，以及目录等实现数据恢复，也可以使用Windows中的粘贴方法实现。

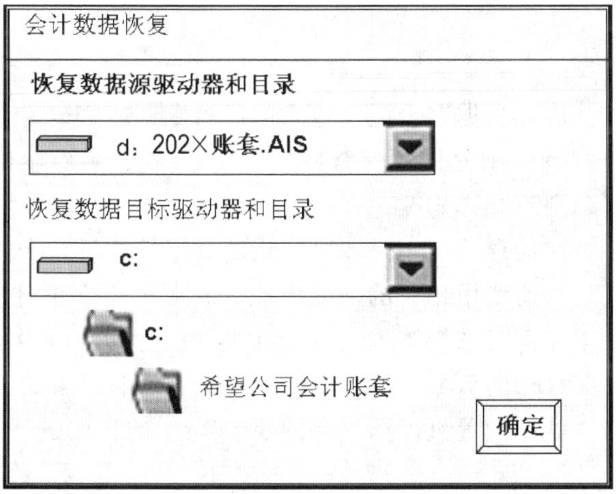

图6-9　数据恢复

6.4.6.3 权限设置

人员权限设置是实现对财会人员财务分工的设置和管理，并将人员权限设置结果保存在人员权限文件中，一般来说，一家单位的财务主管应遵循会计准则和单位内部控制制度对单位财会人员进行岗位分工，给不同岗位的财会人员特定的权限，即严格规定各类人员应该做的工作。

权限设置可以将所有权限提供给用户，然后财务主管根据企业实际情况对每个财会人员进行权限选择（如图6-10所示）。

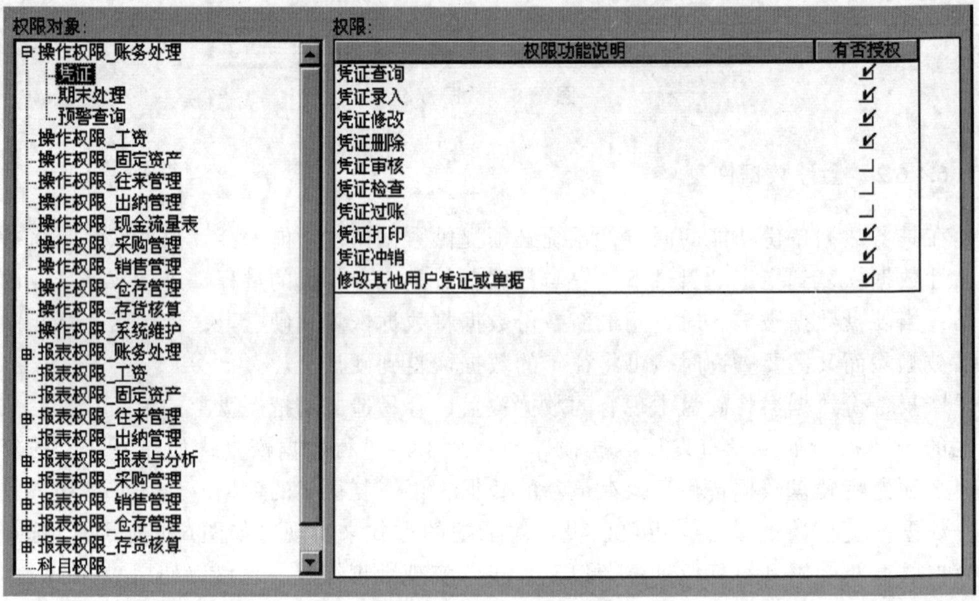

图6-10 权限设置

6.4.6.4 口令设置

口令设置是指计算机先根据财会人员输入的旧口令（或密码）和姓名，在人员权限文件中进行查找，若找到，则允许输入新口令（或密码），然后经确认后保存在人员权限文件中；若找不到，则不允许修改。

口令设置模块在会计信息系统中是非常有用的。系统通过口令（或密码）验证财会人员的身份，决定其是否能使用相关的功能模块，通常在开始使用系统时，每个财会人员的权限和口令都是由计算机系统管理员或会计主管设置的，但为了保证安全，财会人员通过使用该模块改变自己的口令，做到自己的口令只有自己知道，并且每隔一段时间更改一次，以防泄密。口令设置可以通过如图6-11所示的界面进行。

6.4.6.5 系统维护

系统维护是指自动对硬盘空间进行管理，对数据库文件重建索引、清除病毒等。

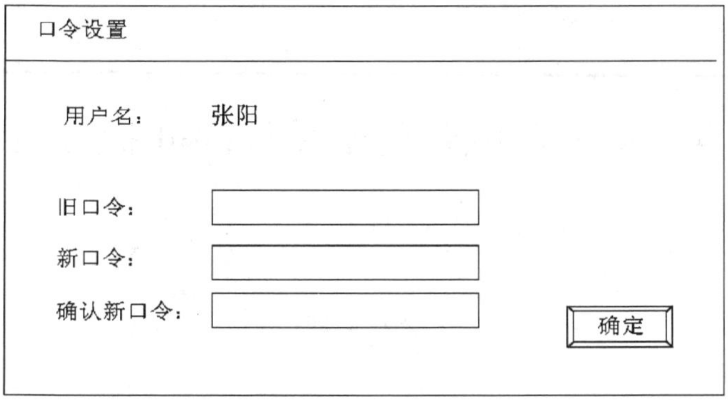

图6-11　口令设置

会计数据保存在硬盘中，当硬盘空间不够用时，财会人员需要使用系统维护功能删除以前年度的会计数据；当计算机出现故障（如异常中断、计算机病毒侵入等）时，容易引起数据混乱，此时就需要使用系统维护功能自动对硬盘空间进行管理，对数据库文件重建索引、清除病毒，以保证数据的安全性和正确性。系统可设计为使用Windows下的资源管理器和杀毒软件完成这一任务。

拓展阅读6-1

复习思考题

1. 简述账务处理子系统的特征。
2. 简述手工处理方式下账务处理流程的不足。
3. 计算机处理方式和手工处理方式下的账务处理流程有何区别？
4. 试用数据流图描述计算机环境下的账务处理流程。
5. 简述会计科目代码设计的必要性。
6. 录入记账凭证时的正确性控制包括哪些内容？
7. 记账凭证的审核方式有哪几种？
8. 怎样理解计算机环境下记账凭证的记账过程？
9. 分析计算机环境下账簿的变化。
10. 试用PDL描述记账凭证的录入与记账处理过程。
11. 分析记账处理过程中文件之间数据的传递过程。

第7章 薪酬管理子系统的分析与设计

学习目标

◆重点掌握薪酬管理子系统的数据处理流程和数据库文件设计方法。
◆掌握薪酬管理子系统的业务流程和功能结构。
◆了解薪酬管理子系统的目标、任务。

7.1 薪酬管理子系统概述

7.1.1 薪酬管理子系统的特点

党的二十大报告指出:“完善分配制度。分配制度是促进共同富裕的基础性制度。坚持按劳分配为主体、多种分配方式并存，构建初次分配、再分配、第三次分配协调配套的制度体系。” 会计信息系统中的薪酬管理子系统要以按劳分配为主体、多种分配方式并存的方式进行企业职工的工资核算。在计算机会计信息系统的研制开发中，薪酬管理子系统是最早的一个子系统，也是目前最为成熟的子系统。企业职工薪酬的核算与管理不仅涉及企业的每一位职工，而且涉及企业的所有组织机构，薪酬是企业按劳动制度的规定支付给职工的劳动报酬，包括基本工资、经营性奖金及各种津贴。薪酬核算与管理的准确性关系到企业每一位职工的切身利益，薪酬管理子系统设计得合理，有助于调动职工的工作积极性、提高企业绩效。

薪酬管理与核算的主要内容是：正确计算每一位职工的应发工资和实发工资；进行工资汇总和工资费用分配。薪酬管理子系统应具有以下特点：

（1）政策性强，涉及面广

一方面，由于薪酬核算和管理涉及国家、企业、职工等多方利益，薪酬核算受国家有关政策的严格制约。另一方面，薪酬核算和管理不仅涉及企业的每一位职工，而且涉及企业的所有组织机构。同时，薪资又是成本的重要组成部分，合理地组织薪酬的核算与管理，能有效地控制产品成本中的工资费用，达到降低成本、提高经济效益的目的。

（2）项目繁多，计算复杂且重复

我国企业应付职工薪酬项目和应扣款项内容繁多，有些企业的工资项目达到30~40

项。如个人所得税要考虑收入及适用税率，加班要考虑是否为节假日等情况。每位职工工资的计算方法都是重复同样的流程。

（3）及时性、准确性要求高

职工薪酬的计算和发放关系到每位职工的切身利益，必须按照职工的具体情况分别计算，不允许出现丝毫差错，而且薪酬的发放有一定的时间限制，必须严格按照规定的时间或提前完成工资的计算，不能拖后，并及时发放给职工。

（4）原始数据来源分散

薪酬管理的数据来源于企业的多个部门。如考勤统计出自劳动部门，产量统计出自生产部门，人员调动出自人事部门，工会经费出自工会等，必须建立、健全完善的数据采集管理制度，保证原始数据及时、准确地集中到数据处理部门。

7.1.2 薪酬管理子系统的目标

薪酬管理子系统是会计信息系统的重要组成部分，它的目标是及时、准确地计算职工薪酬，正确反映和监督企业与职工的薪酬结算情况，正确计算成本和损益，全面提供企业薪酬费用信息，为企业的人力资源管理制定有效的激励政策提供信息支持，同时根据企业管理的需要为企业管理信息系统和决策支持系统提供有效的数据支持。因此，薪酬管理子系统的目标归纳为：

❶收集、记录与职工薪酬有关的数据，准确地反映每位职工的薪酬构成情况。

❷根据职工薪酬项目及时计算职工薪酬，正确地反映企业职工的薪酬结算情况。

❸正确计算产品成本，全面提供企业薪酬费用信息。

❹及时生成各种所需的薪酬报表并进行归纳分析。

❺实现薪酬管理子系统与其他子系统的数据共享。

7.2 薪酬管理子系统手工核算的分析

在手工薪酬核算方式下，薪酬业务的处理涉及生产部门、人事部门和财务部门。核算业务的处理过程为：薪酬发放单位（生产部门或科室）的核算员完成薪酬结算单的编制，将考勤表和薪酬结算单送交人事部门，人事部门审核其合法性与真实性，人事部门将审核后的薪酬结算单送至财务部门，由财务部门再审核其准确性，正确地计算职工薪酬，完成每位职工的代扣项目计算（如个人所得税的扣缴计算、住房公积金的计算），并将各发放单位的薪酬结算单进行汇总，编制“薪酬汇总表”，最后，经审核确认无误后到银行取款发放给职工，如银行代发薪酬不须提现。财务部门将职工薪酬结算单发给薪酬发放部门，薪酬结算单一联由领款人签字或盖章后返回财务部门作账务处理，由此完成个人工资计算、部门薪酬汇总及薪酬发放任务。最后，财务部门根据“薪酬费用汇总表”编制“薪酬费用分配表”，将薪酬按照不同用途进行分配，分别计入生产成本和相关账户。具体处理流程如图7-1所示。

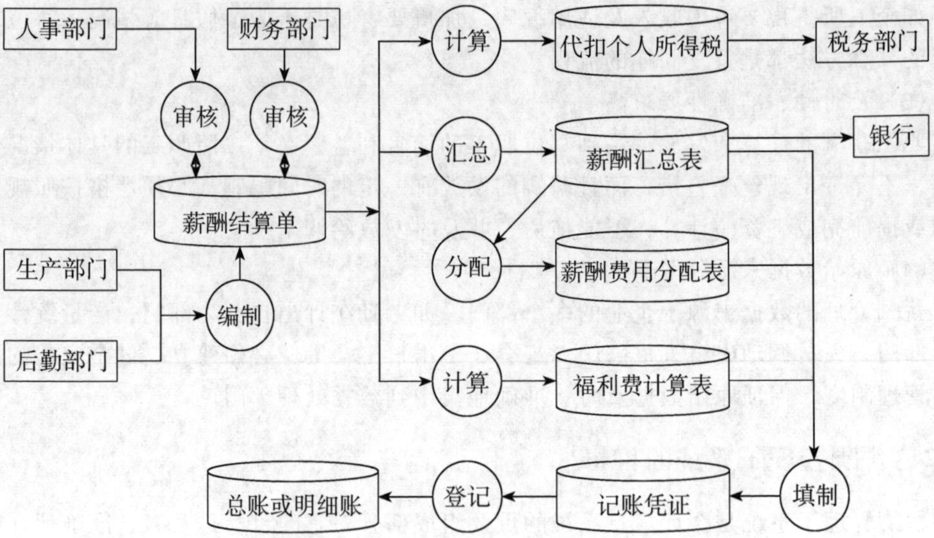

图 7-1　薪酬管理子系统手工处理流程图

7.3　计算机环境下薪酬管理子系统的流程分析

薪酬管理子系统的原始数据量大，涉及的部门比较多。为提高原始数据输入的效率，可对输入数据进行分类，以便根据其特点，采用相应的输入方法。工资数据一般按变动频率的不同，可分为基本不变数据和变动数据两类。

基本不变数据是指固定不变的数据和在较长时间内很少变动的数据，如参加工作时间、职工代码、姓名、基本工资等。变动数据是指每月都有可能发生变动的数据，这种变动可以是数值大小的变动，如病、事假天数，不固定的津贴和代扣款项等。

在规模较大、数据量较多的企业，可以将以上两部分数据分别建立基本不变数据库文件和变动数据库文件。基本不变数据库文件供系统长期使用，只有在人员调出、调入，内部调动或调资时更新此文件数据。每月核算都可以直接调用这些基本不变数据，不需重复输入。变动数据库文件中的数据则需在月初始化后每月输入或修改。计算机薪酬管理子系统数据处理流程如图 7-2 所示。

薪酬管理子系统数据处理流程主要内容如下：

❶系统初始化时，将基本不变数据输入系统，建立基本不变数据库文件，供以后各月使用。

❷每月将发生变化的数据输入变动数据库文件。

❸以职工代码作为关键字，将基本不变数据库文件与变动数据库文件的数据匹配，计算得到薪酬计算文件，同时进行有关薪酬数据的计算。

❹根据薪酬计算文件，按工资发放单位汇总薪酬数据，生成薪酬汇总文件。

❺根据薪酬计算文件，按部门代码和工作类别汇总，分配薪酬费用，形成薪酬费用分配文件。

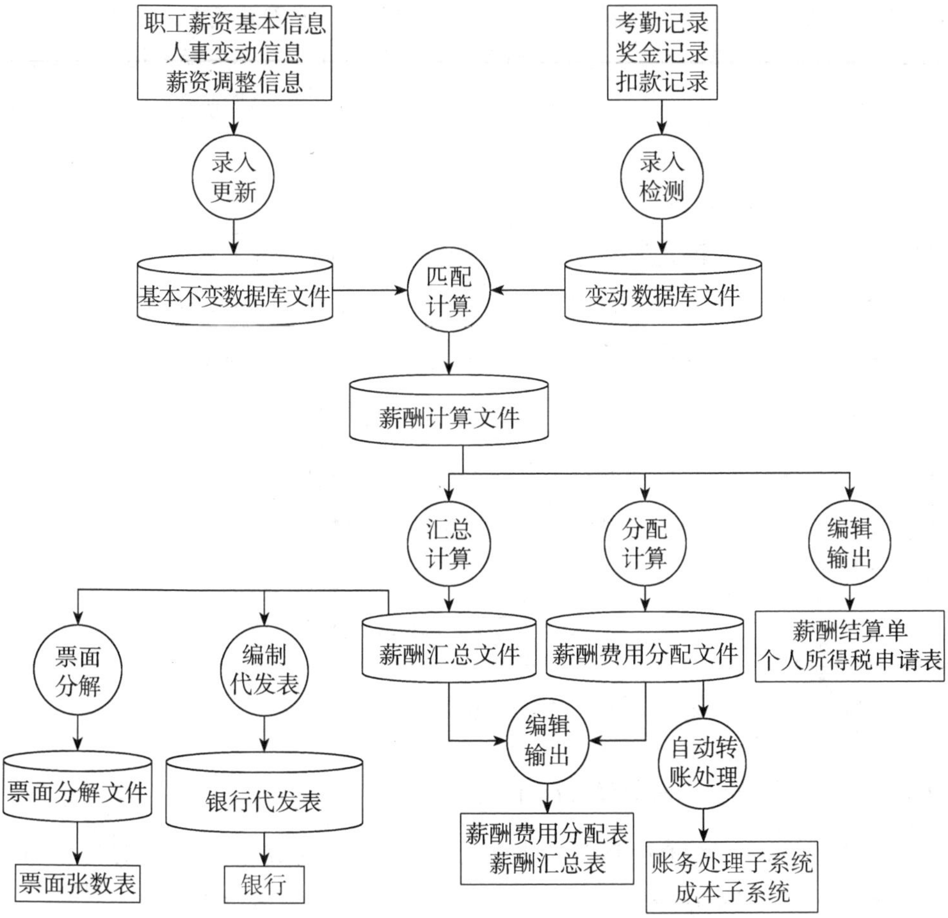

图 7-2　计算机薪酬管理子系统数据处理流程申报表图

❻分别根据薪酬计算文件、薪酬汇总文件、薪酬费用分配文件，编辑输出各种工资报表。

❼将薪酬费用分配的结果，作自动转账处理，供账务处理子系统和成本子系统调用。

需要注意的是：利用现金发放职工薪酬的单位，可以使用票面分解功能，到银行取款时可按照计算出的票面张数取款，以便能够顺利地将职工薪酬发放下去；对于利用银行代发职工薪酬的单位，系统应使用编制代发表功能，其内容主要包括职工姓名、薪酬、银行卡号、备注等相关信息。

7.4　薪酬管理子系统总体结构设计

7.4.1　薪酬管理子系统总体结构

薪酬管理子系统主要完成薪酬结算、薪酬分配的任务。应设置的功能有：改变每一位职工每月各项薪酬和各种扣款数据，查询每一位职工的薪酬内容以及各薪酬项目的汇总数据，计算、汇总薪酬，编制薪酬存档表、薪酬汇总表，计提薪酬费用，打印薪酬分配表，结转薪酬费用，以及系统初始化功能。该系统的功能模块结构如图7–3所示。

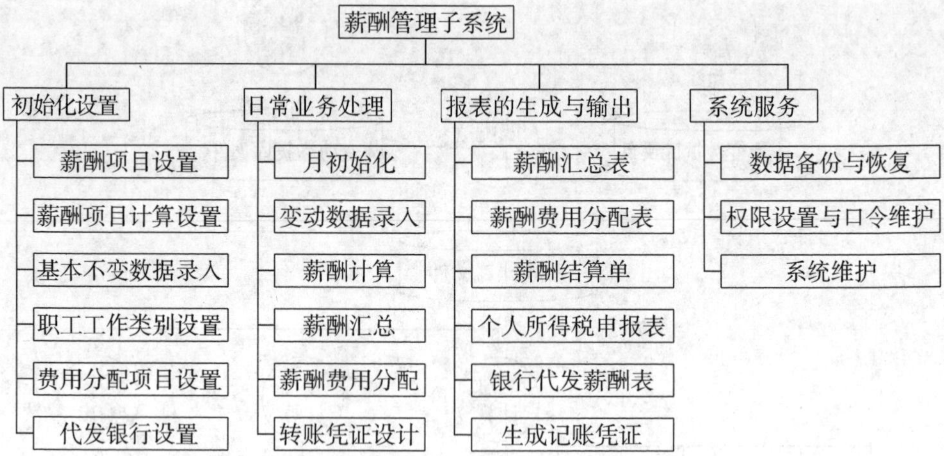

图7–3　薪酬管理子系统功能模块结构

7.4.2　薪酬管理子系统的代码与数据库文件设计

7.4.2.1　薪酬管理子系统的代码设计

为了便于输入、存储和处理薪酬数据，在薪酬管理子系统中主要对部门、职工、工作类别进行编码。如果薪酬管理子系统与账务处理子系统共享基础数据，则部门编码、职工编码均可从账务处理子系统中引入，而在薪酬管理子系统独立使用时，则应对其独立进行编码设置。

为了使代码能够反映各位职工属于哪一级组织，通常将各级组织代码与职工代码结合起来编码，一般采用组码和群码结合的方法设计。职工代码是识别每一位职工的关键数据。例如，将职工代码设计成8位：第1~2位表示部门代码，第3~4位表示工作类别码，第5~8位表示职工顺序码。

也可以将部门代码、工作类别码和职工代码分别设计。部门代码和工作类别码可采取上述设计方法，职工代码还可使用工作证号进行编码。这里需要注意的是，部门代码的设计要与会计信息系统中其他子系统中对部门代码的设计相一致，以保证整个会计信息系统代码设计的统一性。

7.4.2.2　薪酬管理子系统的数据库文件设计

数据库的设计主要是对薪酬管理子系统的文件设计。对薪酬管理子系统文件的设计要充分考虑系统输入和输出的要求。从图7–2中可以看出，在薪酬管理子系统中需要建立五个主要文件：基本不变数据库文件、变动数据库文件、薪酬计算文件、薪酬汇总文件和薪酬费用分配文件。在此系统中，最原始的薪酬数据按照数据存储结构规范化的要求可以分为两种："基本不变数据库文件"和每月都有可能变动的"变动数据库文件"。由此，按照匹配关系形成全部薪酬数据，即薪酬计算文件。薪酬计算文件是核心文件，是该系统数据加工处理的对象，是进行薪酬数据汇总、完成薪酬分配的前提，所以可称为主库文件，从而生成薪酬汇总文件和薪酬费用分配文件。"基本不变数据库文件"和"变动数据库文件"属于辅助文件，它们的数据项匹配计算合成薪酬计算文件。基本不变数据库文件结构见表7-1，变动数据库文件结构见表7-2。

表7-1　**基本不变数据库文件结构**

序号	字段名	字段类型	宽度	备　注
1	YF	C	2	薪酬核算的月份
2	BMDM	C	4	部门代码
3	ZGDM	C	4	职工代码
4	XM	C	8	职工姓名
5	XB	C	2	性别
6	GZLB	C	4	工作类别，如管理、生产、销售等
7	CJGZSJ	D	8	参加工作时间
8	JBGZ	N	8（2）	基本工资，两位小数
9	GDJT	N	8（2）	固定津贴，如书报费、交通费、午餐费等

表7-2　**变动数据库文件结构**

序号	字段名	字段类型	宽度	备　注
1	YF	C	2	薪酬核算的月份
2	ZGDM	C	4	职工代码
3	BDJT	N	8（2）	变动津贴，如奖金等
4	BJKK	N	8（2）	病假扣款
5	SJKK	N	8（2）	事假扣款
6	GDKK	N	8（2）	固定扣款，如住房公积金、医疗保险、养老保险等
7	SJTS	N	2	事假天数
8	BJTS	N	2	病假天数
9	GRSDS	N	8（2）	个人所得税

薪酬计算文件是薪酬管理子系统的核心文件，是将基本不变数据库文件和变动数据库文件按职工代码匹配计算得到的，一位职工一条记录（见表7-3）。

表7-3　　薪酬计算文件结构

序号	字段名	字段类型	宽度	备　注
1	YF	C	2	薪酬核算的月份
2	BMDM	C	4	部门代码
3	ZGDM	C	4	职工代码
4	XM	C	8	职工姓名
5	XB	C	2	性别
6	GZLB	C	4	工作类别，如管理、生产、销售等
7	JBGZ	N	8（2）	基本工资，两位小数
8	GDJT	N	8（2）	固定津贴，如书报费、交通费、午餐费等
9	BDJT	N	8（2）	变动津贴，如奖金等
10	BJKK	N	8（2）	病假扣款
11	SJKK	N	8（2）	事假扣款
12	GDKK	N	8（2）	固定扣款，如住房公积金、医疗保险、养老保险等
13	SJTS	N	2	事假天数
14	BJTS	N	2	病假天数
15	GRSDS	N	8（2）	个人所得税
16	YFGZ	N	8（2）	应发工资
17	KKHJ	N	8（2）	扣款合计
18	SFGZ	N	8（2）	实发工资

薪酬计算文件结构中的“工作类别”字段的设置有两个作用：

一是在分配工资费用时，按部门代码和工作类别码汇总，确定工资费用应归集到哪个会计科目；

二是在计算病假扣款时，若字段值为“劳保”，表示该职工连续病假或因非公负伤休假超过6个月，应使用相应的扣款标准。

薪酬费用分配文件用来存储每月月末按薪酬费用的用途对工资费用进行分配的结果，由该文件生成机制转账凭证，据以计算产品成本和登记账簿。其结构见表7-4。

表7-4　　薪酬费用分配文件结构

序号	字段名	字段类型	宽度	备　注
1	YF	C	2	月份
2	BMDM	C	4	部门代码
3	GZLB	C	4	工作类别
4	KMDM	C	12	科目代码：对应的费用科目编码
5	YFGZ	N	8（2）	应发工资
6	GHJF	N	8（2）	工会经费

薪酬汇总文件是存放按各级薪酬发放单位汇总的数据，一个部门一条记录。其结构见表7-5。

表7-5　　薪酬汇总文件结构

序号	字段名	字段类型	宽度	备　注
1	BMDM	C	4	部门代码
2	ZGRS	N	4	职工人数
3	JBGZ	N	12（2）	基本工资
4	GDJT	N	12（2）	固定津贴
5	BDJT	N	12（2）	变动津贴
6	BJKK	N	12（2）	病假扣款
7	SJKK	N	12（2）	事假扣款
8	YFGZ	N	12（2）	应发工资
9	GDKK	N	12（2）	固定扣款
10	GRSDS	N	12（2）	个人所得税
11	SFGZ	N	12（2）	实发工资

还有一些数据库文件，已在账务处理子系统中完成了设计，如会计科目文件、记账凭证文件、部门代码文件、职工信息文件等。

7.5　薪酬管理子系统的详细设计

7.5.1　初始化模块设计

薪酬管理子系统的初始化模块主要完成以下设置：

（1）薪酬项目设置

用来设置适合企业实际情况的薪酬项目，包括参与核算和不参与核算的所有薪酬项目，它们构成薪酬核算数据库文件。由于企业的性质与特点不同，薪酬核算项目也是不同的，各个企业都可以根据需要而改变，因此，在薪酬核算之前，需要按照企业实际定义薪酬项目。

（2）薪酬项目计算设置

用来定义薪酬项目中一些需要通过计算而得到的薪酬，即通过定义公式描述薪酬项目之间的运算关系。公式可以直观地表达薪酬项目的实际运算过程，完成薪酬计算处理。设计定义界面要使用方便，操作简单。可以在如图7-4所示的薪酬项目计算公式定义窗口中设计引导输入的方法。

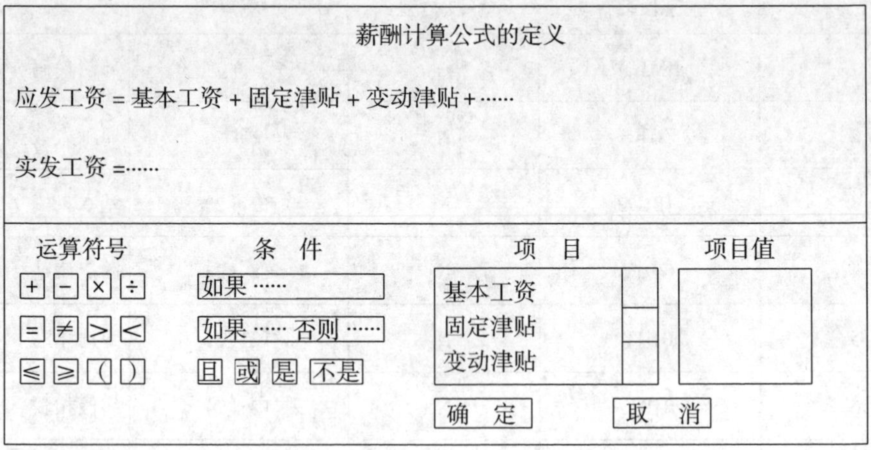

图7-4　薪酬项目计算公式定义窗口格式

（3）基本不变数据录入

在薪酬管理子系统使用前，输入企业所有职工的全部基本不变数据，这部分数据一经输入便可长久使用。按照基本不变数据库文件中的数据项，输入窗口格式如图7-5所示。当输入完一位职工的基本不变数据后，按“确定”按钮屏幕清空即可输入下一位职工的信息，直到输入完成，按“退出”按钮结束。

图7-5　基本不变数据输入窗口格式

（4）职工工作类别设置

根据职工的工作性质设置职工工作类别，其目的是便于按照职工工作类别进行薪酬汇总和薪酬费用分配，以此进行会计处理，在基本不变数据窗口已设置。

（5）费用分配项目设置

会计制度规定，当薪酬费用分配文件中表明部门代码、工作类别与会计科目对应关系的数据变动时，能对其进行维护。

（6）代发银行设置

发放薪酬银行的设置，即根据企业与银行签订的代发合同，在此模块中定义每位职工的银行卡号等信息。企业每月向代发薪酬银行提供指定格式的银行代发表，银行根据此表中的信息将薪酬存入职工的个人薪酬账号，这样既可以减轻财务部门发放工资的工作量，又可以有效地避免取款过程中可能发生的意外。

7.5.2 日常业务处理模块设计

7.5.2.1 月初始化

一个月执行一次，使子系统的所有数据库文件恢复初始状态。每月月初，先对上月工资数据备份，再对有变动的数据库文件和中间性文件中的数据（如薪酬计算文件中的变动数据、薪酬汇总文件中的汇总数据、薪酬费用分配文件中的薪酬费用分配数据）清零，为处理本月薪酬做好准备。

7.5.2.2 变动数据录入

由于薪酬管理子系统中相当一部分数据需要采集和维护，采集功能的质量将影响到本模块在实际中的应用效果，所以既要设计完善的用户接口，又要减少录入数据所占用的机时，既要使用户感到操作方便、简单易用，又要使其感到确实较手工操作提高了工作效率。可以将每个月发生变化的薪酬项目挑选出来，设计录入窗口以便输入变动数据。

7.5.2.3 薪酬计算

这一功能是薪酬管理子系统的核心，所有的数据都要进行这一处理。将基本不变数据库文件和变动数据库文件，按照职工代码匹配计算得到薪酬计算文件。由于薪酬项目繁多，计算数据量大，而且薪酬核算本身对准确性和及时性要求较高，所以设计时主要考虑的是计算技巧和运行速度。由于各个企业的薪酬项目不尽相同，所以薪酬计算公式也会有所不同。

薪酬计算处理过程的PDL描述如下：

```
PROCEDURE  薪酬计算
打开：基本不变数据库文件、变动数据库文件、薪酬计算文件
按职工代码建立关联
显示：正在计算薪酬！
取基本不变数据库文件当前记录
DO WHILE  没到库底
    将基本不变数据库文件和变动数据库文件匹配后计算
    形成薪酬计算文件所需数据，存入薪酬计算文件
    基本不变数据库文件记录指针加1
ENDDO
关闭数据库文件
返回调用模块
```

计算个人应发、实发工资项目的方法：

应发工资=基本工资+固定津贴+变动津贴-病假扣款-事假扣款

事假扣款=事假天数×日工资

其中：日工资的计算有3种方法：按全年实际应工作天数计算、按每月固定日数30天计算和按每月实际工作天数计算。

实发工资=应发工资-固定扣款-变动扣款-个人所得税

按照个人所得税法的规定，薪酬所得应纳税额的计算公式为：

应纳税额=应纳税所得额×适用税率-速算扣除数

7.5.2.4 薪酬汇总

此模块是按财务要求和薪酬管理设置的，是财务部门向银行提取现金以发放薪酬的重要依据，将对各级组织逐级进行薪酬汇总。薪酬汇总数据由薪酬计算文件中的薪酬项目计算、汇总取得。薪酬汇总一般有两种方法：

（1）用同一数据来源逐级求出各级组织的薪酬数据

例如，先将个人数据累加计入班组汇总薪酬费用中，再将班组数据累加计入车间汇总费用中，最后将车间数据累加计入全厂薪酬费用中。班组、车间及全厂的汇总薪酬数据全部逐级存放在一个薪酬汇总文件中。

（2）用同一数据来源生成不同的薪酬汇总文件

如班组薪酬汇总文件、车间薪酬汇总文件就属于此类。这种汇总方法主要是通过分类汇总命令进行的。

薪酬汇总处理过程的PDL描述如下：

```
PROCEDURE  薪酬汇总
打开：薪酬计算文件、薪酬汇总文件
按部门代码建立索引
显示：正在进行薪酬汇总！
DO WHILE  薪酬计算文件没到库底
   DO WHILE  同一部门
       求各项薪酬数据累计额
       累计职工人数
       记录指针加 1
    ENDDO
    将各项薪酬累计额和职工人数添加到薪酬汇总文件中
ENDDO
关闭数据库文件
返回调用模块
```

7.5.2.5 薪酬费用分配

此功能是将企业每月发生的全部薪酬费用按费用的用途进行分配。月末根据薪酬计算文件进行薪酬分配，形成薪酬费用分配文件，同时产生分配业务的转账凭证。具体设计如下：

（1）生成工资分配业务数据

系统初始化时，根据会计制度的规定输入薪酬费用分配文件中表明部门代码、工作类别与会计科目代码对应关系的数据。表7-6简单列示部分部门名称、工作类别和会计科目名称之间的对应关系，输入时部门和会计科目要使用相应代码。

表7-6　**薪酬费用分配文件中相关数据的对应关系**

部　门	工作类别	会计科目
基本生产车间	生产	生产成本
基本生产车间	管理	制造费用
辅助生产车间	生产	生产成本
辅助生产车间	管理	制造费用
厂部科室	管理	管理费用
车间或科室	劳保	制造费用或管理费用

薪酬分配数据由薪酬计算文件产生，按车间或科室和工作类别进行应发工资汇总，还要按照财务制度规定的工资总额比例计提工会经费。计提工会经费的方法如下：

计提的工会经费=应发工资×计提百分比

财务制度规定，工会经费按职工工资总额的2%提取。

薪酬费用分配处理过程的PDL描述如下：

```
PROCEDURE　薪酬费用分配
打开：薪酬计算文件、薪酬费用分配文件
按部门代码加工作类别码建立索引，并关联
DO WHILE　薪酬计算文件没到库底
    DO WHILE　同一部门.AND.同一工作类别
        累计应发工资
        记录指针加1
    ENDDO
    计提工会经费
    将有关数据添加到薪酬费用分配文件中
ENDDO
关闭数据库文件
返回调用模块
```

（2）编制薪酬分配业务转账凭证

月末将本月应发工资进行分配，并提取工会经费。对此，要建立本系统的凭证文件，以存放薪酬分配业务的转账数据，其结构与账务处理子系统中记账凭证文件的结构相同。将根据薪酬费用分配文件中的科目代码、应发工资和工会经费等数据编制的转账凭证写入本系统的凭证文件，作为本系统与账务处理子系统的接口。薪酬分配业务要生成如下转账凭证：

❶本月应发工资的分配：

借：生产成本

制造费用

管理费用

销售费用

在建工程

贷：应付职工薪酬

❷提取工会经费：

借：管理费用

贷：其他应付款

7.5.3 薪酬管理子系统的报表生成与输出设计

7.5.3.1 输出薪酬结算单

在手工核算方式下，薪酬结算单是由各发放单位的核算员根据各项有关数据编制的，薪酬结算单中的数据是各发放单位的职工个人数据。一般复写为一式四份，一份发放单位留存，一份劳资部门留存，一份经领款人签字交财会部门留存，一份撕成小条交予领款人。在计算机环境下的薪酬管理子系统中，薪酬结算单的输出份数依据需要确定，不受复写限制，其打印格式可以完全不按照手工核算方式下的薪酬结算单的格式，输出的内容也可作相应调整，省去不需提供的项目，增加有用信息的输出。根据薪酬核算与管理的需要，电算化薪酬管理子系统中的薪酬结算单的设计要求按发放单位采用内部表格的形式设计输出。薪酬结算单一般按车间、班组编制。要列出每位职工有关薪酬结算的各项内容、发放薪酬单位发放工资的合计数、实发工资人数（此项数据可以与“薪酬汇总表”中相应部门的“职工人数”字段值相核对）。薪酬结算单的一般格式设计详见表7-7。

表7-7 ×××企业薪酬结算单

部门名称： ××××年××月 部门代码：

职工代码	姓名	基本工资	固定津贴	变动津贴	病假扣款	事假扣款	应发工资	固定扣款	个人所得税	实发工资	签章
××××	×××	×××	×××	×××	×××	×××	×××	×××	×××	×××	×××

实发工资合计： 职工人数： 领款签章：

根据实际情况，“薪酬结算单”的打印输出可设计成“连续打印”和“分别打印”（如分部门打印）两种打印形式。

7.5.3.2 薪酬汇总表输出

薪酬费用要按班组、车间和全厂等三级组织逐级汇总，用内部表格（见表7-8）形式输出。

表 7-8　　×××企业薪酬汇总表

部门名称：　　××××年××月　　部门代码：

职工代码	姓名	基本工资	固定津贴	变动津贴	病假扣款	事假扣款	应发工资	固定扣款	个人所得税	实发工资	签章
×××	×××	×××	×××	×××	×××	×××	×××	×××	×××	×××	×××
⋮	⋮	⋮	⋮	⋮	⋮	⋮	⋮	⋮	⋮	⋮	⋮
合计		×××	×××	×××	×××	×××	×××	×××	×××	×××	

7.5.3.3　薪酬费用分配表输出

将薪酬费用分配的结果，采用内部表格（见表 7-9）形式打印。

表 7-9　　薪酬费用分配表

××××年××月

应借科目	应付职工薪酬				其他应付款
	基本生产车间	辅助生产车间	厂部科室	长期病假人员	工会经费
生产成本					
制造费用					
管理费用					
销售费用					
在建工程					
合　计					

7.5.3.4　转账凭证输出

薪酬管理子系统的“转账凭证”输出应与会计信息系统中账务处理子系统的设计相一致，以确保数据在各子系统之间的正确传递（详见账务处理子系统）。

7.5.4　系统服务模块设计

系统服务模块包括系统操作权限设定、数据备份、数据恢复等功能。这部分内容与账务处理子系统中的系统服务相同，在此不再赘述。

拓展阅读 7-1

复习思考题

1. 简述薪酬管理子系统的业务流程并分析其特点。

2. 简述薪酬管理子系统的主要功能。

3. 简述薪酬管理子系统的设计目标。

4. 应如何设置职工工作类别?

5. 设计薪酬管理子系统时，需要建立哪些主要数据库文件?这些数据库文件的作用是什么?

6. 画出薪酬管理子系统的数据流图。

第8章　固定资产管理子系统的分析与设计

学习目标

◆重点掌握固定资产管理子系统的计算机处理流程设计。

◆掌握固定资产管理子系统的特点和功能、固定资产管理子系统各功能模块设计的内容及方法。

◆了解固定资产管理子系统代码和数据库文件结构设计，固定资产管理子系统账表输出的内容。

8.1　固定资产管理子系统概述

固定资产作为企业重要的生产要素之一，是企业进行生产经营活动的物质基础，其数量、质量以及代表的工艺和技术水平，可以在一定程度上反映出一家企业的规模、生产能力、技术装备的高低和现代化水平。

固定资产是指企业为生产商品、提供劳务、出租或经营管理而持有的，使用寿命超过一个会计年度的有形资产。固定资产同时满足下列条件的，才能予以确认：与该固定资产有关的经济利益很可能流入企业；该固定资产的成本能够可靠地计量。

固定资产作为劳动资料，在生产过程中能够连续地在若干生产周期中发挥作用，并保持其原有实物形态不变，但其价值随着损耗逐渐地、部分地转移到产品中去，构成产品成本的一部分。固定资产核算是固定资产管理的一个重要环节，它的主要任务是：反映和监督固定资产增减变动和使用情况，为管好、用好固定资产及保证其安全完整，并提供可靠的数据，需按照有关规定正确地计提固定资产折旧、减值准备。

8.1.1　固定资产管理子系统的特点

固定资产管理子系统与其他系统相比，有以下4个明显的特点：

（1）数据量大，在计算机内保存时间较长

在一般工业企业中，固定资产不仅价值高，而且数量比较多，同时反映每一项固定资产的信息项目也比较多，少则几个项目多则几十个项目，如固定资产代码、名称、规格型号、购买日期、固定资产原价、累计折旧、预计使用年限、使用状况等。为了便于各部门随时掌握固定资产的详细情况，在固定资产管理子系统中，需要为每项固定资产建立卡片，以保留每项固定资产的详细资料。固定资产的使用时间长，因此数据存储的时间也长，即使是被淘汰的固定资产资料也必须按制度要求保留相当长的一段时间，所以数据存储量大。

（2）日常数据输入的频率比较低

固定资产管理子系统的初始化工作量大，但卡片上提供的信息可以长期使用。系统投入运行之后，日常需要输入的数据一般仅限于固定资产的增加、减少、变动等信息，除此之外，需要输入的数据一般很少。这对于建立计算机固定资产管理子系统来说，是一个非常有利的条件。因为输入的数据少，故出错的机会少，需要检测的工作也就随之减少，而且，一项固定资产的有关数据输入后可以长期使用，直到固定资产报废或售出为止。

（3）折旧计算的工作量大，数据处理方式比较单一

固定资产管理子系统的数据处理主要是折旧的计算和输出各种固定资产账表。由于每项固定资产都要计提折旧，而采用的折旧方法随着固定资产的不同而不同。因此，在手工方式下，计算每项固定资产的当月折旧额的计算量较大，但在计算机方式下，系统会根据每月月初固定资产卡片及初始化时定义的每项固定资产折旧方法，自动计提折旧，不需人工操作。

（4）输出内容多

尽管固定资产管理子系统日常的输入量比较小，但日常的输出量相比之下却比较大。由于使用的目的不同，往往同一项固定资产数据需要反映在不同的账表上。在手工方式上，这种账表编制的工作量不仅很大，而且受手工方式的限制，容易出现数据不一致的差错。采用计算机进行处理后，不但可以提高输出的速度，而且可以避免出现数据不一致的现象。

8.1.2 固定资产管理子系统的目标

固定资产核算的特点决定建立计算机条件下的固定资产管理子系统能减轻固定资产管理部门工作人员的工作量，降低折旧计算的出错率，提高企业成本管理、财务分析、决策支持的效率。固定资产管理子系统的目标如下：

（1）管理固定资产卡片

系统应提供灵活地进行卡片的增加、删除、修改、查询、统计和汇总的功能，并可以随时输出固定资产的各种综合性统计信息。

（2）处理固定资产的增减变动业务

及时、准确地收集和录入固定资产增、减、变动的业务资料，并对其进行管理，更新固定资产卡片，按月汇总出按部门、类别、增减变动种类的数据，并打印出增减变动汇总表和增减变动明细表。

（3）计提折旧及减值准备

自动实现固定资产折旧的计提和分配，对发生的固定资产减值，系统能处理减值准备的计提，以反映固定资产的实际价值，并打印固定资产折旧分配表。

（4）自动转账

系统可以根据固定资产折旧分配表，自动编制记账凭证并将其传递到账务处理子系统或成本子系统中。

8.2　固定资产管理手工核算的分析

8.2.1　固定资产管理手工核算业务分析

在手工方式下，固定资产管理业务主要指固定资产增加、减少、变动及折旧的核算。

（1）固定资产增加

这包括固定资产的购置、自建、投资、融资租入等。固定资产增加时，由设备管理部门提交固定资产增加的原始单据给财务部门，由其进行审核，并根据合格的原始单据填制固定资产增加单。财务人员根据固定资产增加单，一方面登记固定资产卡片，另一方面编制会计凭证，登记固定资产总账。

（2）固定资产减少

这包括固定资产的报废、变卖、捐赠及丢失等。固定资产减少时，由设备管理部门提交固定资产减少的原始单据给财务部门，由其进行审核，并根据合格的原始单据填制固定资产减少单。财务人员根据固定资产减少单，一方面登记固定资产卡片，另一方面编制固定资产减少的会计凭证，进行固定资产价值核算，并登记固定资产总账。

（3）固定资产变动

这包括固定资产原值的调整、所属部门的改变、折旧方法的变更等。固定资产变动时，由设备管理部门提交固定资产变动的原始单据给财务部门，由其进行审核，并根据合格的固定资产变动原始单据填制固定资产变动单。财务人员根据固定资产变动单，一方面，更改固定资产卡片，变更固定资产的基本信息，另一方面，对于涉及原值变动的，要根据变动单据编制会计凭证，对于不涉及原值变动的，不需要编制会计凭证。

（4）固定资产折旧

这是指在固定资产的使用寿命内，按照确定的折旧方法按月计提折旧，并对应计折旧额进行系统分摊，根据用途计入相关资产的成本或者当期损益。

企业每月月末根据月初的固定资产卡片资料和采用的折旧方法，按相关规定计提固定资产折旧，生成相应的固定资产折旧汇总表，填制固定资产折旧凭证，登记固定资产折旧总账和明细账。

8.2.2 固定资产管理手工核算流程分析

通过对固定资产管理手工核算业务的分析可以看出，在手工方式下，固定资产的明细分类核算是通过设置“固定资产卡片”实现的。月内根据固定资产增减变动原始凭证（固定资产调拨单、领用单、验收单、报废单等）登记固定资产卡片和固定资产总账；月末根据月初固定资产卡片（本月增加固定资产本月不提折旧，本月减少固定资产本月照提折旧）及不同的折旧计算方法（平均年限法、工作量法、双倍余额递减法、年数总和法）计算折旧，编制固定资产折旧计算表；根据固定资产增减变动原始凭证及折旧计算表编制各种转账凭证，转入账务处理子系统作登账处理。固定资产管理手工核算处理流程如图8-1所示。

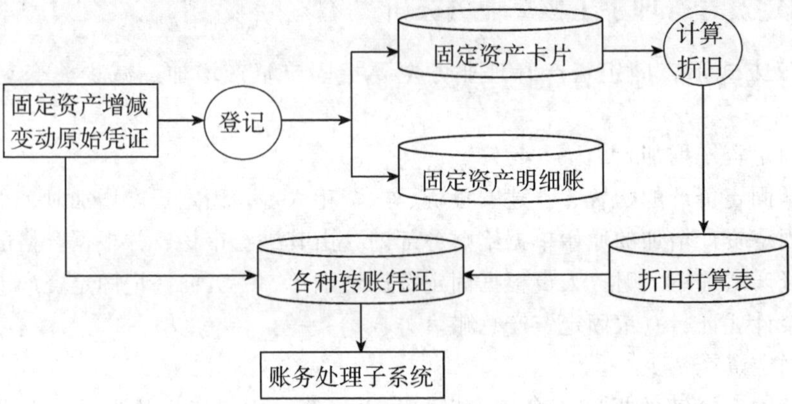

图8-1 固定资产管理手工核算处理流程

8.3 计算机环境下固定资产管理子系统的流程分析

在计算机环境下，若要开发适合现代化管理需要的固定资产管理子系统，必须利用计算机强大的数据处理能力，根据固定资产基础数据庞大、增减变动难以反映的具体情况，从细化固定资产核算、加强固定资产管理的角度出发，及时地为固定资产管理提供详细、准确的资料，以促进企业提高固定资产的使用效率和保护企业的财产安全。

在计算机环境下，固定资产管理子系统计算机数据处理流程如图8-2所示。

从图8-2中可以看出，计算机环境下固定资产管理子系统数据处理步骤主要包括：

❶固定资产管理子系统首次投入运行时，需将原手工方式下的固定资产卡片通过初始卡片录入模块全部输入计算机，存入固定资产卡片文件中，在日常固定资产管理中作为一个基本数据库文件使用。

❷系统运行后，月内发生固定资产增减变动时，将相应的增减变动原始凭证通过输入模块输入计算机，经检测、分类后分别存入固定资产增加文件、减少文件及变动文件。

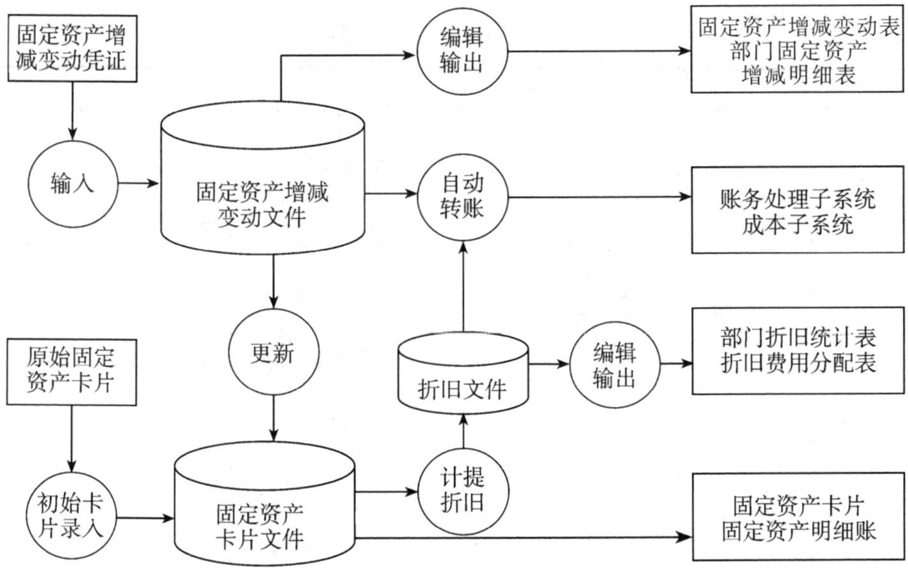

图8-2　固定资产管理子系统计算机数据处理流程

❸月末，根据月初的固定资产卡片文件，按照有关规定，根据定义的固定资产折旧计算方法（平均年限法、工作量法、双倍余额递减法、年数总和法等）计提固定资产折旧，生成固定资产折旧文件。

❹月末分别用固定资产增加文件、减少文件及变动文件更新固定资产卡片文件，即将增加的固定资产记录插入卡片文件，将减少的固定资产记录从卡片文件中删除，将发生变动的内容更新到固定资产卡片文件上。

❺根据管理需要从固定资产卡片文件、固定资产增减变动文件及固定资产折旧文件中提取数据，编辑输出各种账表，如固定资产卡片、固定资产增减变动表、部门固定资产增减明细表、部门折旧统计表、折旧费用分配表及固定资产明细账等。

❻根据固定资产折旧文件、固定资产增加文件、固定资产减少文件及固定资产变动文件统计转账数据，自动生成转账凭证，转入账务处理子系统；根据固定资产折旧文件统计折旧费用分配数据，生成转账凭证转入成本子系统，供计算成本时使用。

8.4　固定资产管理子系统总体结构设计

8.4.1　固定资产管理子系统总体结构

固定资产管理子系统的功能模块应包括：系统初始化；输入固定资产增加、减少和内部调动信息；更新固定资产卡片文件；计提折旧；输出各种账表；系统服务与转账等（如图8-3所示）。

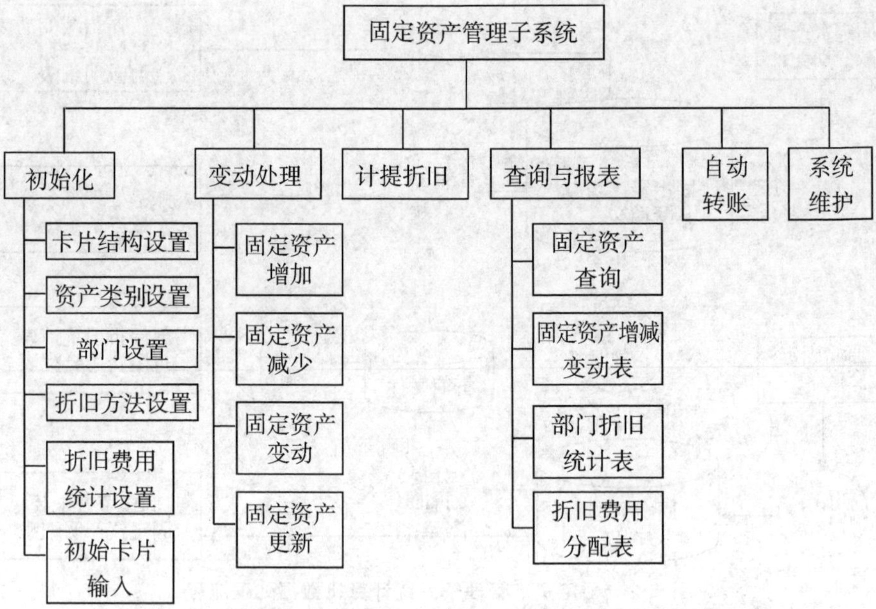

图 8-3　固定资产管理子系统总体结构

8.4.2　固定资产管理子系统的代码与数据库文件设计

8.4.2.1　固定资产管理子系统的代码

固定资产管理子系统中使用的代码主要有科目代码、部门代码、人员代码和固定资产代码等。其中，科目代码由账务处理子系统统一设计，人员代码可在系统维护中进行统一设计。对固定资产进行汇总统计处理时要使用到部门代码，因而，部门代码应单独设计而不应包含在固定资产管理子系统代码中，但部门代码的设计要与会计信息系统中其他子系统中对部门代码的设计相一致，以保证整个会计信息系统代码设计的统一性。

在固定资产登记簿中，要为每一项固定资产设计一个代码，但在设计代码时，必须考虑代码的唯一性、系统性、可扩展性及简易性等原则。固定资产代码可根据行业标准或企业的具体情况来确定，通常采用群码的方式进行编码。例如，设定每一项固定资产代码都由7位代码组成，如图8-4所示。

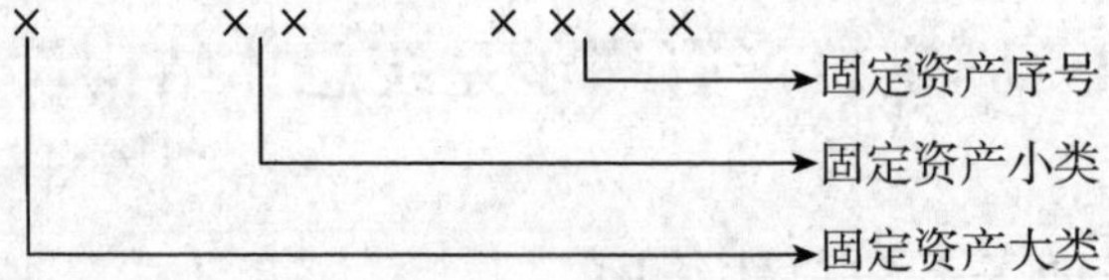

图 8-4　固定资产代码结构

第1位表示固定资产大类，如生产经营用固定资产、非生产经营用固定资产、租出固定资产、未使用固定资产、不需用固定资产、土地、融资租入固定资产等。

第2、3位表示固定资产小类，是大类中较详细的分类，如生产经营用固定资产又分为房屋、建筑物、动力设备、机器设备、工具器具等。

第4、5、6、7位表示每一项固定资产的具体编号，采用顺序码方式，如铣床0160号。

8.4.2.2 固定资产管理子系统的主要数据库文件设计

在固定资产管理子系统中，用来存储和处理有关固定资产数据的文件主要有固定资产卡片文件、固定资产折旧文件、固定资产增加文件、固定资产减少文件及固定资产变动文件等。

（1）固定资产卡片文件

固定资产卡片文件用来存储所有的固定资产卡片数据。手工方式下的固定资产卡片上的数据，在系统最初运行时通过初始化直接输入到这个文件中，以后随着固定资产的增加、减少及内部转移，随时用有关的工作文件来更新该文件以保证它能正确反映企业固定资产的实际状况。在该文件中，每一项独立的固定资产占一条记录，固定资产代码是关键字（每项固定资产都有唯一的代码）。每一条记录中设若干字段详细反映固定资产的具体特征，其内容和手工方式下的固定资产卡片基本相同，但可以省略某些能根据已有字段计算出来的部分，增加计算机处理所需的字段。固定资产卡片文件结构见表8-1。

表8-1 **固定资产卡片文件结构**

序号	字段名	字段类型	宽度	备 注
1	GCDM	C	7	固定资产代码
2	GCMC	C	20	固定资产名称
3	YJ	N	12	原价
4	GGXH	C	16	规格型号
5	ZYCS	C	18	主要参数
6	SCCJ	C	20	生产厂家
7	SBZL	C	2	设备种类
8	CFDD	C	20	存放地点
9	GRRQ	D	8	购入日期
10	QYRQ	D	8	启用日期
11	SYNX	N	2	使用年限
12	ZGZL	N	10	总工作量
13	DXFY	N	12	大修费用
14	JCZL	N	2	净残值率
15	BMDM	C	4	部门代码
16	LBDM	C	4	类别代码
17	ZJFS	C	12	折旧方式
18	LJZJ	N	12	累计折旧
19	LYM	C	2	来源码

注：“来源码”字段用来表示该项固定资产的取得方式，是编制转账凭证时确定贷方科目的依据。

（2）固定资产增加文件

当企业通过某种方式取得一项新的固定资产时，应随时填制固定资产卡片并输入到该文件中，在会计期末再根据该文件对固定资产卡片文件进行更新。

固定资产增加文件的结构与固定资产卡片文件的结构基本相同，其差别是增加一个“处理标记”字段，该字段是为防止重复统计处理而设的一个检验标记，当其值为“T”时表示已经按增加类别进行了更新处理，否则表示尚未处理。

（3）固定资产减少文件

当企业发生固定资产清理报废业务时，应及时填制固定资产减少通知单并输入到固定资产减少文件中；在会计期末再根据该文件对固定资产卡片文件进行更新，其结构见表8-2。

表8-2 **固定资产减少文件结构**

序号	字段名	字段类型	宽度	备 注
1	RQ	D	8	通知单的日期
2	BH	C	4	通知单的编号
3	GCDM	C	7	发生减少的固定资产代码
4	JSYYM	C	2	减少原因码
5	CLBJ	C	1	是否进行更新处理的标记

注：“编号”是指通知单的编号；“减少原因码”是编制记账凭证时确定借方科目的依据。

（4）固定资产变动文件

当企业发生除了增加、减少之外的其他固定资产变动（如原值增加、原值减少、部门变动、使用状况调整、累计折旧调整、使用年限调整、折旧方法调整及工作量调整等）时，应及时填制固定资产变动单，并输入到固定资产变动文件中；在会计期末再根据该文件对固定资产卡片文件进行更新。以部门变动为例，其结构见表8-3。

表8-3 **固定资产变动文件结构**

序号	字段名	字段类型	宽度	备 注
1	BH	C	4	变动单的编号
2	RQ	D	8	变动单的日期
3	GCDM	C	7	固定资产代码
4	YBMDM	C	4	原部门代码
5	XBMDM	C	4	新部门代码
6	BDQ	C	20	发生变动前的信息
7	BDH	C	20	发生变动后的信息
8	BDYY	C	1	引起变动的原因

（5）折旧费用统计文件

固定资产计提折旧时，既要按部门统计折旧额，得到各个部门的固定资产折旧额，又要按费用科目统计，得到不同部门固定资产计提折旧所对应的成本费用科目应负担的折旧额。对于工业企业来说，管理部门所用的固定资产，其折旧应记入“管理费用”科目；基本生产车间所用的固定资产，其折旧应记入“制造费用”科目等。因此，需要设计一个折旧费用统计文件。初始化时，根据企业的具体情况，设计好部门折旧和费用科目的对应关系，在计算折旧时，系统依次扫描固定资产卡片文件，根据其使用的部门代码将其折旧累计于折旧费用统计文件中。这样，既可得到各部门折旧额，又可以按费用科目统计得到各种费用科目的折旧额。其结构见表8-4。

表8-4　折旧费用统计文件结构

序号	字段名	字段类型	宽度	备　注
1	BMDM	C	4	部门代码
2	BMMC	C	20	部门名称
3	FYKMDM	C	12	费用科目代码
4	FYKMMC	C	20	费用科目名称
5	ZJE	N	12	折旧额

8.5　固定资产管理子系统的详细设计

图8-3中的固定资产管理子系统的各主要模块设计描述如下。

8.5.1　初始化模块设计

初始化设置是保证系统正常运行必须做的一项基础工作。系统初始化模块的功能是在系统运行之前将核算和管理所需要的基本信息输入计算机。固定资产管理子系统初始化设置主要包括以下内容：

8.5.1.1　卡片结构设置

卡片结构设置是根据企业对固定资产管理的需要，设置每张固定资产卡片中应包括的详细项目。固定资产卡片结构的设置涉及数据表结构的变动。

8.5.1.2　资产类别设置

这是指固定资产类别设置。固定资产种类繁多，规格不一。要强化固定资产管理，及时、准确地做好固定资产核算工作，必须对固定资产进行科学分类，为核算和管理提供依据。设置固定资产类别时，必须根据各单位固定资产的特点与管理要求进行，如果企业以前没有对固定资产进行明确分类，可参考《固定资产分类与代码》，选择设置资产类别。该模块应提供“增加”“修改”“删除”等功能，以便企业根据需要增加资产类别、修改资产类别或删除资产类别。

8.5.1.3 部门设置

这是指将企业所有部门代码和部门名称输入计算机并保存在系统的部门文件中。如果企业实现了网络会计信息系统，那么部门代码与名称的内容可以直接从账务处理子系统中获取。

8.5.1.4 折旧方法设置

不同固定资产的工作情况和磨损的特性不同，因此折旧方法自然不同。折旧方法是系统自动计提折旧的依据，因此需要进行设置。

系统提供了4种常见的固定资产折旧计算方法：

（1）平均年限法

平均年限法是将固定资产的折旧均衡地分摊到各期的一种方法。按照该种方法计算的每期折旧额是相等的。其计算公式为：

月折旧率=（1-预计净残值率）÷预计使用年限÷12×100%

月折旧额=固定资产原值×月折旧率

（2）工作量法

工作量法是按固定资产所完成的实际工作量平均计算折旧的一种方法，一般适用于客、货运汽车的运输工具和企业的大型设备。其计算公式为：

单位工作量应提折旧额=固定资产原值×（1-预计净残值率）÷预计总工作量

月折旧额=该项固定资产当月完成的工作量×单位工作量应提折旧额

（3）双倍余额递减法

双倍余额递减法是在不考虑固定资产残值的情况下，根据每期期初固定资产账面净值和双倍的平均年限法折旧率计算固定资产折旧的一种方法。其特点是固定资产使用前期计提的折旧多，使用后期计提的折旧逐年减少，使固定资产成本在有效使用年限中加快得到补偿。其计算公式为：

年折旧率=2÷预计折旧年限×100%

月折旧率=年折旧率÷12

月折旧额=月初固定资产账面净值×月折旧率

使用这种折旧方法时，在固定资产使用寿命的最后两年应按照平均年限法，以固定资产原值扣除预计净残值后的金额平均计提折旧额。

（4）年数总和法

年数总和法又称合计年限法，是将固定资产的原值减去残值后的净额乘以一个逐年递减的分数计算每年折旧额的方法。这个分数的分子代表固定资产尚可使用的年数，分母代表使用年数的逐年数字总和。其计算公式为：

年折旧率=尚可使用的年数÷预计使用的年数总和×100%

月折旧率=年折旧率÷12

月折旧额=（固定资产原值-预计净残值）×月折旧率

通过该模块可以定义固定资产折旧公式的编码、名称、月折旧率及月折旧额的计算公式。折旧计算公式可以采用表达式的形式或函数形式定义。但公式中只能使用系统提供的资产项目。

8.5.1.5　折旧费用统计设置

折旧计提后应分配到相关的成本科目并进行转账处理，根据企业的不同情况，可按部门或按类别汇总。由于固定资产的折旧和其使用部门密切相关，应该为每一个使用部门设置转账科目，这样该部门的固定资产折旧费用将分配到一个指定的账户。设置各部门与其对应的转账科目，也就是将部门代码、部门名称和不同部门固定资产折旧所对应的成本费用科目代码与名称一一输入计算机，并保存在折旧费用统计文件中。那么，在月末生成折旧费用分摊凭证时，其借方科目就可以自动产生了。

8.5.1.6　初始卡片录入

固定资产卡片初始录入模块的功能是在开始使用系统时，把手工方式下的固定资产卡片内容全部输入计算机，保存到固定资产卡片文件中，以保持历史资料的连续性。它是固定资产管理子系统中输入工作量最大、处理数据最多的一项工作。为了保证输入数据的正确性和连续性，应该在开始使用前对固定资产进行全面的清查盘点，做到账实相符。

8.5.2　资产变动处理模块设计

资产变动处理模块的功能是在固定资产管理子系统投入运行以后，对日常的固定资产变动进行输入与更新的工作。其主要包括4个子模块：

8.5.2.1　固定资产增加

固定资产增加模块的功能是将企业因为购进或通过其他方式增加的固定资产信息，以屏幕录入方式输入计算机，并将数据保存在固定资产卡片文件中。固定资产增加屏幕的设计参见初始卡片录入格式。

8.5.2.2　固定资产减少

固定资产减少模块的功能是将企业因为出售、报废或其他原因减少的固定资产信息，通过屏幕录入方式输入计算机，并将其保存在固定资产减少文件中。当发生固定资产减少业务时，要填制固定资产减少通知单。减少通知单一般包括日期、通知单编号、减少固定资产的代码等内容。其输入格式设计见表8-5。

表 8-5　　　　固定资产减少通知单　　　　编号：

年　月　日

固定资产代码	
减少方式	
减少方式代码	
减少原因	

录入员：

在表 8-5 中，“固定资产代码”指减少的固定资产代码；“减少方式”指固定资产以何种方式减少，如出售、报废、投资转出、盘亏等；“减少方式代码”指固定资产减少方式编码。

当发生资产减少业务时，系统根据资产减少方式自动进行相应处理。如资产报废时，系统会将该资产从卡片文件中删除，并自动生成相应的转账凭证传递到账务处理子系统中作入账处理。

8.5.2.3　固定资产变动

固定资产变动模块的功能是将企业除了增加、减少之外的其他变动（包括原值增加、原值减少、部门变动、使用状况调整、累计折旧调整、使用年限调整、折旧方法调整及工作量调整等）信息都输入计算机，并将其保存在固定资产变动文件中。当发生固定资产变动业务时，要根据资产管理部门提交的固定资产变动的原始单据（如内部调动通知单、资产评估单等）填制固定资产变动单。变动单一般包括日期、编号、固定资产代码、变动类别、金额、变动前信息、变动后信息及变动原因等。其输入格式设计见表 8-6。

表 8-6　　　　固定资产变动单　　　　编号：

年　月　日

固定资产代码	
变动类别	
金额	
变动前信息	
变动后信息	
变动原因	

录入员：

在表 8-6 中，“固定资产代码”指发生变动的固定资产代码。“变动类别”指资产变动的类别，如原值增加、原值减少、折旧方法变动等。可将固定资产的所有变动类别设置为可选项，供输入时选择。“金额”指发生变化的金额，只适用于涉及原值变动的类别，如原值增加、原值减少等。“变动前信息”指固定资产发生变动前的信息，适用于不涉及原值变动的类别，如部门变动、折旧方法调整等。“变动后信息”指固定资产发生变动后的信息，如变动后的固定资产原值。“变动原因”指固定资产发生变动的原因。可将引发固定资产变动的原因设置为可选项，供输入时选择，如不能满足需要，可由用户自行定义。这样既保证了数据处理的一致性，又提高了输入速度。

对于变动单的处理，由于变动内容较复杂，也可以设计不同格式和内容的变动单分别录入和处理，如原值减少变动单、使用状况调整变动单、累计折旧调整变动单、使用年限调整变动单、折旧方法调整变动单及工作量调整变动单等，但在录入变动单时，必须显示相应变动前后的内容，如变动前后的使用部门、使用状况、使用年限、折旧方法、净残值、总工作量等，此处不再细述。

8.5.2.4 固定资产更新

固定资产更新模块的功能是当一个会计期间结束以后，自动用固定资产增加、减少、变动文件去更新固定资产卡片文件。其主要内容如下：

（1）增加更新

这是指将固定资产增加文件的所有记录附加到固定资产卡片文件，并将处理标记设置为“T”。

（2）减少更新

这是指以固定资产减少文件为依据，将其所有记录从卡片文件中删除，并将处理标记设置为“T”。

（3）变动更新

这是指扫描固定资产变动文件，以该固定资产代码为关键字在固定资产卡片文件中找到相应的记录，按变动文件中变化的项目对卡片文件进行更新，并将处理标记设置为“T”。对于涉及原值的变动，需要在固定资产核算中反映，根据变动单填制记账凭证；对于不涉及原值的变动，则不需要填制记账凭证，只更新固定资产卡片即可。

8.5.3 计提折旧模块设计

计提折旧模块的功能是根据月初的固定资产卡片文件，按固定资产卡片文件中每项固定资产所定义的折旧方法自动计算出折旧额，按部门汇总折旧额，并将结果保存在折旧费用统计文件中，直到固定资产卡片文件中所有的记录都计提完折旧为止。可以说，计提折旧模块所完成的数据处理过程是整个固定资产管理子系统中最复杂的过程，尤其是当有原值、折旧方法调整，使用年限和使用状况等变动时，要按制度规定作特殊的处理。

8.5.3.1 计提折旧的方法

企业固定资产计提折旧的方法一般有四种，即平均年限法、工作量法、双倍余额递减法及年数总和法。每种折旧方法都定义自定义函数来实现其功能，计算公式及自定义函数已在“初始化”模块中的“折旧方法”子模块中设置，在计提折旧时可直接调用。

运用该模块在一个会计期间内可以多次计提折旧，每次计提折旧后，只是将计提的折旧累加到月初的累计折旧，不会重复累计。如果上次计提折旧已制单并把数据传递到账务处理子系统，则必须删除该凭证后才能重新计提折旧。如果自定义的折旧方法的月折旧率或月折旧额出现负数，系统自动终止计提。

企业一般应当按月提取折旧，计提折旧的原则是：当月增加的固定资产当月不计提折旧，从下月起计提折旧；当月减少的固定资产，当月照提折旧，从下月起不提折旧。固定资产提足折旧后，不管能否继续使用，均不再提取折旧；提前报废的固定资产，也不再补提折旧。

8.5.3.2 计提折旧的处理过程

由于计算机处理速度非常快，为了充分发挥计算机的优势，使计提折旧的过程更加准确和及时，通常采用直接法计提折旧。

采用直接法，每月计提折旧时，根据月初卡片文件中的每项固定资产计提折旧（即本月增加的固定资产还没有进入卡片文件，本月将要减少的固定资产还没有调离卡片文件），在计算折旧时先按单项固定资产计算月折旧额，然后按部门汇总，存入折旧费用统计文件，直到卡片文件中所有固定资产都计提折旧为止。其处理过程如下：

❶在不同工作区打开卡片文件、部门文件、折旧费用统计文件。

❷对固定资产卡片文件按部门代码建立索引文件。

❸扫描固定资产卡片文件，若已是文件尾则执行❾，否则选择一条记录，将该记录的固定资产使用部门代码存入“部门变量”，继续下面的处理。

❹如果当前记录的使用部门代码等于部门变量中的部门代码，表明是同一部门使用的固定资产，继续执行下面的处理，如果不等，则表明不是同一部门使用的固定资产，执行❽。

❺对该项固定资产按其计提折旧的方法计算月折旧额。

❻累计部门折旧额。

❼固定资产卡片文件下移一条记录，转到❹。

❽以部门变量中的部门代码为查找关键字，在折旧费用统计文件中找到相应的记录，并将该部门累计折旧额存入折旧额字段，转到❸处理下一个部门的每项固定资产折旧额和部门折旧额。

❾卡片文件扫描完毕，关闭所有数据库文件，结束折旧计提过程。

计提折旧过程中涉及的文件之间的数据传递和存储关系如图 8-5 所示。

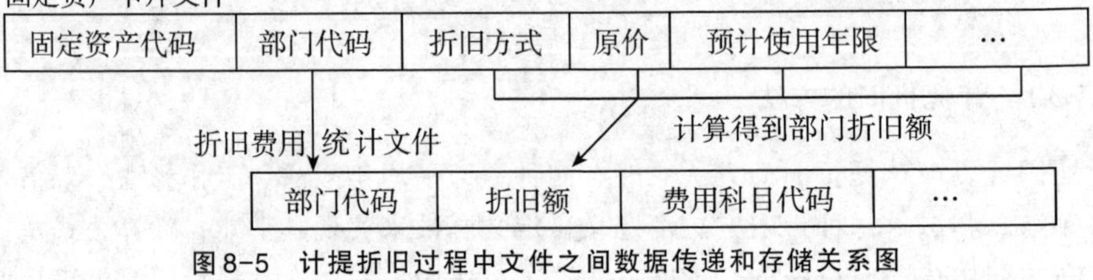

图 8-5 计提折旧过程中文件之间数据传递和存储关系图

在影响折旧计算的因素中，原值变动、累计折旧调整、净残值率调整及使用状况调整时，当月计提的折旧额不变，下月按变化后的值计提折旧，而折旧方法调整、使用年限调整、工作总量调整时在调整当月按调整后的值计算折旧。

8.5.4　固定资产查询与报表模块设计

固定资产查询与报表模块的功能是在屏幕上显示或通过打印机输出固定资产管理所需的各种信息。一般包括固定资产清单、固定资产明细账、固定资产增减变动表、固定资产累计折旧明细账、固定资产折旧表、分部门折旧费用分配表、分类别折旧费用分配表、固定资产使用情况分析表、固定资产构成分析表、部门固定资产增减明细表等。下面简要介绍几种账表的输出格式。

8.5.4.1　固定资产查询

固定资产管理子系统应提供各种灵活、方便与实用的数据查询功能。用户对信息的需求是多种多样和随机的，查询的条件可以是简单的、复杂的、确定的、模糊的或组合的等。在设计查询输出模块时应注意以下两点：

（1）提供友好的条件设置界面，满足各种查询需求

如在查询对话框上可以方便地选择各种限制条件，对于需要输入表达式的地方，可以提供表达式生成器，表达式中使用的项目应尽量通过选择确定并组合，以方便用户操作。

（2）设计良好的显示界面，保证输出的数据完整、清晰和易理解

查询结果是通过定义的条件筛选出来的，为使结果完整且易于理解，必须进行必要的计算与加工；如需涉及多个文件的复杂查询，则要进行多文件的数据链接，并能进行较复杂的数据处理，同时应满足用户对显示结果打印输出的要求。屏幕输出界面可由用户根据查询需要进行设计。

8.5.4.2　固定资产增减变动表

固定资产增减变动表是指根据固定资产增加文件、减少文件、变动文件，按部门提取数据进行加工，并按一定的格式在屏幕上显示或通过打印机打印输出，以反映各月固定资产增减变动情况的报表。固定资产增减变动表的格式见表8-7。

表8-7　**固定资产增减变动表**

部门代码：　　　　　　　年　月　　　　　　　部门名称：

固定资产代码	日期	增加资产的来源	增加资产原价	资产减少原因	减少资产净值
合　计					

8.5.4.3 部门折旧分配表

这是指从折旧费用分配文件中提取数据，按部门汇总，并按一定的格式显示在屏幕上或通过打印机打印输出的报表。部门折旧分配表的格式详见表8-8。

表8-8 部门折旧分配表

部门代码	部门名称	折旧额
合　计		

8.5.4.4 折旧费用分配表

折旧费用分配表是指从折旧费用统计文件中提取数据，进行加工，并按一定的格式显示在屏幕上或通过打印机打印输出，用于查询固定资产的折旧费用分配明细报表。折旧费用分配表的格式详见表8-9。

表8-9 折旧费用分配表

费用科目代码	费用科目名称	折旧额
合　计		

8.5.5 自动转账与系统维护模块设计

8.5.5.1 自动转账模块设计

自动转账模块的功能是根据固定资产折旧费用统计文件和固定资产增加、减少和变动文件中的数据，自动生成记账凭证，并传递到账务处理或成本子系统。其内容包括：

❶根据固定资产增加文件中的原价、累计折旧、来源码等内容自动生成固定资产取得凭证。借方科目为固定资产，贷方科目随该资产的增加方式确定，固定资产金额是增加文件中的数值。

❷根据固定资产减少文件中的每一笔记录自动生成一张记账凭证，根据减少原因码确定借方科目，贷方科目为固定资产，金额为减少文件中的数值。

❸对固定资产变动文件中的每一笔记录进行判断，如涉及原值增减、累计折旧调整和固定资产减值准备计提的业务，均要生成记账凭证入账，并更新该固定资产卡片。

❹根据折旧费用统计文件的费用科目进行汇总，生成折旧凭证。

8.5.5.2 系统维护模块设计

系统维护模块的功能是为系统的正常运行提供服务，主要包括数据备份、数据恢复、权限设置等。这部分内容与账务处理子系统中的系统服务相同，在此不再赘述。

拓展阅读 8-1

复习思考题

1.固定资产管理子系统的主要任务及目标是什么？

2.固定资产管理子系统与其他子系统相比有哪些特点？

3.简述固定资产管理子系统的计算机数据处理流程设计，并画出流程图。

4.固定资产卡片的内容包括哪些？作用是什么？为什么说它是固定资产管理子系统最重要的数据库文件？

5.简述固定资产管理子系统的代码设计方法，并举例说明代码的设计形式。

6.设计固定资产管理子系统时需建立哪些主要数据库文件？

7.简述固定资产管理子系统功能模块的设计，以及各模块包括的内容。

8.计算机条件下固定资产计提折旧采用何种方法？描述计提折旧的数据处理过程。

9.以图形描述计提折旧过程中涉及的文件之间的数据传递关系。

10.固定资产常用的折旧方法有哪几种？计算机条件下应如何设计？

第9章　应收、应付款管理子系统的分析与设计

学习目标

◆重点掌握应收、应付款管理子系统的计算机处理流程设计。

◆掌握应收、应付款管理子系统的特点和功能，应收、应付款管理子系统各功能模块设计的内容及方法。

◆了解应收、应付款管理子系统代码和数据库文件设计，应收、应付款管理子系统账表输出的内容。

应收账款是企业因销售商品、材料、提供劳务而应向购货方、接受劳务的单位或个人收取的款项。形成应收账款的直接原因是赊销。面对激烈的市场竞争环境，企业为了稳定自己的销售渠道，扩大产品销路，不得不给客户提供信用业务。

应付账款则是企业因购买商品、材料、接受劳务等业务而应向供应方、提供劳务的单位或个人支付的款项。形成应付账款的直接原因是赊购。应付账款的存在在某种程度上可以减轻企业的资金压力。

商品与劳务的赊销、赊购已成为当代经济的基本特征。当今社会，拖欠企业账款者越来越多，账款回收的难度越来越大，应收账款的存在增加了企业的财务风险。而应付账款虽然可以暂时缓解企业的资金压力，但如果长期拖欠，必会影响企业的信誉，对企业的长期发展不利，所以，企业必须加强应收、应付款的管理。

9.1　应收款管理子系统概述

应收款管理子系统主要用于核算和管理客户往来款项，它是基于传统的往来款项的处理。对往来款项的核算与管理可以深入各产品、各地区、各部门和各业务员，并可以从各种角度对往来款项进行分析、决策，使购销业务系统有机地联系起来。

作为会计信息系统中的子模块，应收款管理子系统很好地与销售子系统和账务处理子系统进行信息共享，从而为企业提供了一个较好的应收款管理工具，在更好地发挥应收账款强化竞争、扩大销售功能的同时，尽可能地降低应收账款投资的机会成本、坏账损失与管理成本，最大限度地发挥应收账款投资的收益。

9.1.1　应收款管理子系统的特点

应收款管理子系统通过发票、其他应收单、收款单等单据的录入，对企业的往来款项进行综合管理，及时、准确地提供客户的往来款项余额资料，提供各种分析报表，如账龄分析表、周转分析表、欠款分析表、坏账分析表、回款情况分析表等，以此帮助企业合理地进行资金的调配，提高资金的利用效率。应收款管理子系统具有以下主要特点：

（1）业务频繁，数据存储量大

应收款业务是伴随着企业销售活动中的赊销业务而产生的，应收款管理子系统为了对每个客户进行应收款分析，及时催收应收款项，需要为每一个赊销客户建立明细账，以存储大量的与收款业务相关的数据。

（2）数据的真实性、准确性、实时性要求高

该系统主要处理销售活动中应收而未收的款项，所以系统要及时提供应收账款核销等动态信息，使企业决策者及时制定合理的催款政策，最大限度地减少坏账损失，提高经济效益。

（3）信息加工的深度要求较高

根据管理的要求，应收账款应进行账龄分析及管理，以帮助管理人员及时作出正确的决策，做到核算与管理并重。

（4）具有档案资料管理要求

建立客户资料库，实现对客户的动态存储管理，以使管理者和使用者及时掌握与本企业密切相关的客户信誉等情况。

（5）与其他子系统联系密切

一方面，应收款业务处理所产生的凭证传递给账务处理子系统；另一方面，应收款管理子系统需要获取其他子系统的相关信息，如获取销售子系统中有关销售产品的成本信息等。

9.1.2　应收款管理子系统的目标

当企业的销售活动与货款的取得在时间上不一致，即销售了商品、提供了劳务等而未取得相应的销售款项时，就形成了应收账款。应收账款核算主要用于核算和管理企业与客户之间的应收与预付的往来款项，处理应收款的收回、坏账及转账等业务。应收款管理子系统的设计目标概括如下：

❶灵活的自定义功能。用户可以结合企业管理要求进行单据类型、应收账款账龄及分析时间段、坏账初始化设置等，为各种应收款业务的日常处理及统计分析作准备。

❷及时准确地向系统输入每一张应收单、销售发票及收款单等数据，反映每笔经济业务的执行情况，不仅有利于维系与客户的良好关系，而且有利于企业进行应收账款管理。

❸完成应收款业务的日常核算与管理。全面地反映企业各项债权的时点状况，及时反映和监督客户的欠款状态及赊销货款的收回情况，尽量避免和减少坏账损失的发生；

对可能的坏账进行合理的估计，按照企业既定的计提方法计提坏账准备，及时地处理确实无法收回的款项及确认已转销坏账损失又收回的款项；及时记录客户资料，对客户的欠款情况、资信程度等进行动态的跟踪管理，及时地评价各客户的偿债能力和信用，指导企业制定更加合理的信用政策。

❹从应收账款入手，进行资金回笼情况分析、账龄分析、逾期未收款分析及未来回款预测等，从多个角度进行收款分析，为企业日常管理与决策提供信息支持。

❺提供与账务处理子系统等其他会计信息系统之间的数据接口。应收款管理子系统既可独立运行，又可与销售管理子系统、账务处理子系统等其他系统结合运用，及时传递数据、相互协同处理，提供完整的业务处理和财务管理信息。

9.1.3 应收款管理子系统与其他子系统之间的关系

应收款管理子系统与其他子系统之间的关系如图9-1所示。

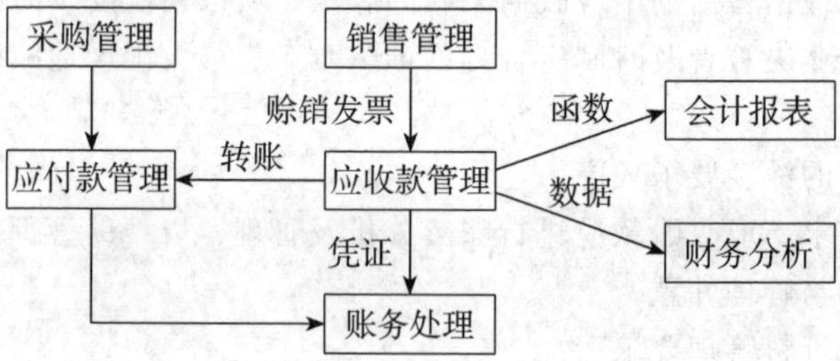

图9-1 应收款管理子系统与其他子系统之间的关系

在图9-1中，销售管理子系统开出赊销发票，其款项在应收款管理子系统中进行核算，收到款项后输入收款单核销应收款，生成收款凭证传递给账务处理子系统，并可查询所生成凭证；应收款管理子系统与应付款管理子系统对冲，以便定期清理债权、债务；应收款管理子系统为企业管理者提供客户的欠款偿还情况、账龄分析表等数据，作为制定信用政策、计算应收账款周转率和周转期的依据，并向会计报表系统、财务分析系统提供应用函数和各种分析数据。

9.2 应收款管理子系统的流程分析

9.2.1 应收款管理子系统的手工数据处理流程分析

在手工条件下，根据赊销发票、收款单（预收款）、应收票据、其他应收单等编制记账凭证，根据记账凭证登记应收账款——客户往来明细账、库存现金日记账等，月末结出各客户的欠款情况并根据往来明细账编制往来对账单，为及时清理往来账、减少坏账损失、准确进行账龄分析作准备。

应收款管理子系统手工数据处理流程如图9-2所示。

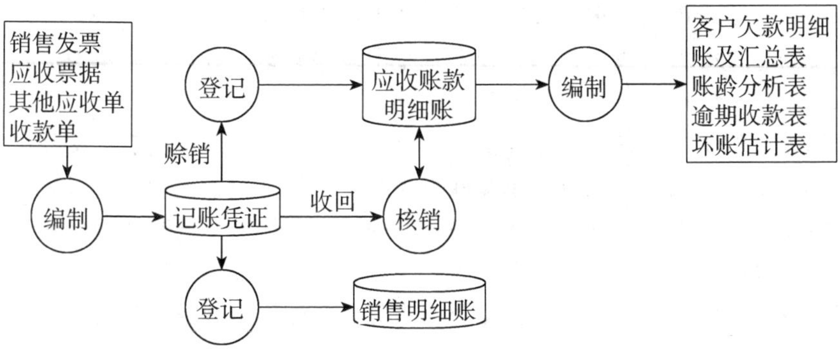

图9-2 应收款管理子系统手工数据处理流程图

手工数据处理流程如下：

❶根据销售发票等原始凭证编制记账凭证。

❷根据记账凭证登记销售明细账。如果是赊销业务，同时登记应收账款明细账；如果是货款收回业务，同时进行核销。

❸根据应收账款明细账编制客户欠款明细账及汇总表、账龄分析表、逾期收款表、坏账估计表等。

9.2.2 应收款管理子系统的计算机数据处理流程分析

在计算机环境下，应收款管理子系统的数据处理流程的设计应充分考虑应收款业务核算与管理的特点，及与会计信息系统其他子系统，尤其是销售管理子系统、应付款管理子系统及账务处理子系统之间的密切关系来进行。应收款管理子系统的计算机数据处理流程如图9-3所示。

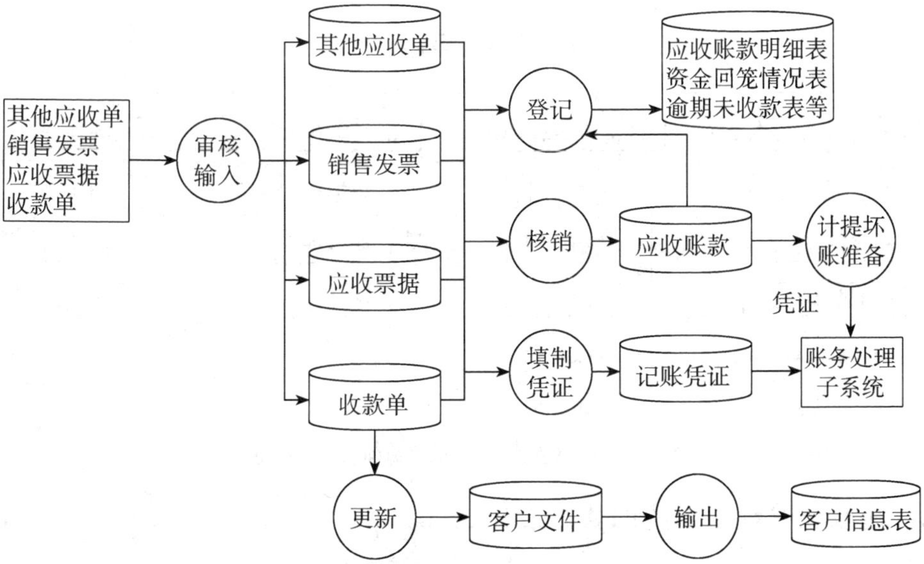

图9-3 应收款管理子系统的计算机数据处理流程图

计算机方式下应收款管理子系统的数据处理流程描述如下：

❶系统通过直接输入或从销售管理子系统中取得发票、其他应收单、应收票据及收款单等原始单据，经审核后存储在数据库文件中。

❷根据输入的单据，编制记账凭证，保存到账务处理子系统的凭证文件中。

❸将销售发票文件或其他应收单文件与收款单文件（包括预收款记录）进行核销处理，可以将发票号作为核销号，确认每张发票的应收款情况，并生成应收账款文件。

❹根据应收账款文件和企业所采用的坏账准备政策，及时、准确地计提坏账准备。

❺将应收账款的发生、收回、转账及坏账等业务处理生成的凭证自动传递到账务处理子系统中。

❻在录入收款单数据的同时，更新客户文件信息，动态反映客户的回款状况、信用情况，随时生成和输出客户信息表。

❼根据应收账款文件、核销后的销售发票文件和收款单文件，登记应收账款明细表、资金回笼情况表、逾期未收款表、账龄分析表等。

9.3 应收款管理子系统的设计

9.3.1 应收款管理子系统的总体结构

应收款管理以销售发票、收款单、其他应收单、应收票据等原始单据为依据，记录销售业务及其他业务所形成的应收款项，处理应收款的收取、核销、转账、坏账处理等业务。应收款管理子系统一般包括初始化设置、日常业务处理、账表管理及期末处理等功能。其功能模块结构图如图9-4所示。

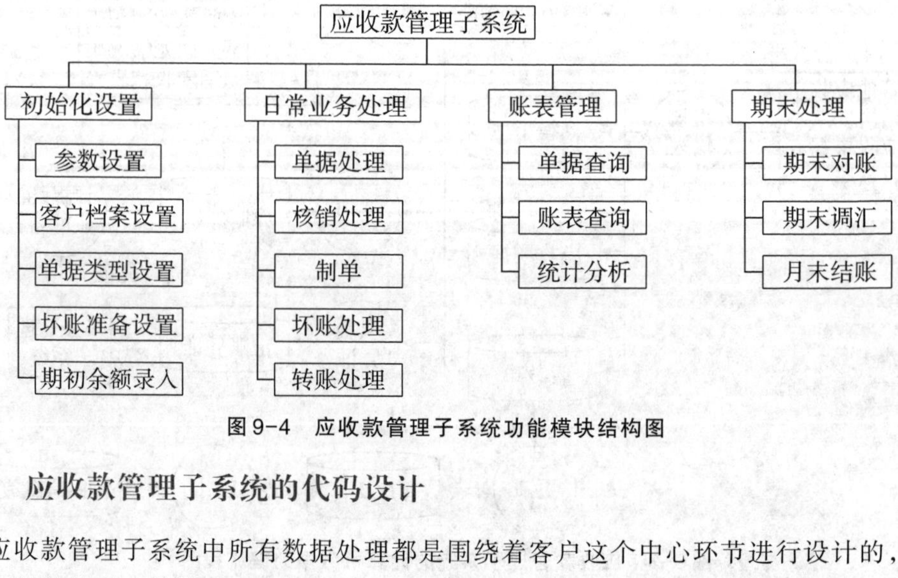

图9-4 应收款管理子系统功能模块结构图

9.3.2 应收款管理子系统的代码设计

应收款管理子系统中所有数据处理都是围绕着客户这个中心环节进行设计的，有关销售、收款的所有数据处理都与客户密切相关，必须在日常核算的原始数据录入计算机前，将有关客户的代码、名称、简称、行政区域、邮政编码、电话、传真、地址、联系人、纳税人识别号等固定信息输入计算机并保存到客户档案文件中。为了便于计算机更好地管理客户，必须对客户进行代码设计。

在进行客户代码设计时，要充分考虑到每家企业的客户数量、地区分布、客户所处行业的差别，客户代码通常采用群码的编码方式，以便根据需要对数据进行分类和汇总。

例如，某企业的客户代码由9位代码组成，结构如图9-5所示。

##	##	##	###
国家	地区	行业	企业序号

图9-5 客户代码结构

上述客户代码结构分为4段，第1段表示客户所在国家，第2段表示客户所在地区，第3段表示客户所处行业，第4段表示企业序号。该设计方式便于企业对客户按照不同地区、不同行业进行管理。为提高客户代码的灵活性和使用的方便性，也可将客户的邮政编码或客户的电话号码作为客户代码。

9.3.3 应收款管理子系统的数据库文件设计

在应收款管理子系统中，用来存储应收款业务相关数据的文件主要包括：

9.3.3.1 客户档案文件

客户档案文件用于存储所有客户的基本信息，以及所欠账款的综合动态信息，以便加强货款催收工作，是客户基本信息的唯一入口。

在日常业务处理过程中，销售订单、销售发票、收款单等单据均频繁使用客户基本信息，可以直接参照客户档案文件的相关记录生成，保持各类单据所记载的客户信息完全一致，同时客户档案文件将记载企业赋予客户的信用政策和客户的付款条件，且当每笔销售业务发生时，系统可以动态更新客户档案文件中的应收或已收款信息，以便及时了解客户的欠款状况和信用管理执行力度。

文件中每个记录都对应一个客户，以“客户代码”为索引关键字建立索引文件。根据此文件可以输出欠款客户信息表、客户信誉信息表、催款单、客户应收账款汇总表等。客户档案文件结构见表9-1。

表9-1 客户档案文件结构

序号	字段名	字段类型	宽 度	备 注
1	KHDM	C	12	客户代码
2	KHMC	C	30	客户名称
3	KHJC	C	6	客户简称
4	KHYH	C	20	开户银行

续表

序号	字段名	字段类型	宽 度	备 注
5	YHZH	C	20	银行账号
6	LXR	C	10	联系人
7	LXDZ	C	50	联系地址
8	LXDH	C	12	联系电话
9	E-MAIL	C	20	E-mail 地址
10	FHDZ	C	50	发货地址
11	NSRSBH	C	10	纳税人识别号
12	XYJB	C	5	信用级别
13	XYED	N	12	信用额度
14	JGJB	C	10	价格级别
15	ZKBL	N	5	折扣比率
16	KHFKTJ	C	20	客户付款条件
17	YSJE	N	20	应收金额
18	BQYSZK	N	20	本期应收账款
19	BQSHZK	N	20	本期收回账款

企业可以根据核算与管理的要求增加或减少相应的项目。

其中:

❶“客户付款条件”，由现金折扣比率和最长信用期间构成。企业针对当前的销售业务，确定客户在不同期间的付款可以获取的现金折扣比率及最长的信用期间。

❷“信用额度”，允许客户欠款的最大额度。

❸“应收金额”，记账时根据赊销业务的销售发票自动得出。

9.3.3.2 销售发票文件

销售发票是在销售过程中为用户开具的原始销售单据，包括增值税专用发票、普通发票等。

销售业务的数据处理环节是以销售发票开始的，大部分原始信息源于销售发票，确认销售发票是计量销售收入、应交税费、应收账款的依据，所以，销售发票在整个系统中十分重要，是销售管理子系统和应收款管理子系统中最重要的原始数据，财务人员根据销售发票可以统计应收账款，制作应收凭证等。每张发票对应一条记录。销售发票文件结构见表9-2。

表9-2 销售发票文件结构

序号	字段名	字段类型	宽　度	备　注
1	FPH	C	15	发票号
2	FPRQ	D	8	发票日期
3	CKDH	C	10	出库单号
4	KHDM	C	12	客户代码
5	KHDZ	C	50	客户地址
6	KHFKTJ	C	20	客户付款条件
7	LXDH	C	12	联系电话
8	BMDM	C	12	部门代码
9	ZGDM	C	12	职工代码
10	CKDM	C	12	仓库代码
11	FHDZ	C	50	发货地址
12	NSRSBH	C	10	纳税人识别号
13	JSFS	C	12	结算方式
14	JSH	C	20	结算号
15	JLDW	C	8	计量单位
16	ZZSL	N	8	增值税率
17	XSDJ	N	15	销售单价
18	XSSL	N	10	销售数量
19	XSJE	N	20	销售金额
20	XXSE	N	16	销项税额
21	KHYH	C	20	开户银行
22	YHZH	C	20	银行账号
23	SHBJ	L	1	审核标记
24	ZZBJ	L	1	转账标记

企业可以根据核算与管理的要求增加或减少相应的项目。

其中：

❶“部门代码”：处理当期销售业务的部门代码，必须存在于部门档案。

❷“职工代码”：处理当期销售业务的业务员代码，必须存在于职工档案。

❸“结算号”：如果该笔销售业务需通过银行结算，应给出结算号。

❹“审核标记”：确认销售发票生效标记，未审核之前的销售发票可以任意修改和删除，审核后的销售发票不能再作任何修改。

❺“转账标记”：销售发票是否已经生成记账凭证并传递到账务处理子系统中。

9.3.3.3 其他应收单文件

其他应收单主要用来核算业务发生过程中的一些费用，如运输费、保险费等，销售管理子系统的费用发票传递到应收款管理子系统，成为应收款管理子系统的其他应收单。其他应收单文件用来存放其他应收单的客户名称、单据号、金额、币别、对应的应收单号、部门及业务员等资料。其他应收单文件的结构见表9-3。

表9-3 其他应收单文件结构

序号	字段名	字段类型	宽 度	备 注
1	DJH	C	10	单据号
2	DJRQ	D	8	单据日期
3	KHDM	C	12	客户代码
4	BB	C	6	币别
5	HL	N	8	汇率
6	JE	N	20	金额
7	DYYSDH	C	10	对应的应收单号
8	ZGDM	C	12	职工代码
9	BMDM	C	12	部门代码
10	PZZH	C	8	凭证字号

企业可以根据核算与管理的要求增加或减少相应的项目。

9.3.3.4 收款单文件

收款单用来记录企业销售业务发生过程中收到的客户款项，一般为转账支票、本票等。应收款管理子系统的收款单主要用于核销应收账款、统计收款总金额等。收款单文件用来存放收款单信息，如客户名称、单据号、金额、币别、对应的收款单号、部门、业务员等资料，以提供生成应收账款明细账所需的收款信息，款项性质包括应收款、预收款、其他费用等。文件中一个记录对应一张收款凭证。收款单文件的结构见表9-4。

表9-4　　收款单文件结构

序号	字段名	字段类型	宽　度	备　注
1	SKDH	C	10	收款单号
2	DJRQ	D	8	单据日期
3	FPH	C	15	发票号
4	KHDM	C	12	客户代码
5	KHZH	C	20	客户账号
6	JSFS	C	12	结算方式
7	JZDH	C	20	进账单号
8	DYSKDH	C	10	对应的收款单号
9	SKJE	N	12	收款金额
10	SQJE	N	12	尚欠金额
11	SHBJ	L	1	审核标记
12	ZZBJ	L	1	转账标记
13	HXBJ	L	1	核销标记

企业可以根据核算与管理的要求增加或减少相应的项目。

其中：

❶“发票号”：该笔收款所对应的销售业务，即哪一张发票上的款项。

❷“进账单号”：企业通过银行收取款项，银行所提供的进账单的编号。一张进账单只能收取一张发票。

❸“审核标记”：确认收款单生效标记，未审核之前的收款单可以任意修改和删除，审核后的收款单不能再作任何修改。

❹“转账标记”：用于标识收款单是否已经生成收款凭证并传递到账务处理子系统中。

❺“核销标记”：用来标识是否与销售发票进行了核销处理。

9.3.3.5　应收账款文件

应收账款文件是用来存储每笔赊销业务形成的应收账款信息的，根据销售发票文件记账及销售发票文件与收款单文件核销后生成，是生成应收账款对账单的重要数据来源。利用该文件可以生成应收账款明细表、资金回笼情况表、逾期未收款明细表、应收账款账龄分析表等。文件中一条记录对应客户的一笔业务。应收账款文件的结构见表9-5。

表 9-5 应收账款文件结构

序号	字段名	字段类型	宽 度	备 注
1	KHDM	C	12	客户代码
2	DJRQ	D	8	单据日期
3	FPH	C	15	发票号
4	RQ	D	8	业务发生日期
5	JSDH	C	20	结算单号
6	YSJE	N	20	应收金额
7	YSDJE	N	20	已收到金额
8	YSYE	N	20	应收余额
9	HXBJ	L	1	核销标记

9.3.4 应收款管理子系统的详细设计

根据图 9-4，应收款管理子系统各主要模块设计描述如下：

9.3.4.1 初始化设置

初始化设置就是根据企业的实际情况，将一个通用系统转化为一个专用系统，以适应企业核算管理的要求。应收款管理子系统的初始化设置是指用户在运行应收款管理子系统之前进行的基础设置，即建立应收款管理的基础数据，是应收款管理子系统运行的基础，其好坏直接影响业务处理质量的高低。其包括如下内容：

（1）参数设置

参数设置是指用户根据企业管理要求对应收款业务进行控制参数的设置，以便系统根据所设定的参数进行相应的处理，是整个系统运行的基础。参数设置的主要内容如下：

❶应收账款核销方式设置：应提供按单据和按存货两种应收账款的核销方式。

按单据核销是在核销时将满足条件的未结算单据全部列出，由用户选择要结算的单据并进行核销；按存货核销是将满足条件的未结算单据按存货列出，由用户选择要结算的存货并进行核销。

如果企业收款时，没有指定具体是收取哪种存货的款项，则可以按单据核销。对于单位价值较高的存货，企业可以采用按产品核销，即收款指定到具体的存货上。一般情况下按单据核销即可。

❷汇兑损益方式设置：系统提供了两种汇兑损益方式，即外币余额结清时计算和月末处理。

外币余额结清时计算是指仅当某种外币余额结清时才计算汇兑损益；月末处理是指

每个月末都计算汇兑损益。汇兑损益方式在实际使用过程中可以随时修改。

❸坏账处理方式设置：坏账损失的处理方式有备抵法和直接转销法两种。备抵法是指按期估计坏账损失，形成坏账准备，当某一应收账款全部或部分被确认为坏账时，应根据其金额冲减坏账准备，同时转销相应的应收账款金额，可以采用应收款项余额百分比法、销售收入百分比法和账龄分析法三种方法核算坏账损失。直接转销法是指在实际发生坏账时，才将坏账损失计入当期损益，同时冲减应收款项。

❹凭证科目的设置：定义应收款管理子系统凭证制单所需要的基本科目、控制科目、产品科目及结算方式科目等，以便系统根据制单规则在生成凭证时自动带入，如应收科目、预收科目、销售收入科目、税金科目等。

❺账龄区间设置：用户定义账期内应收账款或收款时间间隔的功能，便于用户根据自己定义的账龄时间间隔，进行账期内应收账款或收款的账龄查询和账龄分析，了解一定期间内所发生的应收款、收款情况。

❻逾期账龄区间的设置：用户定义逾期应收账款或收款时间间隔的功能，便于用户根据自己定义的账龄时间间隔，进行逾期应收账款或收款的账龄查询和账龄分析，清楚了解一定期间内所发生的应收款、收款情况。

（2）客户档案设置

客户档案设置用于记录购货客户的基本信息，便于对客户资料进行管理。充分利用客户档案信息，更加有效地进行信用控制。客户档案的内容包括客户的基本信息、联系信息、信用信息等。其中客户的基本信息主要包括客户代码、客户名称、开户银行及银行账号等；客户的联系信息有联系人、联系电话、联系地址、E-mail及发货地址等；客户的信用信息有应收金额、折扣比率、价格级别、信用等级、信用额度、客户付款条件等。录入业务单据时，可以直接参照客户档案，获取相关信息，也可以客户档案作为查询或统计条件，进行统计分析。

（3）单据类型设置

单据类型设置是指用户将应收、收款及结算单据与各自的单据类型建立对应关系，即确定哪些单据将要使用哪些系统默认的类型及自定义类型，以达到快速处理业务以及进行分类汇总、查询、分析的效果。

单据类型设置主要包括发票和应收单两大类型的单据。发票的类型主要包括增值税专用发票、普通发票两种；应收单用于反映销售业务之外的应收款情况，如应收代垫费用款、应收利息款、应收罚款及其他应收款等，其对应的科目由用户根据需要自行定义。

（4）坏账准备设置

坏账准备设置是指对坏账准备期初余额、坏账准备科目、对方科目及计提比率等进行的设置，便于系统根据用户的应收账款计提坏账准备。在第一年使用时，应直接输入坏账准备期初余额，以后年度使用时，由系统自动生成坏账准备的期初余额。关于坏账准备提取比率，如果采用销售收入百分比法和应收款项余额百分比法，可直接输入计提比例；如果采用账龄分析法，可直接输入各账龄区间计提的比率。其设置内容根据坏账处理方式的不同而不同。

（5）期初余额录入

期初余额录入是指设置好应收款管理子系统的参数及初始化设置的有关内容之后，即可录入应收款管理子系统的期初余额。通过期初余额录入功能，将正式启用账套前的所有未处理完的应收款业务数据录入到系统中，作为期初建账数据。对应收款业务数据按客户进行录入、汇总和管理，以保证数据的完整性与连续性。在期初余额输入时，期初发票是指还未核销的应收账款，在系统中以单据的形式列示，已核销部分金额不显示，期初应收单是尚未结算的其他应收单，期初票据则是尚未结算的票据，其期初汇总额应与账务处理子系统中应收账款总账的期初余额相同。

9.3.4.2 日常业务处理

日常业务处理是应收款管理子系统的重要组成部分，主要完成应收/收款业务单据处理、应收/收款业务核销、坏账处理、转账处理及生成凭证等工作，是经常性的应收款业务处理工作。应及时记录应收、收款业务的发生情况，为查询和分析应收款业务提供完整、准确的资料，加强对应收款的监督管理。

（1）单据处理

应收款管理子系统与销售管理子系统集成运用，单据处理是指用户对应收及收款单据的录入、审核工作，以记录各种应收款业务单据的内容，查询各种业务单据，完成应收款业务管理的日常工作。单据处理是应收款管理子系统业务处理的起点，具体包括：

❶应收单处理：指对未收款项的单据进行输入、保存及审核确认。审核人和制单人可以是同一人。可以采用手工审核和自动批量审核两种审核方式。

❷收款单处理：指对结算单据如收款单、红字收款单的录入和审核。对收款单进行审核，目的是对收款单信息进行再次确认，保证输入信息的准确性。

❸单据查询：指对应收单、结算单、凭证等的查询。

（2）核销处理

在应收款管理子系统中，核销处理主要用于将应收单和收款单进行冲销，其作用是解决收回客户款项并核销该客户应收款处理，建立收款与应收款的核销记录，监督应收款并及时核销，加强应收款管理。可采用以下两种方式核销：

手工核销是指由用户手工确定收款单与其对应的应收单的核销工作，根据查询条件选择需要核销的单据，由手工核销，提高了应收款项核销的灵活性。

自动核销是指由用户确定收款单与其对应的应收单的核销工作，根据查询条件选择需要核销的单据，由系统自动核销，提高了应收款项核销的效率。

（3）制单

制单即生成凭证，将应收款业务中的各种票据生成记账凭证，将编制的记账凭证传递到账务处理子系统，并由有关人员进行审核、记账等账务处理工作，实现账务处理的一体化。在应收款管理子系统中，对每一类原始单据应提供实时制单的功能，快速、成批生成凭证，并可进行合并制单等处理。

（4）坏账处理

坏账是指企业无法收回或收回的可能性极小的应收账款，由于发生坏账而产生的损失称为坏账损失。应收款管理子系统提供的坏账处理功能用于完成自动计提应收款坏账准备、坏账发生后的核销处理、核销后坏账收回的处理等。

❶计提坏账准备：为了预先估计应收账款可能难以收回的风险，需定期计提坏账准备。根据"初始化设置"中设置的坏账准备参数，计提坏账准备。如果采用应收款项余额百分比法计提坏账准备，应收账款余额为本会计年度最后一天的所有未结算完的发票和应收单余额之和减去预收款数额；如果采用销售收入百分比法，销售总额为本会计年度发票总额；如果采用账龄分析法，各区间余额为本会计年度最后一天的所有未结算完的发票和应收单余额之和减去预收款数额。

❷坏账发生的处理：确定某些应收款为坏账的工作。用户可选定发生坏账的应收款业务单据，确定一定期间内应收账款发生的坏账，便于及时用坏账准备进行冲销，避免应收账款的长期呆滞。

❸坏账收回：系统提供的对应收款已确认坏账又被收回的业务处理功能。可以对一定期间内发生的应收账款收回业务进行处理，反映应收账款的真实情况，加强对应收账款的管理。

❹坏账查询：对系统内进行坏账处理过程和处理结果的查询功能，查询一定期间内发生的应收款坏账业务处理情况及处理结果，加强对坏账的监督。

（5）转账处理

在应收款管理子系统中，利用系统的转账功能可以完成应收冲应收、预收冲应收、应收冲应付、红票对冲等处理操作。

❶应收冲应收：利用该功能，可以将应收款业务在客户之间进行转入、转出，即将一家客户的应收款转到另一家客户中，实现应收款业务的调整，解决应收款业务在不同客户间入错户或合并户问题。

❷预收冲应收：处理客户的预收款和该客户应收欠款的转账核销业务。进行预收冲应收业务时应注意：蓝字预收款冲销蓝字应收款，红字预收款冲销红字应收款，两者必须分开处理，不能同时进行；当该客户的预收款大于等于应收款时，该客户自动冲销的金额以应收款总额为准；当该客户的预收款小于应收款时，该客户最终自动冲销的金额以预收款总额为准。

❸应收冲应付：就是用某客户的应收账款，冲抵某供应商的应付款项。系统通过应收冲应付功能将应收款业务在客户和供应商之间进行转账，实现应收款业务的调整，解决应收债权与应付债务的冲抵。

❹红票对冲：可实现某客户的红字应收单与其蓝字应收单、收款单与付款单之间进行冲抵的操作，即用某客户的红字发票冲抵其蓝字发票，可进行手工对冲和自动对冲两种操作。如果红字单据中有对应的单据号，系统则自动对冲；如果单据发票中无对应的单据号或红字单据所对应的单据已经转账，则可以通过手工选择相互转账的单据以冲减部分应收款，实现红字应收单据冲销红字应付单据。

9.3.4.3 账表管理

（1）单据查询

这是指系统提供对应收单、结算单、凭证等的查询功能，可以查询已审核的各类应收单的收款情况、结余情况，查询结算单的使用情况，还可以查询、修改、删除、冲销应收款管理子系统传递到账务处理子系统中的凭证等。

（2）账表查询

这是指系统提供总账表、余额表、明细表等多种账表的查询功能，帮助用户及时了解应收账款和客户信用信息的动态，及时发现问题，及时处理，加强对往来款项的监督管理。

（3）统计分析

这是指系统提供应收账款账龄分析、收款账龄分析、收款分析及收款预测等丰富的统计分析功能，利用系统提供的统计分析功能，了解各个客户应收账款周转天数、周转率，了解各个账龄区间内应收款、收款及往来情况，及时发现问题，加强对往来款项的动态管理。

9.3.4.4 期末处理

期末处理指用户进行的期末结账工作。如果当月业务已全部处理完毕，即可进行期末结账工作。只有月末结账后，才能开始下月工作。如果本月所有业务已处理完毕，则可以执行月末结账处理。一旦进行了月末结账工作，该月不可以再进行处理操作。

应收款管理子系统的期末处理包括期末对账、期末调汇、月末结账等。期末对账是指将应收款管理子系统的余额与账务处理子系统指定科目的合计数进行核对。期末调汇是指根据实际汇率的多少调整已经发生的应收账款外币余额。在月末结账后，不可再修改以前期间的业务。

9.4 应付款管理子系统概述

应付款管理子系统是会计信息系统中一个重要的子系统，主要用于核算和管理企业与供应商之间的往来款项，反映企业在生产经营活动中由于采购商品或接受劳务而应向供货单位或提供劳务单位所支付的款项。应付款管理子系统通过发票、其他应付单、付款单等单据的录入，完成应付账款业务的日常核算，对企业的应付账款、应付票据等往来业务进行综合管理；同时，要加强对自身偿债能力的管理，以便及时、完整地偿还各项应付账款，从而保证良好的供货关系，实时掌握应付账款付款冲销状况，帮助用户合理地进行资金的调配，提高资金利用率。

此外，应付款管理子系统还提供各种分析报表，如账龄分析表、周转分析表、欠款分析表、付款情况分析表以及信用预警单等。通过各种分析报表，企业可以清楚地掌握自己的信用利用情况，据此调整支付政策，提高财务管理能力。

9.4.1 应付款管理子系统的特点

由于采购业务对象、时间、地点的复杂性和供应商的多样性，与会计信息系统的其他子系统相比，应付款管理子系统主要具有以下特点：

（1）数据存储量大，准确性要求高

为保证企业的生产经营活动正常进行，企业需要采购大量的存货。这些存货品种规格繁多，且来源于不同的供应商。应付款管理子系统为了进行业务核算与管理，存储大量的采购活动中与付款业务相关的数据及每一个供应商的详细信息，且要准确可靠，因此，应付款管理子系统需要存储和处理大量数据，是企业进行应付账款核算与管理的前提。

（2）结算方式的多样性

由于企业的采购结算方式具有多样性，即现金支票结算、转账支票结算、商业汇票结算、银行汇票结算、托收承付结算等，这就决定了付款结算方式的多样性。

（3）数据变化频繁

要保证生产或销售的顺利进行，企业必须经常进行存货的采购活动，而且每收到一批存货，企业都需要进行入库处理，货款到期要进行付款处理。当企业的采购活动与货款的支付存在时间差，即购进存货而未付款时，就形成了应付账款。因此，由于采购业务的频繁发生，致使应付款管理子系统输入频率和数据处理频率相当高，数据变化频繁。

（4）与其他子系统联系广泛

应付款管理子系统接收采购管理子系统传递的赊购发票，制成凭证，传递到账务处理子系统；为存货子系统提供到货与验收信息，并且与存货子系统联合使用可以追踪存货出库信息，为采购提供依据；应付款管理子系统与应收款管理子系统之间可以相互抵消；可以为财务分析子系统提供各种分析数据。

9.4.2 应付款管理子系统的目标

基于现代信息技术的应付款管理子系统，能够将管理系统业务处理与财务管理紧密结合，实现业务信息、财务信息与管理信息之间的平滑衔接，从而达到资金流、业务流管理的双轨并行。应付款管理子系统的目标可以概括为：

（1）满足不同企业的个性化管理需求

不同企业的采购类型、结算方式、付款条件及供应商都不相同，即使同一家企业在不同时期，其上述特征也会发生变化，应付款管理子系统必须灵活、正确地反映企业的这些个性化特征，满足不同时期企业管理变革的需求。

（2）完成应付账款的日常核算

应付款管理子系统必须提供及时、准确地录入采购发票、其他应付单及付款单等业务单据的功能，全面反映企业赊购形成的债务状况，以便及时还款，降低信用成本。

（3）加强对企业资金的管理

应付款管理子系统能够动态体现从收到供应商的发票开始到处理付款为止的数据处

理过程，反映和监督采购业务中资金的支出和应付情况，跟踪应付账款的到期日，提供全面的账龄分析功能，确定合理的中长期还款计划，加强对应付账款的核算与管理。

（4）具备其他有关业务的管理功能

应付款管理子系统应及时、准确地为企业各部门和管理者提供付款的各种核算和管理信息，及时记录并反映供应商的各种信息，并将相关信息通过网络传递到其他子系统。

（5）提供与其他子系统的接口

应付款管理子系统既可独立运行，又可与账务处理子系统、采购管理子系统、应收款管理子系统等结合使用，为企业提供完整的业务处理和财务管理信息，因而在系统分析设计中应注意其与各相关子系统之间的数据传递关系。

9.4.3 应付款管理子系统与其他子系统的关系

应付款管理子系统与其他子系统的关系如图9-6所示。

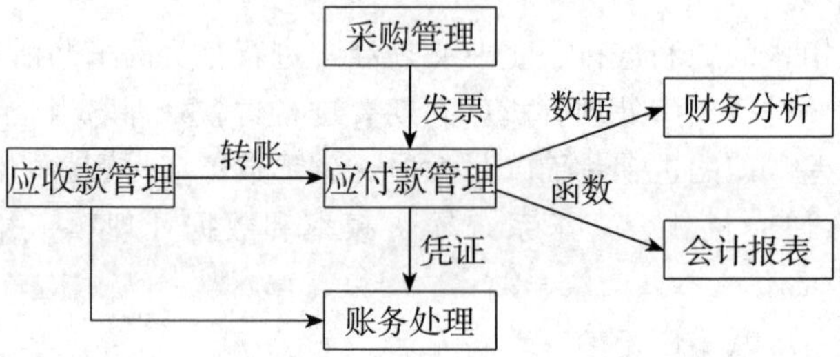

图9-6 应付款管理子系统与其他子系统的关系

由图9-6可以看出，应付款管理子系统接收采购管理子系统提供的已结算的采购发票，由应付款管理子系统生成凭证，并根据发票进行付款结算处理。应付款管理子系统为采购管理子系统提供采购发票的付款结算情况。进行付款结算处理后，应付款管理子系统向账务处理子系统传递凭证，并能够查询其所生成的凭证，使账务处理子系统能够及时获取应付款的相关情况。应收款管理子系统和应付款管理子系统之间可以进行转账处理，如应付冲应收；同时对于既是客户又是供应商的往来业务对象，可以同时查询应收和应付往来明细。应付款管理子系统可向财务分析子系统提供各种分析数据，并向会计报表子系统提供各种应用函数，用以进行财务分析和编制会计报表。

9.5 应付款管理子系统的流程分析

9.5.1 应付款管理子系统的手工数据处理流程分析

在手工环境下，当财会部门收到供应商寄来的发票、代垫运费凭证和其他单据时，将其与存货验收入库报告单、采购订单进行核对，计算存货成本；编制记账凭证并登记账簿，更新应付账款明细账。应付款到期时，财会部门签发支票付款。期末或随时编制已到货数、已付款数、应付账款等统计表。在手工条件下，应付款管理系统的手工数据处理流程可用图9-7表示。

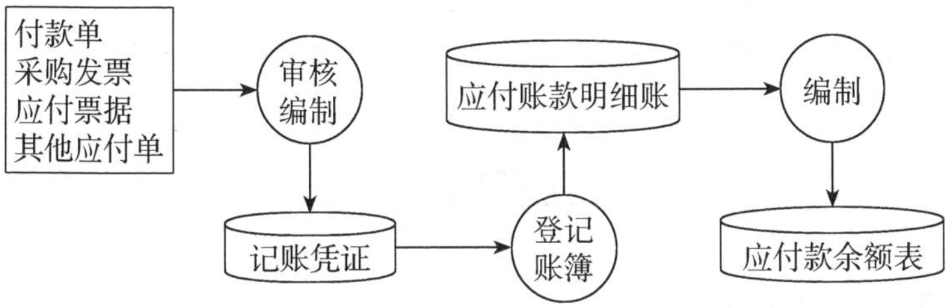

图9-7　应付款管理系统的手工数据处理流程图

某些供应商对于快速还款的购货单位提供现金折扣。例如，一般的折扣政策是“2/10，N/30”，其含义是如果购货单位在发票寄出10天内付款，可以享受发票金额2%的折扣，如果在11天至30天内付款，需要全额支付，不享受折扣，因此，企业应争取在折扣期内付款，在享受折扣的同时可以降低信用成本。

9.5.2　应付款管理子系统的计算机数据处理流程分析

在计算机环境下，考虑到应付款管理子系统的特点、系统使用者的需求，应设计出更能充分发挥计算机数据处理优势，提高应付款管理子系统运作效率的数据处理流程（如图9-8所示）。

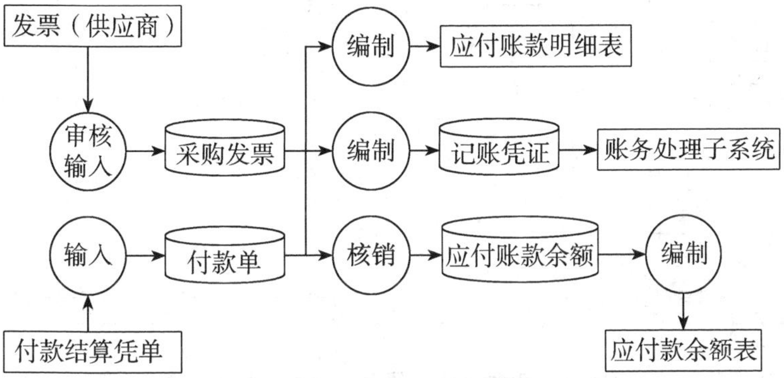

图9-8　应付款管理子系统的计算机数据处理流程图

应付款管理子系统的计算机数据处理流程描述如下：

❶收到供应商的赊购发票后，由应付账款管理部门复查采购订单文件进行发票确认，并将供应商发票与验收单和采购订单进行比较，若结果相符则输入发票，存储到发票文件中。

❷付款人员根据未付发票的付款到期日提请付款。支付货款后，将付款单录入存储在付款单文件中。

❸系统根据付款单和发票对已形成的应付账款进行核销处理，包括应收冲应付、预付冲应付等，并生成应付款余额表。

❹系统根据每种单据的特定业务和与之对应的会计科目，生成记账凭证，经审核后通过记账功能，将凭证直接传递到账务处理子系统的凭证文件中。

❺根据采购发票、付款单、供应商档案等编辑输出供应商信息表、账龄分析表、应付账款明细表等，以满足企业各部门管理人员和业务人员的信息需求。

9.6 应付款管理子系统的设计

9.6.1 应付款管理子系统的总体结构

应付款管理子系统主要实现企业与供应商业务往来账款的核算与管理。在应付款管理子系统中，以采购发票、其他应付单等原始单据为依据，记录采购业务及其他业务所形成的应付款项，处理应付款项的支付、冲销等情况；提供票据处理的功能，实现对应付票据的管理。应付款管理子系统主要提供了初始化设置、日常业务处理、账表管理、期末处理等功能（如图9-9所示）。

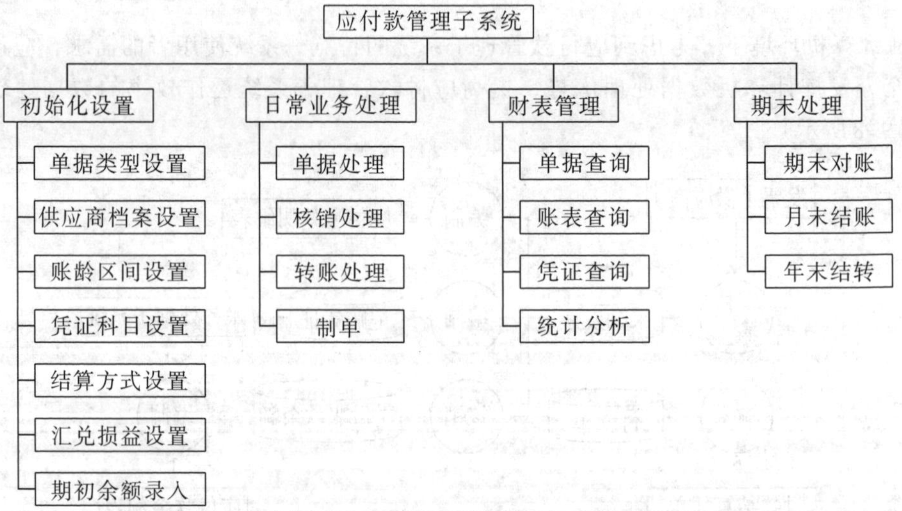

图9-9 应付款管理子系统功能模块结构图

9.6.2 应付款管理子系统的代码及数据库文件设计

9.6.2.1 应付款管理子系统的代码设计

应付款管理子系统涉及大量数据编码设计问题，如供应商编码、部门编码、存货编码、仓库编码等。数据编码设计的质量直接影响到系统运行的效率和数据的正确性。应付款管理子系统的所有数据处理都是围绕供应商这个中心环节设计的，为了使信息系统更好地对供应商进行管理，必须为每一个供应商进行编码。编码的原则是供应商编码与供应商一一对应，即每一个供应商对应唯一的代码。供应商代码设计通常采用群码方式，应包括供应商所属的省（自治区、直辖市）、市/地区、供应商序号等信息，以便进行分类统计。由于每家企业的供应商数量不同，地区分布各异，因此供应商代码设计要根据具体情况而定。例如，某企业供应商代码为12位，其结构如图9-10所示。

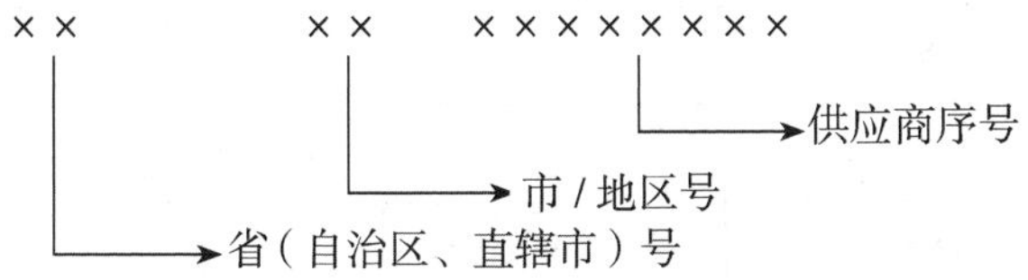

图9-10　供应商代码结构

供应商序号也可以使用邮政编码或供应商电话，提高代码的灵活性。

9.6.2.2　应付款管理子系统的数据库文件设计

应付款管理子系统涉及的数据库文件主要有两类：一类是供各个处理模块查询参照用的基础文件，包括供应商档案文件、部门档案文件、结算方式文件、付款条件文件等；另一类是在数据处理过程中频繁使用的主文件，包括采购发票文件、付款单文件和应付账款文件等。这些数据库文件一方面能够合理地接收系统输入的数据，另一方面通过进一步加工处理又可以形成各种账表输出。其中，采购发票文件、付款单文件和应付账款文件是应付款管理子系统的主要数据库文件。

应付款管理子系统输入的所有票据，都是系统管理和核算的基础数据，必须设计与票据对应的数据库文件进行数据存储。

（1）供应商档案文件

供应商档案文件用于存储所有供应商的固定信息，为企业的采购核算、存货核算及应付款核算提供服务。文件中每条记录都对应一个供应商，按供应商代码建立索引文件。供应商档案文件的结构见表9-6。

表9-6　供应商档案文件结构

序号	字段名	字段类型	宽　度	备　注
1	GYSDM	C	12	供应商代码
2	GYSMC	C	50	供应商名称
3	GYSDZ	C	50	供应商地址
4	GYSDH	C	15	供应商电话
5	YZBM	C	6	邮政编码
6	KHYH	C	20	开户银行
7	YHZH	C	20	银行账号
8	NSRSBH	C	18	纳税人识别号
9	E-MAIL	C	20	E-mail地址

续表

序号	字段名	字段类型	宽 度	备 注
10	FR	C	50	法人
11	XYDJ	C	2	信用等级
12	XYED	N	12	信用额度
13	XYQX	N	2	信用期限
14	FKTJ	N	4	付款条件
15	FZRQ	D	10	发展日期
16	ZZRQ	D	10	终止日期
17	JHPJ	N	4	交货评价
18	FWPJ	N	4	服务评价
19	ZLPJ	N	4	质量评价

企业可以根据对供应商的管理需要增减项目。其中："信用额度"是指供应商提供的赊购额度；"信用期限"是指作为供应商超期结算应付款项的计算依据，其度量单位为"天"；"付款条件"是指为了鼓励客户快速还款而允诺在一定期限内给予的折扣优惠，通常可表示为"5/10，2/20，N/30"等；"发展日期"是指与供应商建立供货关系的日期；"终止日期"是指与供应商停止供货关系的具体日期；"交货评价"是指对供应商交货是否及时的评价指标值；"服务评价"是指对供应商服务质量的评价指标值；"质量评价"是指对供应商提供货物质量的评价指标值。

（2）采购发票文件

采购发票文件用来存放来自供应商的采购发票的详细信息，企业根据这些信息与供应商进行结算。采购发票文件的结构见表9-7。

表9-7 **采购发票文件结构**

序号	字段名	字段类型	宽 度	备 注
1	FPRQ	D	10	发票日期
2	FPBH	C	16	发票编号
3	DDBH	C	20	订单编号
4	GYSDM	C	12	供应商代码
5	KHYH	C	20	开户银行
6	YHZH	C	20	银行账号
7	NSRSBH	C	18	纳税人识别号

续表

序号	字段名	字段类型	宽　度	备　注
8	FKTJ	N	4	付款条件
9	JSFS	C	20	结算方式
10	JZKM	C	15	记账科目
11	CHBM	C	4	存货编码
12	GGXH	C	12	规格型号
13	JLDW	C	4	计量单位
14	CGSL	N	10	采购数量
15	CGDJ	N	4	采购单价
16	CGJE	N	15	采购金额
17	SL	N	4	税率
18	JE	N	15	发票金额
19	ZDSJ	D	10	制单时间
20	QRSJ	D	10	确认时间
21	BJ	L	1	确认标记

企业可以根据核算和管理的需要增减项目。其中："发票金额"是指应付给供应商的价税合计；"制单时间"是指输入采购发票时所需的系统时间；"确认时间"是指确认该采购发票时的日期；"确认标记"是指确认采购发票的标记，未确认前的采购发票可以任意修改和删除，确认后的采购发票不能再作任何修改。

（3）付款单文件

付款单文件用来存放每一张付款单上的详细信息，每一张付款单对应付款单文件的一条记录。付款单文件的结构见表9-8。

表9-8　**付款单文件结构**

序号	字段名	字段类型	宽　度	备　注
1	FPRQ	D	10	发票日期
2	FPBH	C	16	发票编号
3	DDBH	C	20	订单编号
4	GYSDM	C	12	供应商代码
5	KHYH	C	20	开户银行
6	YHZH	C	20	银行账号

续表

序号	字段名	字段类型	宽 度	备 注
7	JSFS	C	20	结算方式
8	BB	N	4	币别
9	HL	N	4	汇率
10	FKJE	N	15	付款金额
11	JZKM	C	4	记账科目
12	ZDSJ	D	10	制单时间
13	QRSJ	D	10	确认时间
14	BJ	L	1	确认标记

企业可以根据核算和管理的需要增减项目。其中："订单编号"是指该项付款对应的采购订单号；"发票编号"是指该项付款对应的采购发票号；"制单时间"是指付款单录入时间；"确认时间"是指付款单确认时间；"确认标记"是指确认付款单的标记，未确认前的付款单可以任意修改和删除，确认后的付款单不能再作任何修改。

（4）应付账款文件

应付账款文件用来存放系统初始化时输入的应付账款期初数据及以后发生的每一笔应付账款的应付总额、已付金额等。每一张发票对应应付账款文件中的一条记录，因此，该文件以发票编号作为唯一索引字段，记录每一张发票的应付总额、当前已付金额以及未付金额等信息。应付账款文件的结构见表9-9。其中："当前余额"是指应付账款当前余额。

表9-9 应付账款文件结构

序号	字段名	字段类型	宽 度	备 注
1	GYSDM	C	12	供应商代码
2	GYSMC	C	50	供应商名称
3	DDBH	C	20	订单编号
4	FPBH	C	16	发票编号
5	QCYFJE	N	12	期初应付金额
6	BQYFJE	N	20	本期应付金额
7	BQYFJE	N	20	本期已付金额
8	DQYE	N	20	当前余额

9.6.3　应付款管理子系统的详细设计

根据图9-9，应付款管理子系统的各主要模块设计描述如下：

9.6.3.1　初始化设置

由于不同企业的供应商、付款条件、结算方式千差万别，因此，在运行应付款管理子系统之前，各企业应针对本企业的业务性质、会计核算和财务管理的具体要求进行初始化设置，其作用是建立应付款管理子系统的基础数据。应付款管理子系统的初始化设置主要包括单据类型设置、供应商档案设置、账龄区间设置、结算方式设置、凭证科目设置、汇兑损益设置及期初余额录入等内容。只有正确地进行了这些相关设置，用户才可以选择使用自己定义的单据类型，进行单据的录入、处理、统计分析，根据自己设置的凭证科目生成记账凭证，使应付款业务管理符合用户的实际需要，为各种应付款业务的日常处理及统计分析作准备。

（1）单据类型设置

单据类型设置指用户将自己的应付款业务与单据类型建立对应关系，取得快速处理业务以及进行分类汇总、查询、分析的效果。应付款管理子系统主要有发票和应付单两大类型的单据。其中：应付单记录采购业务之外的应付款情况，如应付费用款、应付利息款、应付罚款、其他应付款等，用户可对应付单对应科目进行定义。发票的类型是固定的，不能修改、删除。

（2）供应商档案设置

供应商档案设置模块的功能是用户将每个供应商信息输入计算机，存入“供应商档案文件”。供应商信息包括基本信息（如供应商代码、供应商名称、所属行业、纳税人识别号、法人、开户银行、银行账号等）、联系信息（如供应商地址、电话、E-mail地址、联系人、到货地址等）、信用信息（如应付余额、折扣率、信用等级、信用额度、付款条件、信用期限、最后交易日期、最后交易金额、最后付款日期及最后付款金额等）、其他信息（如部门、业务员、发展日期、终止日期、使用额度等）。建立供应商档案主要是为采购管理、库存管理和应付款管理服务的，企业在填制采购入库单、采购发票和进行采购结算、应付款结算时都要用到供应商档案。

（3）账龄区间设置

账龄区间设置是指用户定义应付账款或付款时间间隔的功能，便于用户根据自己定义的账款时间间隔，进行应付账款或付款的账龄查询和账龄分析。用户应根据应付款对企业的重要程度及付款条件进行设置，定义账款时间间隔，便于进行应付账款分析，尽可能享受优惠折扣政策，掌握在一定期间内所发生的应付款、付款情况。

（4）凭证科目设置

凭证科目设置是指定义应付款管理子系统凭证制单所需要的科目，即将各业务类型凭证中的常用科目预先设置好，以简化凭证生成操作，包括基本科目设置、控制科目设置、产品科目设置、结算方式科目设置。每种设置对应不同的单据类型，其目的是依据用户定义的科目，依据不同的业务类型，在生成凭证时自动带出设置的对应科目。应该注意的是，基本科目设置中的科目必须是明细科目。

（5）结算方式设置

结算方式设置模块的功能是建立和管理用户在经营活动中所涉及的结算方式，为付款业务提供信息。常用的结算方式有现金、现金支票、转账支票、电汇、商业汇票、银行汇票及内部转账等。所设置的结算方式应该与财务结算方式一致。

（6）汇兑损益设置

汇兑损益设置同应收款管理子系统汇兑损益设置，此处略。

（7）期初余额录入

在正式启用应付款管理子系统前，必须将所有未处理完的应付款业务数据录入到系统，作为期初建账的数据，对其进行管理，这样既保证了数据的连续性，又保证了数据的完整性。首次使用应付款管理子系统时，要将上期未处理完的单据都录入到本系统，便于以后处理，当进入第二年度处理时，系统自动将上年度未处理完的单据转为下一年度的期初余额，但用户可以在下一年度的第一个会计期间进行期初余额调整。

9.6.3.2 日常业务处理

日常业务处理是应付款管理子系统的重要组成部分，是经常性的应付款业务处理工作，主要完成企业日常的应付/付款业务录入、核销、应付转账、汇兑损益等的处理，及时记录应付、付款业务的发生，为查询和分析往来业务提供完整、正确的资料，以加强对往来款项的监督管理。

（1）单据处理

应付款管理子系统如果与采购管理子系统集成使用，单据处理功能是指应付单及付款单的录入、修改、删除和审核管理工作。如果单独使用应付款管理子系统，则发票和代垫费用产生的应付单据也应由应付款管理子系统进行处理。此处指的是前一种情况，即对应付单及付款单的处理。应付单是记录非采购业务所形成的应付款情况的单据，而付款单是确认付款的凭证，主要用于处理延期付款或分期付款的业务。支付货款时输入付款单冲销应付账款。单据处理主要包括以下功能：

❶单据的录入：是将应付单信息和付款单信息输入到系统中，其录入工作是本模块处理的起点。

❷单据的审核：将应付单和付款单进行记账，并在单据上填上审核日期、审核人的过程。已审核的应付单据不允许修改及删除。为了确保各种单据输入数据的准确性，所有单据输入后必须进行审核，经过审核之后的单据才可以被系统确认有效，在单据填制保存后可对该单据进行审核，也可以单独使用“应付单审核”或“付款单审核”功能进行批量审核处理。

❸单据的查询：指对应付单据和付款单据的查询工作。

（2）核销处理

在应付款管理子系统中，单据核销的作用是处理付款核销应付款，建立付款与应付款的核销记录，监督应付款并及时核销，加强应付款管理。根据具体的核销业务，选择对应的核销类型，确定核销对象即可执行核销操作。当付款单的金额大于等于原采购发票的核销数额，原有单据完全核销；付款单若有剩余金额，则形成预付账款。若付款单的金额小于原采购发票的核销数额，原有单据只能部分核销，剩余金额留待下次核销。

单据核销处理方法同应收款管理子系统。

（3）转账处理

在应付款管理子系统中，利用转账处理来满足用户对应付账款调整的需要，即用于对供应商与供应商之间、供应商与客户之间的应付款业务进行调整，包括以下四种类型：

❶应付冲应付。这是指应付款转销，将一家供应商的应付款转到另一家供应商。通过该项功能将应付账款在供应商之间进行转入、转出，实现应付款业务的调整，但不会改变企业应付款项总额。

❷预付冲应付。这是指企业预付给供应商的货款与应付给同一供应商的款项进行转账核销的业务。当支付的预付款大于等于应付款时，则最终自动冲销的金额以应付款总额为准。当支付的预付款小于应付款时，则最终自动冲销的金额以预付款总额为准。

❸应付冲应收。这是指用某供应商的应付账款冲抵某供应商的应收款项，即应付债务冲抵应收债权。将应付款业务在供应商和客户之间进行转账，解决企业与供应商和客户之间的债权、债务问题，实现应付款业务的调整。

❹红票对冲。这是指用某供应商的红字发票与其蓝字发票进行冲抵。将应付款业务在供应商红蓝票之间进行冲销，实现应付款业务的调整。可以采用自动红票对冲和手工红票对冲两种方式。如果红字单据中有对应单据号，系统会自动执行红冲；如果单据发票中无对应单据号或红字单据所对应的单据已经转账，可以手工选择相互转账的单据以冲减部分应付款。

（4）制单

制单即生成凭证，将应付款业务中的各种票据生成记账凭证，并将编制的记账凭证传递到账务处理子系统，实现账务处理的一体化。在应付款管理子系统中，对每一类原始单据都提供了实时制单的功能。除此之外，系统还提供了一个统一制单的平台，可以在此快速、成批地生成凭证，并可依据规则进行合并制单等处理。

9.6.3.3　账表管理

账表管理的主要功能是对相关账表的生成与查询。计算机根据用户需要自动从供应商档案、采购发票及付款单等文件中提取数据，经过加工，随时、高效、准确地输出所需的各种账表，并将其显示在屏幕上或从打印机输出，输出的速度大大提高，输出内容也更加丰富。账表管理包括以下功能：

（1）单据查询

这是指对应付单、采购发票、付款单等单据的生成与查询。系统提供自定义显示栏目、排序等功能，用户可以通过单据列表操作来制作符合自身要求的单据列表。

（2）账表查询

这是指提供总账表、余额表、明细表等多种账表查询功能，帮助用户及时了解应付账款和供应商信用信息的动态，及时发现并处理问题，加强对往来款项的监督管理。

（3）凭证查询

这是指查看、修改、删除、冲销应付款管理子系统传递到账务处理子系统中的凭证。

（4）统计分析

这是指通过统计分析，可以按初始化设置中定义的账龄区间，进行一定期间内应付款账龄分析、付款账龄分析、往来账龄分析、欠款分析等，了解各个供应商应付款周转天数、周转率，了解各个账龄区间内应付款、付款及往来情况，以及供应商、部门或业务员的欠款金额、欠款组成情况，以便及时发现问题、解决问题，加强对往来款项动态的监督管理。

9.6.3.4 期末处理

期末处理是指用户进行的期末结账工作，包括期末对账、月末结账及年末结账等处理工作。

（1）期末对账

期末对账是指应付款管理子系统生成的业务账与账务处理子系统中的科目账核对的功能，即将应付款管理子系统的余额与账务处理子系统指定科目的合计数进行核对。应付款管理子系统检查两个系统中的应付账款是否相等；若不相等，查看造成不等的原因。系统根据选定条件显示与账务处理子系统的对账结果。通过期末对账可以帮助企业随时进行业务信息与财务信息的核对，及时发现和遏制业务部门与财务部门之间由于信息不对称造成的账实不符问题。

（2）月末结账

如果当月业务已全部处理完毕，即可进行月末结账工作。月末结账后，才能开始下月工作。结账后以前期间的业务不可再进行修改，该月不可以进行处理操作。月末结账时，应遵守以下规则：

❶应付款管理子系统如与采购管理子系统集成使用，月末结账应在采购管理子系统结账后进行。

❷如果审核日期为单据日期，本月的单据（发票和应付单）在结账前应该全部审核；如果审核日期为业务日期，到本月月末还有未审核单据（发票和应付单），照样可以进行月结处理。

❸如果本月的结算单还有未审核的，不能结账。

❹当月单据及处理业务还有未制单的记录的，不能进行月结处理。

（3）年末结账

年末结账是本年度最后一个期间进行的结账，将本年度进行的所有核销、转账等处理全部制单。

复习思考题

1. 简述应收、应付款管理子系统的特点、设计目标。

2. 简述应收、应付款管理子系统与会计信息系统其他子系统之间的关系。

3. 以你熟悉的企业为例，结合企业实际，分析并优化应收款业务的处理流程，绘制数据流图。

4. 以你熟悉的企业为例，结合本章所学的原理，绘制计算机条件下应付款管理的数据流图。

5. 为什么要进行初始化设置？应收、应付款管理子系统初始化设置的内容包括哪些？

6. 分析客户档案在应收款管理子系统中的作用。

7. 分析供应商档案在应付款管理子系统中的作用。

8. 应收、应付款管理子系统需要进行哪些数据的编码设计？

9. 运用数据存储结构规范化原理对本章涉及的数据库文件进行分析。

10. 简述坏账处理的过程。

11. 应收、应付款管理子系统的日常业务处理包括哪些内容？

第10章　会计报表子系统的分析与设计

学习目标

◆重点掌握会计报表结构的定义方法、会计报表输出的步骤和方法。
◆掌握会计报表子系统的取数规则和取数公式的编写方法。
◆掌握会计报表子系统的特点与创建报表的原理。

10.1　会计报表子系统概述

10.1.1　会计报表子系统的目标

会计报表是会计核算的最终产品，它是以会计账簿资料为主要依据，以货币为计量单位，全面、总括地反映会计实体在一定时期的财务状况、经营成果和理财过程的报告文件，它是会计实体对经济活动进行事前预测、决策，事中控制，事后检查、分析的重要依据。

编制会计报表的目的是向会计报表使用者提供与决策有用的信息。会计报表使用者包括企业管理人员、投资者、债权人、上级主管部门、财政税务部门、开户银行、审计部门等。因此，会计报表的种类应与会计报表服务的对象相适应。会计报表可以按用途分为对内报表和对外报表，也可按报表内容分为资产负债表、利润表、现金流量表及企业内部使用的销售统计表等相关报表，还可以按报表编制时间分为月报、季报和年报等。

会计报表子系统的目标是满足各类会计报表使用者对会计报表编制的需要，根据会计相关准则、法规、制度的规定，及时、准确、完整地提供使用者需要的会计报表信息，具体目标如下：

（1）内容完整，数据准确

报表能够全面反映企业的经营成果、财务状况及现金增减变动情况，如实反映实际情况，服务于报表使用者。

（2）及时报告

随时为报表使用者提供各个会计期间的各种报表，为其提供准确、完整的有用信息。

（3）自定义报表的功能

会计报表子系统除设计好的常用的对外报表外，还提供用户根据自己的需要自己定义报表的功能，即包括报表的格式定义、每一个单元数据来源与计算方法定义等。

（4）报表的生成与输出

根据会计报表子系统已定义好的和用户自己定义的报表，按给定的会计期间、按所定义的格式与数据来源计算并生成所需要的指定报表，如“资产负债表”或“销售统计表”等，同时也可根据需要随时提供各个会计期间的各种报表的输出，为管理决策者提供有用信息。

（5）汇总或合并报表

根据一个会计主体同种报表不同时期进行会计报表汇总；根据母公司和子公司所形成的集团作为一个会计主体进行的母公司与子公司的合并会计报表编制。

（6）报表的传输

建立网络渠道，完成与其他子系统和外部单位之间的数据传递。

（7）报表管理

主要完成报表档案管理、报表维护、备份与恢复和使用权限的定义等。

10.1.2　会计报表子系统的任务

根据会计报表子系统的目标，会计报表子系统的任务是获取账务处理、薪酬管理、固定资产管理、存货等会计核算子系统的数据，完成会计报表使用者所需报表的编制工作。具体任务如下：

❶能够按照报表使用者的要求绘制出会计报表的表格，也就是系统要能提供一种灵活的报表结构定义方法和工具，以满足使用者编制各种会计报表的需要。

❷能够按照会计报表各项要素的编制要求和会计制度的规定，及时、正确、完整地获取数据并计算，准确填入报表相应的位置。

❸生成（或输出）报表使用者所需要的信息结构与格式的报表，如数据表或图表等。

10.1.3　会计报表子系统的特点

由于会计报表子系统不对经营交易或事项进行直接处理，而是加工和报告由其他子系统处理产生的资料与信息，因此，在计算机环境下会计报表子系统与其他子系统相比，具有以下特点：

（1）输入数据量少

会计报表的编制一般不需要输入数据，使用的是账务处理子系统的账簿文件中的数据，如账簿余额（资产负债表）和发生额（利润表）等。汇总报表在编制时需要先将各不同时期的同种报表进行汇总，因此是使用已有报表的数据，也不需要外部输入数据。合并会计报表的编制需要输入母子公司间发生关联业务（内部投资、债权与债务）的抵销会计分录，但这与账务处理子系统的凭证输入量相比就太少了。

（2）不设置报表数据直接修改功能

对根据机内会计凭证和据以登记的相应账簿生成的各种机内会计报表数据，会计核算软件不能提供直接修改功能。这一规定的目的是保证会计报表数据的准确性。

（3）输出信息规定性强

会计报表子系统是会计信息系统输出会计信息的窗口。因此，输出的会计报表的格式和内容必须符合国家统一会计制度的规定。会计报表分析使用的财务指标也有一定的规定性，如比率分析指标主要是财政部公布的评价企业的财务指标；会计报表系统信息的输出是为满足经营管理和经济预测、决策的需要，输出信息具有一定的规定性，便于对信息的理解和使用。

（4）通用性更强、适用面更广

通用的会计报表子系统完全采用自定义的方法编制会计报表和进行报表分析，主要包括报表的格式自定义、报表数据来源的自定义、报表分析指标的自定义等。因此，会计报表子系统可以根据用户的需要设计出各种报表，以满足使用者的需要。

（5）图表并用进行报表分析

会计报表子系统在报表功能的基础上，提供了很强的图形分析功能，方便用户进行图形数据组织、制作。利用图形对报表中的数据进行分析和控制，提高了财务工作的自动化程度，使报表分析更加直观清晰。

10.2 会计报表子系统分析

10.2.1 手工会计报表数据处理流程分析

10.2.1.1 手工会计报表数据处理流程

在手工操作方式下，会计报表的编制步骤是：首先制作或取得会计报表格式（或空表），然后根据表内项目和填表要求，从相关账（表）中获取数据，经过分析、计算，填入表中。填制完成的报表经过一定的平衡关系检验，确认结束报表编制工作。

从上述报表编制的过程可以看出，一张报表的编制需要有两个步骤：格式的绘制和数据的填充。手工方式下会计报表编制流程如图 10-1 所示。

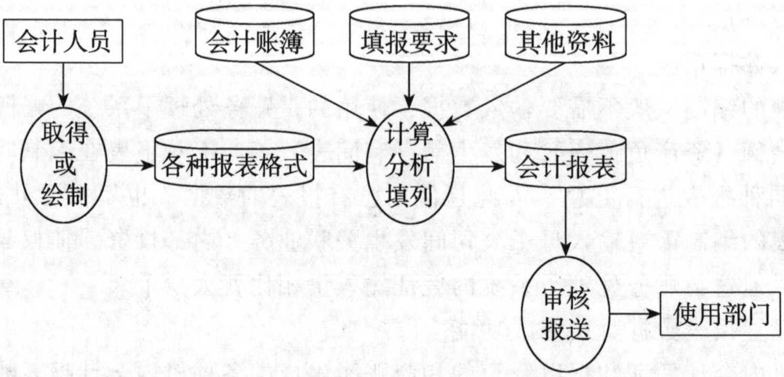

图 10-1 手工方式下会计报表编制流程

10.2.1.2 手工方式下会计报表数据来源分析

对所要编制的报表，按其填列要求填列项目内容，逐一分析其构成及来源，即明确所填数据是取自总账还是明细账，或从其他已编制的报表中取得。报表的数据填列方法如下：

❶根据单一科目的期初余额或期末余额填列。例如，在资产负债表中交易性金融资产的期末余额，是根据交易性金融资产单一科目的期末余额填列的。

❷根据单一科目的发生额填列。例如，利润表中的管理费用的本期金额，是根据管理费用单一科目的本期发生额填列的。

❸根据多个科目的期初余额或期末余额计算填列。例如，资产负债表中的货币资金的期末数据，就是根据库存现金科目的期末数+银行存款科目的期末数+其他货币资金科目的期末数填列的。

❹根据其他报表的数据填列。例如，利润表中的上期金额，就是根据上一个会计期间利润表的对应项目的数据填列的。

❺根据表中数据计算填列。例如，资产负债表中的“资产合计”，就是根据本表计算而得到的。

在手工会计信息系统中，书面记载的会计账簿数据是编制会计报表的依据。会计报表数据来源分为3类：从会计账簿得到；从会计账簿以外的资料得到；利用账簿或报表中的有关数据，通过计算而得到。

下面以3张主要会计报表和辅助管理报表为例，描述手工方式下会计报表的数据来源：

资产负债表中的数据：

❶直接根据总账账户余额填列；

❷根据若干总账账户余额分析计算填列；

❸根据明细账账户余额填列；

❹根据若干明细账账户余额分析计算填列；

❺根据报表项目之间的关系计算填列。

利润表中的数据：根据各账户的发生额及报表项目间的关系分析计算填列。

现金流量表中的数据：根据资产负债表和利润表有关项目、账户的发生额和余额分析计算填列。

辅助管理报表中的数据：依据会计凭证、会计账簿数据和相关数据填列。

因此，手工方式下会计报表数据来源可以用图10-2描述。

10.2.2 计算机会计报表子系统流程分析

10.2.2.1 计算机会计报表子系统的主要任务

由于在计算机环境下会计数据是存储在数据库文件中的，会计报表的编制方法和步骤与手工方式有所不同，所以计算机方式下的会计报表子系统的主要任务是：

❶提供各类报表的格式设计和报表中每个数据项目的数据来源定义功能；

❷自动根据预设的报表格式和数据来源定义，从相关的数据库文件中提取数据或计算生成报表数据；

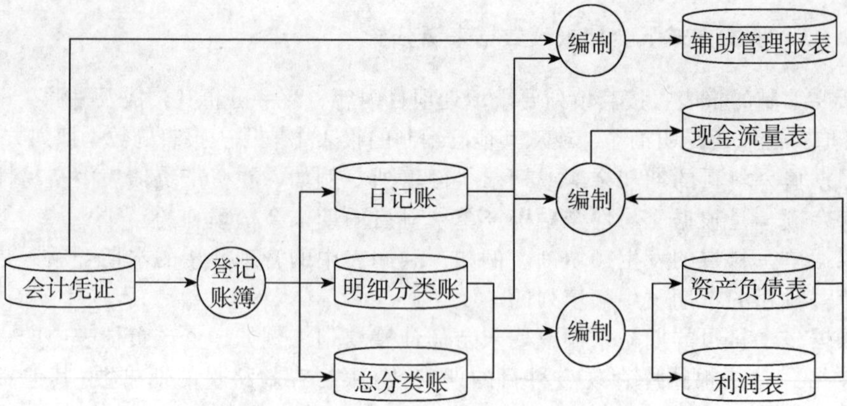

图 10-2　手工方式下会计报表数据来源

❸向用户提供各种报表信息的查询功能；

❹按照预定的报表格式输出各种会计报表。

除此之外，会计核算软件应当提供符合国家统一会计制度规定的自动编制会计报表的功能。通用会计核算软件应当提供会计报表的自定义功能，包括定义会计报表的格式、项目、各项目的数据来源、表内和表间的数据运算和核对关系等。

10.2.2.2　计算机方式下会计报表子系统的数据处理流程分析

在计算机环境下的会计信息系统，无论采用什么样的技术进行会计数据处理，所遵循的会计理论与手工方式都是一样的。因此，在计算机方式下会计报表的编制和手工方式会计报表的编制，其会计报表的编制格式与内容的要求是相同的，其数据的基本来源也都是一致的，只是因为在计算机环境下，账簿数据是以文件的形式存储的，会计报表数据的获取方式不同。计算机方式下会计报表的编制流程可分为3个步骤：报表格式设置、报表的数据处理和报表的输出。其数据处理流程如图10-3所示。

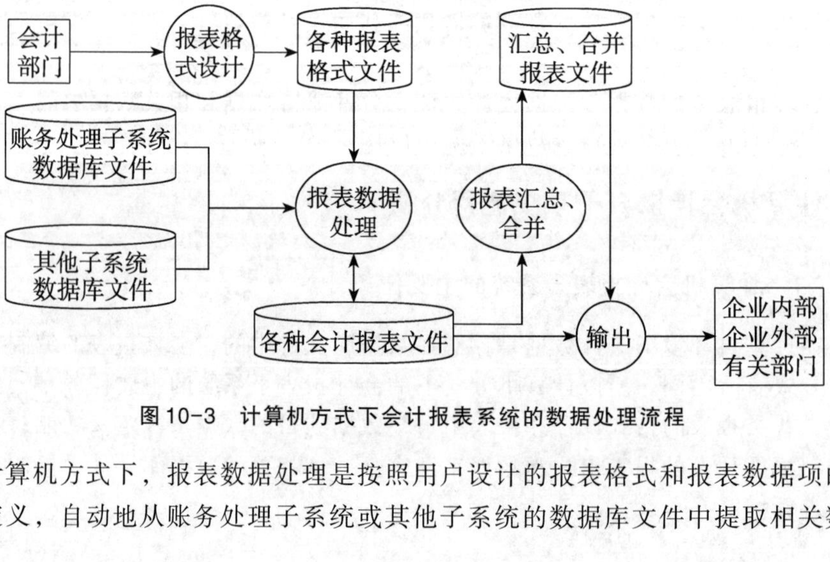

图 10-3　计算机方式下会计报表系统的数据处理流程

在计算机方式下，报表数据处理是按照用户设计的报表格式和报表数据项的数据来源公式定义，自动地从账务处理子系统或其他子系统的数据库文件中提取相关数据或进行计算的，以生成各种报表文件；用户需要时，通过输出提供各种报表信息的查询和报送。

10.3　会计报表子系统设计

10.3.1　会计报表子系统结构设计

会计报表子系统具备的功能体现了系统目标，会计报表子系统功能模块结构图如图 10-4 所示。

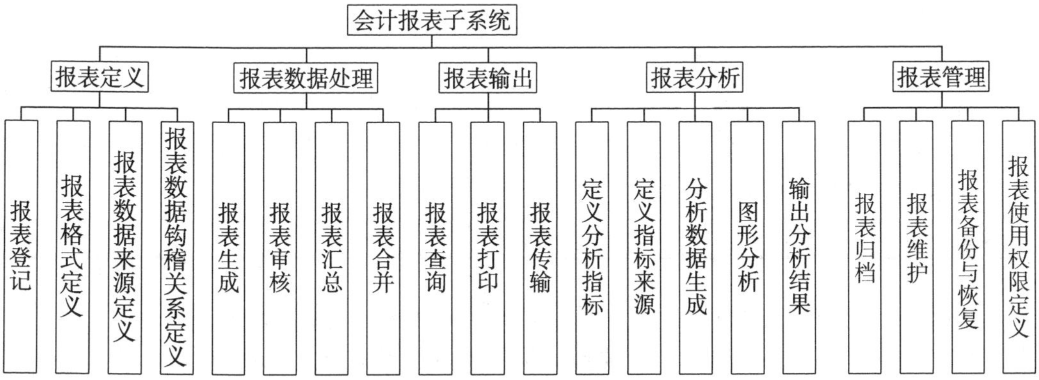

图 10-4　会计报表子系统功能模块结构图

（1）报表定义

报表定义包括报表登记、报表格式定义、报表数据来源定义和报表数据钩稽关系定义。由于企业报表种类繁多，报表登记相当于在系统中注册，登记报表编号、名称等相关信息以便计算机系统识别和使用；报表格式定义主要是对各种报表的具体栏目定义，即栏目的名称、类型、宽度等；报表数据来源定义主要是对表体中每一个表元的数据来源和运算规则进行定义，对变动的表元定义取数公式或计算公式；报表数据钩稽关系定义是定义报表表元应满足的钩稽关系。

（2）报表数据处理

报表数据处理包括报表生成、报表审核、报表汇总和报表合并。报表生成主要是由计算机自动根据报表的定义，从相关数据库文件中获取数据并计算生成所需要的报表数据；报表审核主要完成对已经生成的报表数据是否正确进行查询和审核；报表汇总与合并主要是进行相关报表的汇总与合并。

（3）报表输出

报表输出包括报表查询、报表打印和报表传输。在计算机环境下，会计报表是以文件的形式存储在磁介质上的，为了方便、有效地使用这些会计信息，满足企业管理人员、上级主管部门、税务部门、银行、审计部门等的需要，必须提供各种报表信息的查询功能、打印功能和传输功能，即报表的引入和引出功能。报表数据的引入，是把一些外部文件数据引入报表系统，通过报表系统提供的各种功能编辑报表。报表数据的引出是系统提供的保存备份数据的一种方法，同时也可将报表数据引出为其他格式的文件，进行二次开发利用和深加工。如引出为Excel格式的文件，通过Excel的财务函数进行二次开发利用等。

（4）报表分析

报表分析包括定义分析指标、定义指标来源、分析数据生成、图形分析和输出分析结果。定义分析指标主要是按会计报表的分析方法确定进行会计报表分析使用的财务指标；定义指标来源主要是根据分析指标的逻辑关系和运算规则确定各指标的计算公式；分析数据生成是指将已定义的指标和数据来源，按照计算步骤生成分析结果；图形分析是根据分析数据制成各种分析图形；输出分析结果是通过查询、打印和传输等方式将分析结果提供给用户。

（5）报表管理

报表管理主要包括报表归档、报表维护、报表备份与恢复和使用权限定义等。对制成的报表进行归档，一经归档，不可再进行修改。对于未归档的报表，可以对其结构及取数公式进行修改，而对于不再使用的报表也可以删除。

10.3.2 会计报表子系统的主要文件设计

会计报表子系统中所有报表定义的参数和规则都以数据库文件的形式存放于计算机中，主要的数据库文件有报表注册文件、报表格式定义文件、报表项目表元定义文件、报表钩稽关系库文件和报表数据库文件。

10.3.2.1 报表注册文件

报表注册文件主要存放报表注册时所录入的信息，包括报表编号、报表名称等，其文件结构见表10-1。

表10-1 报表注册文件结构

序号	字段名	字段类型	宽　度	小数位
1	报表编号	C	8	
2	报表名称	C	20	
3	表头行数	N	2	0
4	表体行数	N	3	0
5	表体列数	N	2	0
⋮	⋮	⋮	⋮	⋮

10.3.2.2　报表格式定义文件

报表格式定义文件是对报表项目格式的描述，相当于报表数据库文件的结构描述文件，一张报表对应一个报表格式文件，表中每一列对应报表格式的一条记录。以资产负债表的格式定义文件结构为例，见表10–2。

表10–2　　资产负债表格式定义文件结构

序号	字段名	字段类型	宽　度	小数位
1	资产	C	28	
2	期末余额	N	16	2
3	上年年末余额	N	16	2
4	负债和所有者权益（或股东权益）	C	28	
5	期末余额	N	16	2
6	上年年末余额	N	16	2
⋮	⋮	⋮	⋮	⋮

10.3.2.3　报表项目表元定义文件

报表项目表元定义文件用来存储报表项目中各个表元的数据来源及计算公式，其文件结构见表10–3。

表10–3　　报表项目表元定义文件结构

序号	字段名	字段类型	宽　度	小数位	备　注
1	行数	N	2	0	
2	列数	N	2	0	
3	数据表达式	C	40		
4	变动标记	C	1		G：固定表元；B：变动表元

注：固定表元是指报表单元的数据是常量；变动表元是指报表单元的数据是根据数据来源公式计算得到的。

10.3.2.4　报表钩稽关系库文件

在会计报表中，许多数据间往往存在某种对应关系，被称为钩稽关系。如资产负债表的资产合计应等于负债与所有者权益之和，这种相等的关系就是钩稽关系。若在资产负债表编制结束后，发现不满足这种关系，就说明该表在编制过程中有错误。因此，利用钩稽关系可以对报表进行正确性检查，是保证报表质量的重要手段。报表钩稽关系库文件主要存储本表或表间应满足的钩稽关系与检查结果。其结构见表10–4。

表10-4 报表钩稽关系库文件结构

序号	字段名	字段类型	宽　度	小数位
1	稽核期	C	1	
2	左方表达式	C	40	
3	稽核关系	C	4	
4	右方表达式	C	40	
5	稽核结果	C	6	

报表钩稽关系库文件说明钩稽关系的内容和目的。稽核期分月末和年末，用1表示月末、2表示年末；左、右方表达式是稽核数据的来源；稽核关系为大于、小于、等于、不等于；稽核结果说明是否满足所设置的稽核关系。

10.3.2.5 报表数据库文件

报表数据库文件是由计算机程序自动生成库文件结构并按表元定义参数和规则生成报表结果的数据库文件。该文件的结构是按该表的格式定义文件的内容生成的，而内容按报表项目表元定义库中的定义进行取数运算并输入相应位置。每张报表都由一个数据库文件存储结果数据。

10.3.3 会计报表子系统数据来源的定义

报表内需要填制的数据可以分为两类：一类是固定表元数据，另一类是变动表元数据。对于固定表元数据，由于其值是常量，我们可以直接定义，如资产负债表中的相关内容，可以在定义报表格式时直接填入；对变动表元的数据通常从账（表）中获取，或将获取的数据进一步加工生成。在计算机会计报表子系统中通常利用公式或函数来定义报表的数据来源，说明从什么地方取数、取什么条件的数据、数据要经过什么样的处理等。

10.3.3.1 变动表元的数据来源定义

（1）确定表元的数据来源

确定表元的数据来源，就是确定从什么地方取数。变动表元获取数据的途径有：取账务处理子系统各科目的发生额和余额；取其他会计核算子系统的数据（如薪酬管理子系统、固定资产管理子系统等）；取本表数据；取其他报表中的数据；人工直接输入等。

（2）确定取数所要满足的条件

确定取数所要满足的条件，就是确定取什么条件的数据。如取账务处理子系统各科目的余额，是取“期初”还是“期末”，是“借方”还是“贷方”，是哪个会计期间的等。

（3）确定计算方式

确定计算方式，就是确定数据要经过怎样的计算，在会计报表子系统中计算方式是以公式或函数来定义或解释上述步骤的。

10.3.3.2　会计报表的取数公式

会计报表的取数公式主要有表元求和公式、本表取数公式、他表取数公式、账中取数公式等。通过编制这些公式可以确定任何报表中各表元的取数来源，再通过运算公式计算将运算结果放入表元中。

在会计报表子系统中，一般由使用者根据需要利用取数函数编辑各表元的计算公式，从账务处理子系统或其他核算系统中采集数据，生成会计报表。不同会计软件的公式的形式与函数符号各不相同。例如：

❶从账上取数的取数函数：

取期初余额函数：QC（“科目代码”，会计期，“方向”）

取期末余额函数：QM（“科目代码”，会计期，“方向”）

取发生额函数：FS（“科目代码”，会计期，“方向”）

❷常用函数包括求和SUM、平均数AVG、计数COUNT、最大值MAX、最小值MIN等。

运算公式由以下基本部分构成：

•表元及坐标，表示表元在表中的位置；

•报表软件提供的各种函数；

•运算符包括“+”“-”“×”“/”“=”等；

•表达式，将常量、变量、函数利用运算符连接起来。

在计算机会计信息系统中，会计报表数据来源采用用户自定义方式，一般是为每一个报表项目定义一个数据传递公式，当报表项目需要调整变动时，这种方式无疑给用户提供了重新编制报表的余地，同时在某种程度上减少了报表软件维护的工作量。但是自定义功能给会计报表数据的真实可靠性也带来了负面影响。自定义虽然有别于报表数据的直接修改，但客观上却可人为地修改报表数据。如个别企业的经营者可以根据自己的利益需要修改正确的已定义好的报表数据公式，也为个别的不法者提供了篡改报表信息的手段。因此，会计报表子系统应加强内部控制和严格审计，提高会计信息的质量。

10.3.4　会计报表的生成

报表格式定义和数据来源的定义只说明了表和数据之间的关系，会计报表的生成就是根据各报表数据的生成方法，具体计算每个表元的数值并填入目标表的过程。

例如一张资产负债表，只要一次性定义好报表的格式及表元数据来源公式，以后每个月都可以自动计算生成一张本期的资产负债表表页，也就是说，在会计报表子系统中，报表编制是一个计算机自动处理的过程，它可以重复运行，可以用来编制不同时期的报表。生成的报表形成一张表页，存放在相应的报表文件中，1年将生成12张“资产负债表”的表页，这12张表页存放在一个表文件中（类似于1个Excel文件中包含多张表），有利于管理。

需要说明的是，现金流量表与其他会计报表（如资产负债表和利润表）的编制方法不同，且其自身主表与附表的编表基础也不同（主表数据来源是收付实现制；附表数据来源是权责发生制）。因此，若要解决期末编制现金流量表的困难，最好的办法是在将经济业务输入会计信息系统时，就将与现金流量变化有关的和与现金流量变化无关的数据进行分类，使计算机在编制现金流量表时直接在表中将涉及“现金及现金等价物”项目的数据分类列示。具体做法是：现金流量表数据可以采用“双轨制”的方法生成，即在账务处理子系统中分别按照“权责发生制”和“收付实现制”输入与“现金及现金等价物”相关的科目数据，并在输入与“现金及现金等价物”相关科目数据的同时，输入与现金流量表项目相对应的标记。这样，在会计报表子系统中就可直接生成现金流量表数据。

在计算机会计报表子系统中，应注意会计报表钩稽关系与会计报表生成顺序问题。

会计报表钩稽关系反映会计报表体系中各报表内部、会计报表之间的内在关系。下面以工业企业对外报送的会计报表为例，说明会计报表钩稽关系对会计报表生成顺序的影响。

会计报表中的数据之间存在严格的数量上的钩稽关系。

10.3.4.1 报表自身内部数据存在的钩稽关系

报表自身内部数据存在的钩稽关系见表10-5。

表10-5 报表自身内部数据存在的钩稽关系

资产负债表	❶资产=负债+所有者权益（账户式） ❷资产-负债=所有者权益（报告式）
利润表	❶营业利润=营业收入-营业成本-税金及附加-销售费用-管理费用-财务费用-资产减值损失±资产处置损益±公允价值变动损益±投资损益+其他收益 ❷利润总额=营业利润±营业外收支 ❸净利润=利润总额-所得税费用
现金流量表	各类现金流入-各类现金流出=现金及现金等价物净增加额

10.3.4.2 报表之间存在的数量钩稽关系

下面以资产负债表与利润表之间的钩稽关系为例加以说明：

资产负债表“未分配利润”期末余额=资产负债表“未分配利润”年初余额±利润表“利润总额”本年累计数（盈利+，亏损-）

资产负债表“未分配利润”期末余额=利润分配表“未分配利润”本年实际数
资产负债表“未分配利润”年初余额=利润分配表“未分配利润”上年实际数

10.3.4.3 会计报表生成顺序

由于现金流量表的编制均以资产负债表和利润表的数据为基础，因此会计报表生成的顺序如图10-5所示。

利润表及附表（利润分配表、主营业务收支明细表等）

↓

资产负债表及附表（应交增值税明细表等）

↓

现金流量表

图10-5 会计报表生成顺序

10.3.5 会计报表的输出

10.3.5.1 会计报表输出的内容

（1）输出报表结构

输出报表结构是指输出不包括数据，只包括报表结构的空白表格。

（2）输出编制完成的报表

输出包括报表结构和报表数据的完整的报表。

（3）输出能被其他系统接受的数据

将会计报表子系统所使用的数据格式转换成其他软件使用的数据格式或标准的数据库表格式。如将报表数据导出为Excel数据文件表的格式或关系数据库表的格式，进行数据的深加工，以提高其数据兼容性与通用性。

10.3.5.2 会计报表输出方式

在计算机方式下，会计报表子系统的输出方式通常包括屏幕显示输出、打印输出和网络传输等。

（1）屏幕显示输出

屏幕显示输出的目的包括：一是检查会计报表的设置和编制是否正确；二是对当期正在编制的报表或以往会计期间的会计报表进行查询。

（2）打印输出

打印会计报表是会计信息系统必须具备的功能，即将已经编制好的会计报表通过打印机打印出来。

（3）网络传输

这是指通过网络将会计报表传输出去。

10.3.6 会计报表的汇总、合并与分析

10.3.6.1 会计报表汇总

会计报表汇总主要分为汇总会计报表和汇总表。

汇总会计报表是上级公司或主管部门根据所属单位的会计报表和汇总单位本身的会计报表汇总编制而成的会计报表，是同种报表不同单位的汇总。汇总会计报表的编制涉及多个会计主体，如母公司和分公司、行政主管部门和基层单位。汇总会计报表由总公司或行政主管部门编制。编制汇总会计报表要将报表数据在不同的会计主体之间进行传递，然后按照一定的条件进行汇总，汇总处理时还要将母公司与分公司、行政主管部门与基层单位之间的往来款项、资金划拨与利润交换等项目进行抵销。

汇总表是一个会计主体将不同时期的同种报表进行汇总，主要用于观察一段时间内数据项目的累计值。汇总表的编制由该会计主体本身进行，数据只在系统内传递，而且汇总表纯属表间数据的简单加总，不存在报表项目抵销情况。如管理费用汇总表，将管理费用年度内或季度内各月按管理费用明细项目进行汇总，各月管理费用的明细项目是管理费用汇总表的数据来源，通过汇总可以得到各季度或年度管理费用各期明细项目的汇总数据。

10.3.6.2 会计报表合并

会计报表的合并是以母公司和子公司形成的企业集团作为一个会计主体，由母公司编制出综合反映企业集团整体经营成果、财务状况及现金流量变动情况的会计报表的过程。

合并会计报表主要是为满足公司的所有者、债权人及其有关方面了解企业集团财务状况、经营成果和现金流量的需要；合并会计报表是以母公司对另一企业的控制关系作为确定编报的依据，凡是通过投资关系或协议关系能够由其控制的企业，均属合并会计报表的编制范围；合并会计报表必须抵销内部投资、债权和债务等内部会计事项对个别会计报表的影响后编制。相对来说，合并会计报表的编制方法更复杂。

10.3.6.3 会计报表分析

会计报表分析就是通过各种各样的方法和手段对报表的数据进行分析。在报表软件中，一般有两种主要的分析方法，即图形分析法和视图分析法。其中视图分析法是指对报表数据进行立体、综合的分析。

拓展阅读 10-1

素养园地

注册会计师行业须守住底线

会计信息反映企业和经济的运行状况，对于促进经济社会发展具有十分重要的基础性作用。如果注册会计师没能守好"不做假账"的底线，就无法为市场经济公平交易打下坚实基础，不真实、不完善的企业财务信息将损害社会公众利益和市场经济秩序，也为企业自身发展埋下风险隐患。为此，财政部接连出台文件，加强对会计师事务所的质量评估和分级分类管理，推动会计师事务所加强基础性标准体系建设。

改革开放以来，随着市场经济深入发展，注册会计师行业一直活跃在改革发展前沿，在维护社会公平正义、规范市场经济秩序、保障国家经济安全等方面发挥了重要作用。但也不可否认，不少地方暴露出会计师事务所"看门人"职责履行不到位、受利益驱动不守职业道德、突破行业红线等问题，企业财务会计信息失真、上市公司财务造假等现象时有发生，严重影响了注册会计师行业的公信力和权威性。

究其原因，各地营商环境持续改善，一大批中小事务所如雨后春笋般出现，但受限于职业力量薄弱、专业水平欠缺等因素，出现违法违规经营等弊端。有的被利益所支配，无视行业规则、职业准则，甚至铤而走险。一些规模大、实力强的事务所盲目搞外延式扩张，重发展速度，轻发展质量，到处"攻城略地""野蛮生长"，忽视了能力和品牌塑造。也有个别从业者经不起利益诱惑，甚至成为财务舞弊的"帮凶"。这些乱象破坏了市场经济秩序，侵蚀着国家经济安全，必须铁腕整顿，坚决治理。

2021年7月30日，国务院办公厅印发《关于进一步规范财务审计秩序促进注册会计师行业健康发展的意见》（以下简称《意见》），要求注册会计师行业紧抓质量提升主线，守住诚信操守底线，筑牢法律法规红线。《意见》的出台，表明国家对中介机构涉足财务造假的零容忍态度，也让依法守法的经营者有了"护身符"，对建设现代化经济体系、实现经济高质量发展具有重要意义。

贯彻落实好此次《意见》要求，必须秉持从严监管、标本兼治的理念，推动行业各方归位尽责、回归本源，真正把诚信建设作为行业发展的生命线，提升注册会计师行业的公信力，补齐制度建设和行业监管上的短板，用制度管人管事。

在监管上，各地应坚持问题导向，构建部门协同、多方联动、社会参与的监管格局，切实加强行政监管，加强行业日常监管和信用管理。依法整治财务审计秩序，依法加强对从事证券业务的会计师事务所的监管，严肃查处违法违规行为并曝光典型案例，发现一起，查处一起，提高违规成本，对违法违规者形成有效震慑。同时，对于注册会计师个体也要加强监管，把不良工作记录纳入诚信档案，让其受到应有处罚。

对于一个行业、一个公信力很强的职业者来讲，诚信自律是其生存发展的根本所在。注册会计师行业组织应着眼于净化行业风气，加强日常监测，畅通投诉举报渠道，有效整治行业"潜规则"，从源头上治理虚假审计报告问题。各会计师事务所及从业者应优化执业环境和能力，强化内部管理，恪守职业道德，严守职业操守，让诚信和质量成为金字招牌。

资料来源：孙现富，郑茂霞．注册会计师行业须守住底线［N］．经济日报，2021-08-30.

【价值塑造】

1. 让学生坚守职业道德，树立守正诚信精神。
2. 培养学生爱国敬业、有责任有担当的品格。

复习思考题

1. 简述会计报表的含义。
2. 简述会计报表子系统的特点。
3. 简述会计报表子系统的基本功能。
4. 简述会计报表子系统的数据来源定义方法。
5. 简述会计报表子系统的数据处理流程。

第11章　企业资源计划（ERP）与会计决策支持系统

学习目标

◆重点掌握ERP的定义及管理思想、ERP的发展历程及作用。
◆掌握ERP核心计划包括的内容。
◆了解ERP的功能与实施。
◆掌握会计决策支持系统的定义、分类与特征。

11.1　企业资源计划（ERP）

11.1.1　ERP概述

11.1.1.1　ERP的概念

ERP（enterprise resource planning）的中文意思是企业资源计划，也称企业资源规划。顾名思义，ERP就是对企业的所有资源进行计划、控制和管理的一种手段。ERP是美国Gartner集团公司在20世纪90年代初提出来的概念。ERP是MRPⅡ（manufacturing resources planning，制造资源计划）的下一代，它的内涵主要是“打破企业的四壁，把信息集成的范围扩大到企业的上下游，管理整条供应链，实现供应链制造”。

ERP主要是对企业的物流、资金流和信息流三种资源进行全面集成管理的信息系统，是建立在信息技术基础上，利用现代企业的先进管理思想，全面地集成了企业的所有资源信息，并为企业提供决策、计划、控制与经营业绩评估的全方位和系统化的管理平台。其把企业中的各个职能部门的信息集成到一起，即内部集成和外部集成，以满足各个不同职能部门的数据共享与相互通信。ERP正是因为集成了跨职能部门的业务流程而达到了预期的目标，所以ERP也是一种先进的企业管理模式，主要宗旨是对企业所拥有的人、财、物、信息、时间、空间等综合资源进行平衡和优化管理。面向全球市场，协调企业各个管理部门，围绕市场导向开展业务活动，使企业在激烈的市场竞争中全方位地发挥足够的能力，从而取得最好的经济效益。

经过多年的发展应用，ERP的定义得到了不同程度的延伸和拓展。ERP就是指通过信息技术等手段，实现企业内部资源的共享和协同，突破企业中的制度制约，使得各业务流程无缝、平滑地衔接，从而提高管理的效率和业务的精确度，增强企业的盈利能力，降低交易成本。

11.1.1.2 ERP的管理思想

ERP的核心管理思想就是实现对整条供应链的有效管理，主要体现在以下几个方面：

（1）体现对企业供应链资源管理的思想

ERP实现了对全部企业供应链的管理，适应了企业在市场竞争中的需要。现代企业的竞争不是单一企业间的竞争，而是一家企业供应链之间的竞争，即企业不但要依靠自己的资源，还必须把经营过程中的有关各方如供应商、制造工厂、分销网络、客户等纳入一条紧密的供应链，才能在市场上获得竞争优势。企业把客户、销售代理商、供应商、协作单位纳入生产体系，同他们建立起利益共享的合作伙伴关系，进而组成一家企业的供应链。

（2）体现精益生产和敏捷制造的思想

ERP支持混合型生产方式的管理，体现柔性制造、精益制造、准时生产方式等，以用户为上帝，以人为中心，以精简生产制造进程为手段，以最快的速度和适合的价格提供零缺点的产品为终极目标，以高质量的适销新产品去抢占市场。

当市场上出现新的机会，而企业的基本合作伙伴不能满足新产品开发生产的要求时，企业组织一个由特定的供应商和销售渠道组成的短期或一次性供应链，形成“虚拟工厂”，把供应和协作单位看成企业的一个组成部分，运用“同步工程（SE）”，组织生产，用最短的时间将新产品打入市场，时刻保持产品的高质量、多样化和灵活性，这就是“敏捷制造”的核心思想。

（3）体现事先计划、事中控制和事后反馈分析的思想

ERP将全部供应链的业务流程处理与财务核算和管理等的资金流进行了集成，保证了资金流与物流的同步记录和数据的一致性，即企业的业务处理相关的会计核算是同步的，当业务处理发生时与之相关的会计核算也发生了，系统会自动生成相应的会计核算分录，使资金流与物流的记录同步。

例如，采购原材料时，发票与原材料同时到达，系统自动生成如下的会计凭证：

借：原材料

　　应交税费——应交增值税（进项税额）

　贷：银行存款或应付票据等

若发票已到而材料未到，则系统生成的会计凭证如下：

借：在途物资

　　应交税费——应交增值税（进项税额）

　贷：银行存款或应付票据等

当材料到达、验收入库后，则系统生成的会计凭证如下：

借：原材料

贷：在途物资

因此，企业通过ERP可以根据财务资金现状追溯资金的来龙去脉，并进一步追溯所发生的相关业务活动，改变了资金信息滞后于物料信息的状态，充分体现了事前计划、事中控制、事后反馈分析，并实时作出决策的控制思想。

11.1.1.3 ERP对企业的作用

（1）解决物料短缺和库存积压并存的库存管理难题

ERP中的MRP（物料需求计划）就是为解决这样的问题而发展起来的。MRP所追求的是既满足需求，又没有库存积压。

（2）解决多变的市场与均衡生产之间的矛盾

企业应用ERP组织生产时，可以通过主生产计划，均衡地对产品或最终项目作出生产安排，使得在一段时间内主生产计划量和市场需求在总量上相匹配，而不追求在每个具体时刻上均与市场需求相匹配。

（3）使得企业更好地兑现对客户的供货承诺

ERP会自动产生可承诺量数据，专门用来支持供货承诺。根据产销两方面的变化，ERP还会随时更新对客户的可承诺量数据。

（4）提高产品质量，降低成本

在ERP环境中，生产部门可以轻松自如地对市场需求作出响应，人们的工作更有秩序，时间花在按部就班地执行计划上，而不是忙于应付出乎意料的情况而作出紧急反应。在这种情况下，工作士气提高了、工作质量提高了，不出废品，一次就把工作做好。这样就可以提高生产率，提高产品质量，降低成本。

（5）改变企业中的部门本位观

ERP的整体观把生产、财务、销售、工程技术、采购等整合为一体化系统。ERP作为整个企业的通信系统，使得企业整体合作的意识和作用加强。通过准确和及时的信息传递，大家的精力都集中在同一个方向上，以工作流程的观点和方式来运营管理企业，而不是把企业看作一个一个部门的组合。

11.1.2 ERP的发展历程

信息技术最初在管理上的应用主要是记录一些数据，从而方便查询和汇总，现在已经发展为建立在全球互联网基础上的跨国家、跨企业的运行体系，其20世纪的发展历程如图11-1所示。

11.1.2.1 订货点法阶段

在计算机出现之前，发出订单和催货是一个库存管理人员在当时所能做的一切，对库存的控制完全依赖手工管理，因此，特别需要简单而有效的管理方式。20世纪40年代出现了订货点法，其是一种操作简便又在理论上趋于完美的库存控制模型。

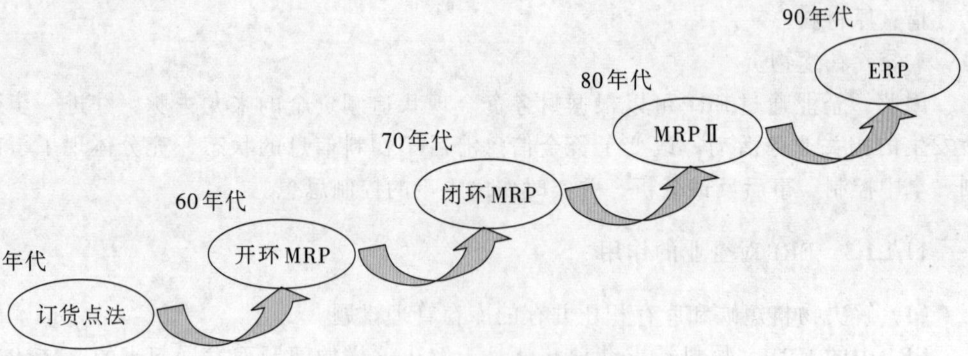

图 11-1　ERP在20世纪的发展历程

订货点法是指当某种物料库存量低于订货点时，便发出订货请求来补充库存，直至库存量降低到安全库存时，发出的订单所订购的物料刚好送达仓库，补充前一时期的消耗（如图 11-2所示）。

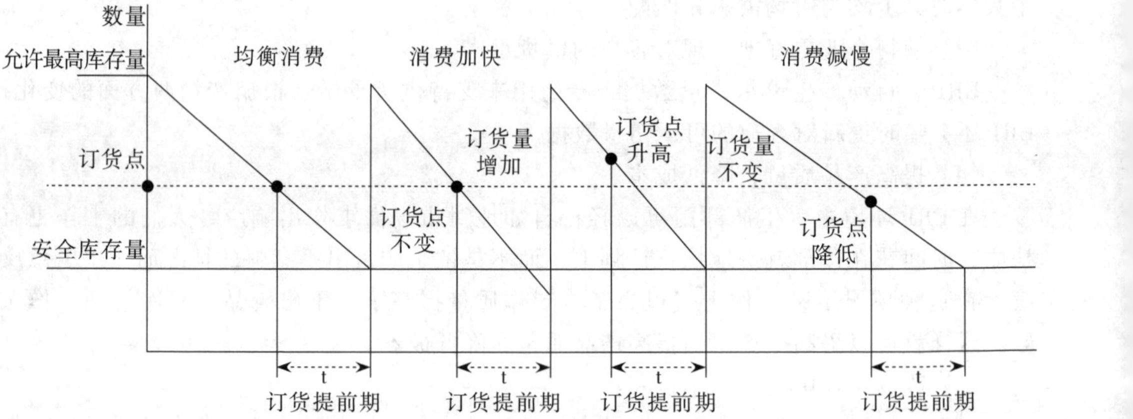

图 11-2　订货点法理论示意图

订货点法中的术语如下：

（1）允许最高库存量

这是为控制库存容量、库存占用资金和物料消耗的特点而设置的。

（2）安全库存量

这是为应对不确定风险的发生而设置的生产所需物料的下限，即物料的消耗不能低于安全库存量。

（3）订货点

这是确定物料补充库存时的现有库存量，即当库存消耗到这个库存点时，就发出订货通知。

（4）订货提前期

物料供应需要一定的时间，订货提前期是指从订货开始到物料到达这段时间。

从图 11-2 中可以看出，不能等物料消耗到安全库存量时才开始订货，而必须有一定的提前量，这个提前量即订货提前期。订货点法使用的前提假设是：物料消耗的速度是均衡的；订货提前期也是稳定的。

订货点法是在当时条件下，为改变人靠经验的被动状况而提出的一种按照过去经验来预测未来物料需求的方法。着眼于“库存补充”原则，即将库存填满到一定状态，保证任何时候都有库存，以改变过去不能确定需求量和时间的缺点。它可以回答“订什么货和订多少”的问题，但不能回答何时订货问题，因此，为了不耽误生产，库存管理人员会多买，造成库存积压。因此，20世纪60年代产生了按时段计划式的物料需求计划——MRP，以解决物料短缺和库存积压并存的问题。

11.1.2.2　MRP阶段

MRP是指20世纪60年代中期美国IBM公司的奥里奇博士提出的物料需求计划（material requirements planning，MRP）。MPR将企业的最终销售产品进行分解，按物料提前期的先后分时段计划各物料的需求量，解决了库存积压的问题。MRP的目标是：在正确的时间，以正确的数量，得到正确的物料。

（1）开环MRP（基本MRP）阶段

在计算机环境下，产品中的各种物料需求被分为独立需求和相关需求，并按需求时间的先后及提前期的长短，分段确定各种物料的需求量，即制订物料需求计划。

虽然MRP有了一个质的进步，但也存在问题：它未考虑能力的约束，假定了无限能力计划。在开环MRP阶段，人们只考虑了物料需求，而没考虑生产能力，即使将所有的物料、零件准备齐整，也不能保证工作立即完成。

（2）闭环MRP阶段

20世纪70年代，开环MRP发展成为闭环MRP，即在开环MRP中添加能力需求计划（CRP），使MRP变成一个闭合的系统。

闭环MRP理论认为要考虑能力的约束，在主生产计划及物料需求计划的过程中都需要运行能力需求计划，通过粗能力计划（RCCP），验证主生产计划的可行性，进一步通过能力需求计划来验证物料需求计划的可行性，从而使企业生产计划的各个子系统都协调、统一。

在MRP中，单单考虑物料是不完整的，因为从管理的角度来看，其很难向管理者提供准确的管理信息，不便于监督生产运营活动。另外，从资金运动的角度看，物料的移动和资金的移动是同步的。所以，为了提高企业管理水平，应该把财务信息添加到MRP中，于是在20世纪70年代末至80年代初产生了MRPⅡ。

11.1.2.3　MRPⅡ阶段

在20世纪70年代末，企业管理人员就意识到，可以建立一个统一的计算机管理系统对企业各个方面进行全面管理。美国生产专家奥列佛·怀特等企业管理人员，开发出来集生产、财务、销售、采购、库存、产品数据、成本核算、车间管理为一体的制造资源计划。由于manufacturing resource planning的缩写也是MRP，为了与物料需求计划区分，所以将制造资源计划定义为MRPⅡ。美国生产和库存管理协会（APICS）对MRPⅡ的定义是：一种有效地计划制造企业所有资源的方法。它可以用来解决生产单位的经营计划、以货币形式表示的财务计划，并且可以通过能力仿真来回答“what if”这类问题。它包括了很多相互链接的功能，如商业规划、销售和经营计划、生产计划以及能力和物料的执行支持系统。

11.1.2.4 ERP阶段

1990年，美国加特纳公司提出ERP的概念。1993年，ERP的概念已经比较成熟，而且变得更为现实了。ERP在MRPⅡ的基础上，实现了企业内部与外部信息的集成。

11.1.2.5 协同商务时代的ERP

互联网技术的成熟使企业信息管理系统增强了与客户或供应商实现信息共享和直接的数据交换的能力，从而强化了企业间的联系，形成共同发展的生存链，体现企业为了生存和更好地参与竞争的供应链管理思想。ERP相应地实现了这方面的功能，使决策者及业务部门可以进行跨企业的联合作战。

ERP的形成和发展过程体现了管理实践需求对管理理论和管理软件发展的促进作用，同时体现出ERP理论的发展过程并不是对MRP理论和MRPⅡ理论的否定和取代，而是包含和发展的过程，MRP理论及MRPⅡ理论至今仍是ERP理论的核心组成部分，三者之间的扩展关系如图11-3所示。

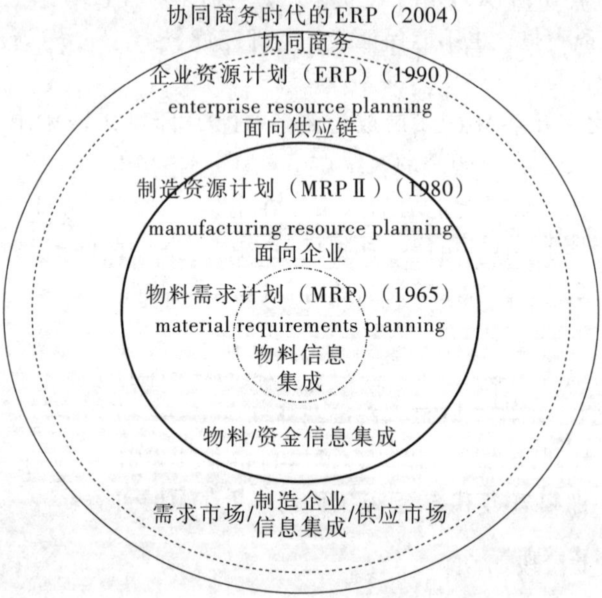

图11-3 MRP-MRPⅡ-ERP的扩展关系

11.1.3 ERP的核心计划概述

11.1.3.1 主生产计划

主生产计划（master production schedule，MPS）是确定每一个具体的产品在每一个具体的时间段的生产计划。MPS是对企业规划中的产品系列具体化，用以协调生产需求与可用资源之间的平衡（如图11-4所示）。

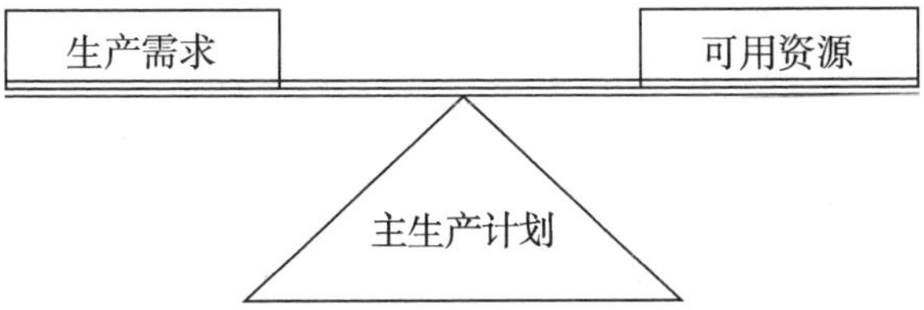

图11-4　主生产计划的功能

MPS是按时间分段计划企业应生产的最终产品的数量和交货期，是一种先期生产计划，给出了特定的项目或产品在每个计划周期的生产数量。这是个实际的详细制造计划。这个计划力图考虑各种可能的制造要求。粗略地说，主生产计划是关于“将要生产什么”的一种描述。它根据客户合同和预测，把销售与运作规划中的产品系列具体化，确定出厂产品，使之成为展开MRP与CRP运算的主要依据，它在MRPⅡ中是一个上下内外交叉的枢纽，起着承上启下（将宏观计划转换为微观计划）、沟通内外（集成市场信息与内部信息）的重要作用（如图11-5所示）。MPS编制和控制是否得当，在相当大的程度上关系到MRPⅡ的成败。这也是它被称为“主”生产计划的根本原因——它在MRPⅡ中起着“主控”的作用。

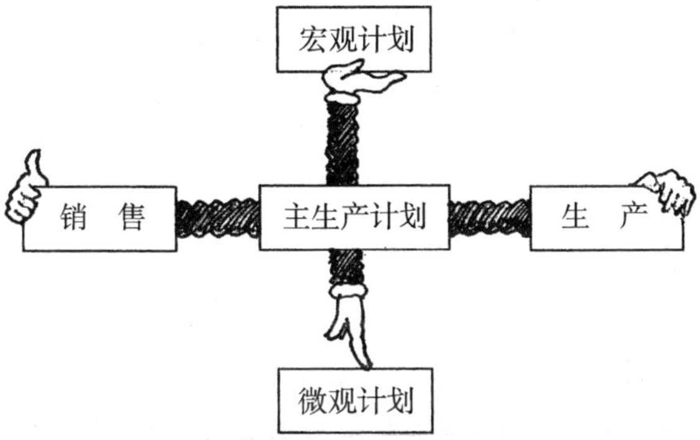

图11-5　主生产计划在MRPⅡ中的位置

在主生产计划的编制中需要运用粗能力计划进行判定，即粗能力计划是判定MPS是否可行的工具。

粗能力计划（rough cut capacity planning，RCCP）是与主生产计划相伴运行的计划。粗能力计划仅对主生产计划所需的关键生产能力进行粗略的估算，给出一个能力需求的概貌，即根据产品生产需求来计算关键资源所需投入的时间，以查看关键资源的能力供应能否满足实际生产的需要。

粗能力计划的编制忽略了一些信息，以便简化和加快能力需求计划的处理过程。粗能力计划的编制有两种方法，即资源清单法和分时间周期的资源清单法。粗能力计划通过对比能力需求与可用资源，分析资源是否平衡，以确保MPS的可靠性。

11.1.3.2 物料需求计划

在制造业的生产经营活动中，一方面，要对原材料、零部件、在制品和半成品进行合理储备，以保证生产连续不断地有序进行，满足波动的市场需求；另一方面，原材料、零部件和在制品的库存占用了大量资金，为加快企业的资金周转，提高资金的利用率，需要尽量降低库存。

物料需求计划是一种物料管理和生产方式，是ERP的重要部分。它建立在MPS的基础上，根据产品的物料清单（bill of material，BOM）、工艺路线、批量政策和提前期等技术和管理特征，生成原材料、毛坯和外购件的采购作业计划，以及零部件生产加工、装配的生产作业计划，从而达到有效管理和控制企业物料流动的微观计划。它是一种较精确的生产计划系统，又是一种有效的物料控制系统，用以保证在及时满足物料需求的前提下，使物料库存保持在最低水平上，即协调物料需求与库存之间的平衡（如图11-6所示）。

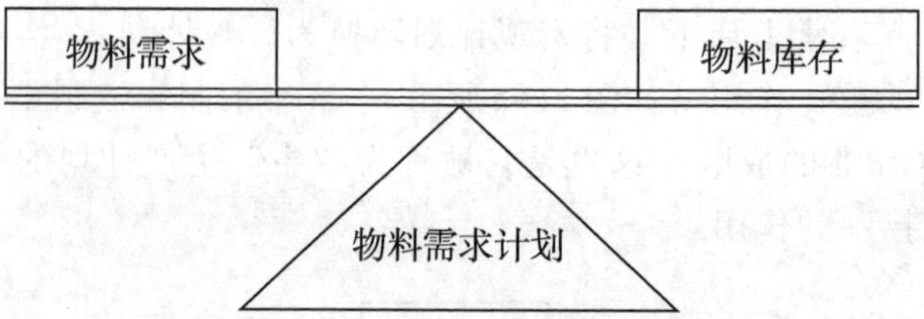

图11-6 物料需求计划的功能

MRP的作用是：

❶计算出企业要生产的全部加工件和采购件的需求量；

❷计算出全部加工件和采购件的需求时间；

❸提出建议性的计划订单；

❹除说明每种物料的需求量外，还要说明每一个加工件的开始日期和完成日期；

❺说明每一个采购件的订货日期和入库日期。

MRP是以MPS、产品信息和库存信息作为输入项，输出采购作业计划，以及零部件生产加工、装配的生产作业计划（如图11-7所示）。

11.1.3.3 能力需求计划

能力需求计划（capacity requirements planning，CRP）是一种将MRP输出的对物料的分时段需求计划转变成对企业各个工作中心的分时段需求计划的管理工具，是一种协调能力需求与可用能力之间平衡管理的处理过程，是一种协调MRP的计划内容和确保MRP在现有生产环境中可行、有效的计划管理方法。

物料需求计划与能力需求计划的关系是：物料需求计划的对象是物料，物料是具体的、形象的和可见的；能力需求计划的对象是能力，能力是抽象的，且随工作效率、人员出勤率、设备完好率等而变化。把所有物料对工作中心的需求汇总起来，按时段列出，与工作中心的可用能力对比，才能看出能力资源是否可满足需求。如果能力需求减

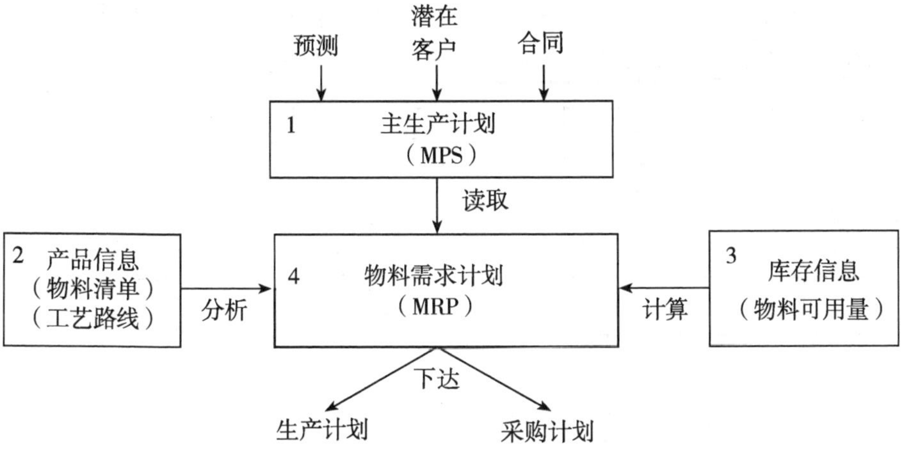

图11-7　MRP结构

去工作中心负荷的结果小于零，则表示工作中心能力不足或超负荷；如果能力需求减去工作中心负荷的结果等于零，则表示工作中心能力匹配；如果能力需求减去工作中心负荷的结果大于零，则表示工作中心能力多余或处于低负荷状态。

负荷的调整策略有延长工作时间、使用替代加工级别、转移工作中心负荷、作出购买决策、选择替代工序、进行外协加工等。在采取以上各项措施均无效的情况下，可以延期交货。负荷与能力平衡工作是反复进行的，直到得到较为满意的计划方案为止。

CRP的逻辑流程如图11-8所示。

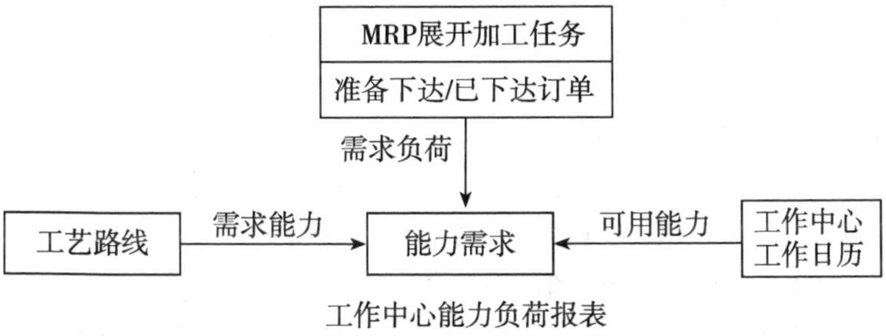

图11-8　CRP的逻辑流程

11.1.3.4　采购作业计划

采购作业是指为了向企业提供满足生产和管理所需要的各种物料而必须采取的各种管理性和事务性的活动。采购作业计划是根据企业的内外环境的特点而制定的有关采购作业活动详细的时间安排。采购作业计划中涉及的采购对象主要是原材料、毛坯件、电子元器件和办公用品等。

采购作业管理是企业生产经营管理的重要组成内容，是整个企业经营管理活动按照计划开展工作的起点。有效的采购作业管理是降低企业经营成本的重要环节。采购作业管理的工作内容包括货源调查和供应商评审、建立供应商档案记录、采购作业操作、采购订单跟踪、抽检货品质量、控制进度、安排运输、到货验收入库、验收报告登录、库存事务处理、退货、退款、补充货品、返工处理等。采购作业计划应该遵循近期详细且确认、远期粗略且未确认的特点。采购作业流程如图11-9所示。

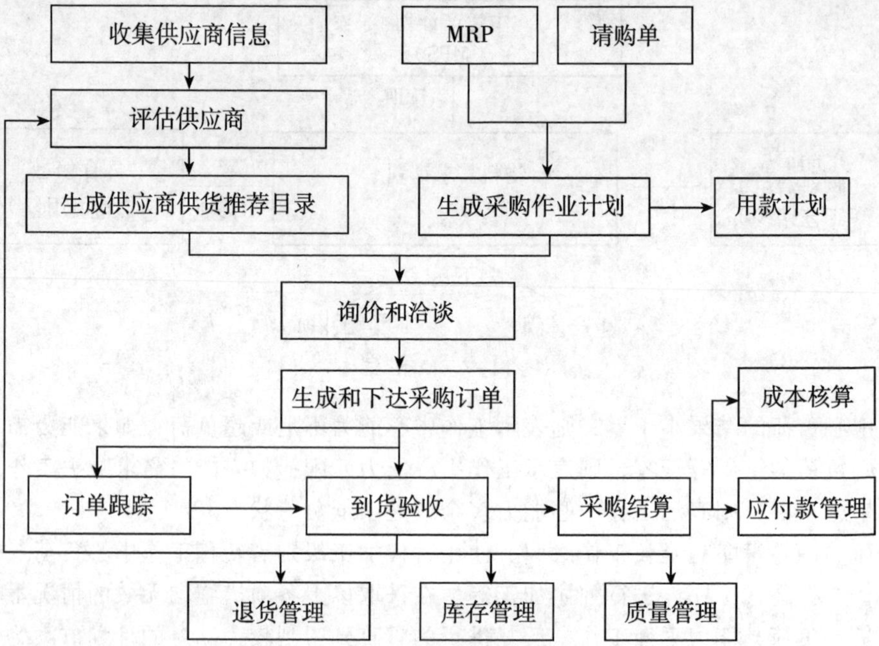

图11-9 采购作业流程

11.1.3.5 生产作业计划

（1）生产作业

生产作业是指借助工装、工具和设备等手段对物料进行加工、表面处理和装配等操作的活动。它是改变物料形态和属性的过程，是实现产品设计、工艺设计以及向客户提交产成品的关键环节，是归集、分摊生产成本和实现价值转移的不可缺少的步骤，是生产管理、调度、协作、监控、分析和决策等管理活动的目标对象。

企业生产流程包括设计、工艺、物料采购、生产作业、库存和销售等环节。生产作业的目标是实现设计的思想、为客户提供所需的产品。在一定程度上可以说，除销售外其他环节都是为生产作业环节提供服务的。当然，每个环节都有自己存在的价值，生产作业环节的价值就在于它是真正改变物料的形态和属性的环节，是一个增值过程。

（2）生产作业管理系统与其他系统之间的关系

在ERP系统中，生产作业管理系统是一个重要的核心系统，它与多个子系统发生关联，它们之间的关系如图11-10所示。MRP生成的生产作业计划是起点，产品结构、工艺和工作中心等信息由基础数据管理系统提供；生产工具和设备状况由设备管理系统提供；生产所需的原材料、毛坯件等由库存管理系统提供；库存中所需要的材料由采购管理系统提供；生产过程中零部件的质量由质量管理系统保障；产品的成本归集与核算由成本管理系统完成。

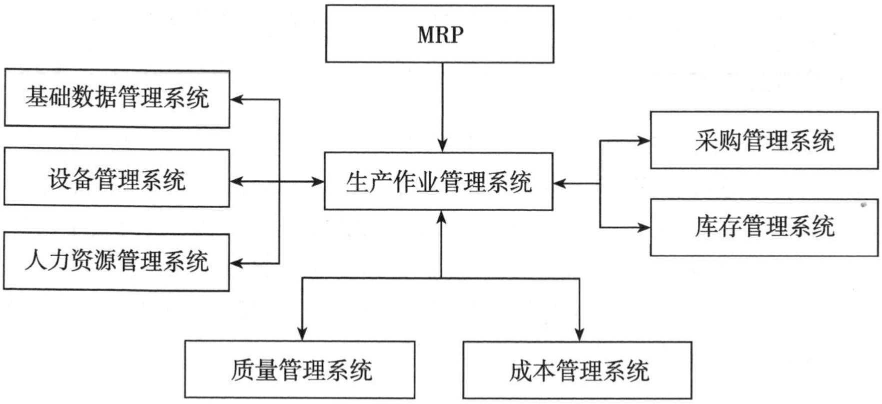

图11-10 生产作业管理系统与其他系统之间的关系

生产作业计划是多个生产作业步骤的合理序列。有些人也把生产作业计划称为生产计划订单，它是开展生产作业活动的依据。生产作业的内容、数量、日期安排和需要的加工手段等为生产作业的各项活动提供了基础。

但是，生产作业计划必须经过确认之后才能真正有效地指导生产作业活动的开展，这是因为生产作业计划是基于各种定额数据计算得到的，这些定额数据是否与实际情况相符，必须经过确认。

11.1.4 ERP的功能与实施

11.1.4.1 ERP的功能

企业是一个复杂的市场经营实体，提供企业全方位管理的ERP系统自然具有复杂的功能。虽然ERP系统的功能原理是清晰的，但是有关ERP系统的功能描述则是模糊的，因为至今还没有一个能够被众人普遍认可的针对ERP系统功能的完整描述。

（1）行业标准中的ERP系统

2003年6月4日，我国信息产业部①发布了编码为SJ/T 11293—2003的中华人民共和国电子行业标准《企业信息化技术规范第1部分：企业资源规划系统（ERP）规范》，该标准已于2003年10月1日正式实施。该标准中规定的ERP系统功能包括环境与用户界面、系统整合、系统管理、基本信息、库存管理、采购管理、营销管理、BOM管理、车间任务管理、工艺管理、MRP、成本管理、人力资源管理、质量管理、经营决策、总账管理、自动分录、应收款管理、应付款管理和固定资产管理等20个功能模块的功能描述、评比标准以及各功能描述的重要程度。

（2）权威机构对ERP系统功能模块的认识

除了SJ/T 11293—2003标准之外，我国还有许多权威机构对ERP系统的功能提出了自己的看法。这些权威机构包括国家制造业信息化重大工程管理办公室、国家863计划监督委员会等。它们提出的观点认为，ERP系统功能应当包括生产管理、采购管理、销售管理、库存管理和财务管理5个功能领域和23个功能模块。这个观点是ERP系统应

① 2008年改称工业和信息化部。

具备的最低功能，因为它没有涉及ERP系统的环境和经营决策要求等内容。

11.1.4.2 ERP的实施

ERP的实施是指将ERP系统合理地应用到客户的实际业务环境中，建立ERP运行系统的过程。对于系统实施成功的关键因素，不同的专家提出了许多不同的看法。信息系统专家萨姆纳（Sumner）认为，系统实施成功的关键因素是高层管理人员的支持、业务流程重新设计以及流程和软件相适应、用户培训方面的大投入和避免定制。咨询管理专家Bingi则认为高层管理者的支持、业务流程重组、ERP系统与企业业务系统的集成、咨询顾问的选择以及管理和职工培训等是关键因素。

11.2 会计决策支持系统概述

11.2.1 会计决策基本概念

11.2.1.1 决策的定义

“决策”一词的英语表述为decision making，意思是作出决定或选择。时至今日，对决策概念的定义不下上百种，但仍未能形成统一的看法，诸多定义归纳起来，基本有以下3种理解：

❶决策是一个包括提出问题、确立目标、设计和选择方案的过程。这是广义的理解。

❷决策是从几个备选的行动方案中作出最终抉择，是决策者的拍板定案。这是狭义的理解。

❸决策是对不确定性条件下发生的偶发事件所作的处理决定。这类事件既无先例，又没有可遵循的规律，作出选择要冒一定的风险。也就是说，只有冒一定的风险的选择才是决策。这是对决策概念最狭义的理解。

赫伯特·西蒙认为：决策就是作出决定的意思，即对需要解决的事情作出决定。

亨利·艾伯斯曾说：“决策有狭义和广义之分。狭义地说，决策是在几个行为方案中作出选择。广义地说，决策还包括在作出最后选择之前必须进行的一切活动。”

里基·格里芬指出：“决策是从两个以上的备选方案中选择一个的过程。”

综上所述，即决策是行为的选择，是人们在一定的人、财、物以及技术和时间的制约下，为实现特定的目标，从多个可供选择的策略或方案中作出决断，以求得最优或较好效果的过程。

11.2.1.2 决策的分类

决策可从多个角度进行分类，根据决策问题的结构化程度，决策可分为结构化决策、半结构化决策和非结构化决策。结构化程度是指对决策问题的环境和规则是否能用明确的语言和其他手段（数学、逻辑、图形、图像）给予清晰的说明和描述的程度。

结构化决策是指决策方法和决策过程有固定的规律可循，问题的本质和结构十分明确、易于识别，可以利用或建立适当的数学模型，通过求最优解或近似最优解产生决策方案，这种问题在计算机上存在可实现的算法和相应的数据，如财务管理中的最优库存模型的确定、求解等。

半结构化决策介于结构化决策和非结构化决策之间，即其决策方法和决策过程有一定的规律可循，但解决这类问题所需的信息具有不确定性或某些模糊性，而且这些信息也不能完全获得。对这类问题可以建立适当的模型，但不能得到最优解，决策者通常需要借助灵活的专用模型，通过调整有关的决策参数以符合实际决策的需要，以此来改善决策的有效性，扩大和增强决策者处理问题的能力和范围。计算机的主要作用在于提供必要信息，帮助建立模型，并且能对模型求解，如原材料价格变动等。

非结构化决策的本质和结构十分复杂，无固定的决策规则和模型可依，一般靠人的主观能动作用加以判断来解决这类问题。它与决策者的经验、知识水平、思维能力和才干有关。由于没有固定的模式、方法和步骤，该类问题难以用计算机实现，一般只能由计算机根据决策者的不同需要提供必要的信息，如国家颁布了对企业有重大影响的政策等。

11.2.1.3　会计决策

会计决策是在会计法规与制度的制约下，通过选择那些会计准则许可的能够通过会计报表审计的方法，达成对会计报表业绩的控制。会计决策主要有两种观点：

❶属于管理会计范畴的决策会计（decision accounting）的工作被看作会计决策。这是目前在开发会计决策支持系统时被广泛采纳的观点。

❷会计决策应该包括财务会计决策和管理会计决策。不过，这种观点的支持者并没有明确界定什么是“财务会计决策”。

会计决策，是企业管理部门为了取得某种由财务报告披露出来的会计结果，在会计环境的限定下，作出行为选择的过程和结论。

11.2.1.4　会计决策的复杂性

会计决策对企业的运营状况有显著影响，任何企业至少都要对折旧政策、存货计价政策、商誉摊销政策、薪金支付政策、社会保障政策、股利分配政策等作出选择。会计决策的复杂性主要表现在以下方面：

（1）会计决策利益动机的复杂性

一项会计决策可能涉及多个利益主体，是典型的多目标决策。管理人员常常要在企业利益、自身利益、股东利益、债权人利益及社会利益之间进行取舍和权衡。

（2）会计决策过程的复杂性

会计决策问题通常为半结构化或非结构化问题，其求解过程为非线性求解过程。

(3) 会计决策信息的复杂性

会计决策具有信息决策的性质，信息量大，彼此之间关系复杂。

(4) 会计决策知识的复杂性

一项会计决策往往是多人协作的结果，而且需要决策者具备良好的专业素质和丰富的工作经验。

11.2.2 会计决策支持系统

11.2.2.1 决策支持系统

决策支持系统（decision support system，DSS）的概念最先是由美国麻省理工学院的高瑞（Gorry）和莫顿（Morton）针对传统的MIS提出的，他们认为DSS是支持决策者对半结构化决策问题进行决策的系统。后来莫顿等人提出了更具体的看法，强调DSS是支持而不是代替管理者进行决策。尽管DSS目前还没有严格的定义，人们对它的理解还存在异议，但是这些看法还是有很多共同之处的。例如，DSS是支持而不是代替决策者；DSS主要是支持上层管理的半结构化决策问题；DSS是交互的计算机系统，具有适用的人机交互界面等。所以决策支持系统的定义有广义和狭义之分。

从广义上来说，决策支持系统是以管理科学、计算机科学、行为科学和控制论为基础，以计算机技术、人工智能技术、经济数学方法和信息技术为手段，主要面对半结构化决策问题，支持中高级决策者的决策活动的一种人机交互系统。

从狭义上来说，决策支持系统是帮助决策者利用数据、模型、方法、知识推理等去解决非结构化决策问题的人机交互系统。它主要由会话系统、数据库、模型库、方法库、知识库及其管理系统组成。

支持是指这个系统是帮助决策者进行决策，而不是代替它进行工作。

决策支持系统是一种以计算机为主要手段的信息处理系统。其主要目标就是支持管理中的半结构化决策。它具有以下特点：

❶决策支持系统具有较强的人机交互功能。在动态过程中及时地沟通决策者与决策支持系统。

❷决策支持系统的信息基础不但包括直接反映企业内、外部环境、条件的数据，而且积累了与决策问题有关的知识、经验。

❸决策支持系统面向管理决策问题，具有较强的问题处理能力。它能利用与决策有关的数据、模型和知识、经验来协助决策者明确目标、探索方案、分析和选择方案。它不代替决策者作结论，而是对决策者提出的问题迅速作出反应，提供有关背景材料，协助决策者进行推理、求解。

11.2.2.2 会计决策支持系统

(1) 会计决策支持系统的定义

学术界从不同的角度对会计决策支持系统（accounting decision support system，ADSS）的定义有所不同，但综合起来主要包括以下内容。

ADSS是DSS的一个重要应用。它以现代管理科学和信息技术为基础，运用数量经济学、模糊数学、控制论和模型技术等方法，建立适当的模型为决策者服务，是会计信息系统的最高阶段。ADSS中的财务决策，主要是从价值、风险、战略等角度对企业中与价值管理有关的非确定性决策进行辅助支持。它涉及目前的财务管理、成本管理以及管理会计的内容，但并不属于某一特定领域，相反由于它是一种应用或实践，ADSS的发展会促使学科的整合，形成它所特有的知识库。所以说ADSS提供决策支持是会计管理或价值管理的重要方面。它主要是一种战略层面的价值管理，将来的ADSS将结合战略管理，更多地引入定性分析，因为它更重视是否有效而非效率。

因此，ADSS是以价值为核心，是帮助决策者的，面向企业或整个供应链的，对半结构化或非结构化价值决策进行支持的系统，其定义可以描述为：

ADSS是DSS的一个重要应用领域，是会计信息系统发展的最高阶段。它是以现代管理科学和信息技术为基础，以财务管理和管理会计提供的模型为基础方法，综合运用数量经济学、模糊数学、控制论、模型技术和数据库技术等，对会计信息和企业其他信息进行分析和挖掘，主要从价值和风险以及战略等角度对企业管理特别是价值管理中半结构化和非结构化决策问题进行决策辅助支持的人机交互系统。

（2）会计决策支持系统的特征

ADSS在充分利用决策者的经验、智慧和判断力的同时，又能充分利用系统提供的大量信息，并通过数学模型对信息进行仿真计算。因此ADSS的主要特征包括：

❶面向决策者。ADSS主要用于支持中、高层领导或知识工作者（如工程师），辅助制定企业会计决策问题。ADSS的输入、输出、起源和归宿都是决策者，因此在分析和设计ADSS时，需要考虑决策者在这个系统中的主导作用。决策者的偏好、技能、知识不同，决策过程不同，对ADSS的要求也会不同。

❷主要解决半结构化或非结构化的决策问题。结构化的决策问题具有很强的规律性，过程结构比较简单，可由计算机系统自动作出决策。而非结构化的决策问题的决策过程十分复杂，往往毫无规律可循，一般难以用定量数学方法、明确的模型和语言来描述其决策过程，而只能凭决策者的主观行为（学识、经验、直觉、判断力、洞察力、个人偏好和决策风格等）作出判断。这类问题更无所谓最优解的决策问题。半结构化决策问题介于以上两者之间，兼有它们各自的部分特点，其决策过程和决策方法有一定的规律可循，但又不能完全确定，即有所了解但不全面、有所分析但不确切、有所估计但不确定。所以半结构化和非结构化决策问题，既要利用自动化数据处理，又要靠决策者的判断，因此对人的技能要求不同于传统的数据处理系统。

❸强调ADSS的支持作用，是“支持”而不是“替代”。结构化决策问题可以在无人干预下解决，而ADSS是靠人最后作出有效决定的。人是决策的主体，ADSS力求为决策者扩展作出决策的能力，而不是取而代之，在决策过程中不能过分强调计算机的作用。

❹模型与用户共同驱动。决策过程和决策模型是动态的，是根据决策的不同层次、周围环境、用户要求以及现阶段人们对决策问题的理解和已获得的知识动态确定的。ADSS除存储与活动有关的各种数据外，还存储与决策有关的各种专门知识和经验，各

种数学模型和经济管理模型与方法也以一定的组织形式存储于模型库中，以备灵活调用。

❺具有灵活的、方便的人机交互功能。用户可使用接近自然语言的方式下达指令，输入方便，格式自由，输出结果大量采用图表方式，直观形象，易于非计算机专业人员掌握和理解。用户通过大量、反复、经常性的人机对话方式，将计算机无法处理的因素（如人的偏好、主观判断力、经验、价值观念等）输入计算机，以此规定和影响决策的过程。

案例窗11-1

复习思考题

1. ERP的概念是什么？ERP的作用是什么？

2. 简述ERP的发展历程。

3. ERP的核心计划包括哪些？

4. ERP的功能包括哪些？

5. 会计决策的复杂性主要体现在哪几个方面？

6. 根据决策问题的结构化程度，决策可分为哪几类？

7. 会计决策支持系统的主要特征有哪些？

8. 如果你所在企业没有会计决策支持系统，而你是企业的财务经理，你如何说服董事会购买会计决策支持系统？

第12章 计算机会计信息系统审计

学习目标

◆重点掌握计算机审计的方法。
◆掌握会计信息系统的内部控制内容。
◆了解会计信息系统审计的必要性。

12.1 计算机会计信息系统审计的必要性

随着我国计算机产业的迅速发展，计算机在管理信息处理领域的应用越来越广泛，特别是会计信息系统的应用，使会计处理在诸多方面（如内部控制、信息处理流程、信息存取等）发生了很大变化。这些变化不仅对审计技术和方法产生了极大影响，而且使计算机成为有力的审计工具。会计信息处理的计算机化是计算机审计产生的直接原因。掌握一套新的审计理论和技术方法，成为审计人员面临的新课题。审计人员要想在计算机信息系统环境下有效地开展审计工作，必须熟悉计算机审计的基本理论，熟练应用计算机审计的技术与方法。

计算机审计在国内外学术界和实务界有许多叫法，如电子数据处理系统审计、会计信息系统审计、计算机信息系统环境下的审计等，通常用来描述与计算机应用系统相关的审计活动，审查并评价计算机数据处理环境中的内部控制过程。

计算机会计信息系统对审计的影响包括：

（1）对审计环境的影响

计算机处理对组织结构和职责，尤其是对数据处理职能的影响，改变了审计环境。计算机数据处理系统将众多的处理步骤都汇集在一个部门内，即数据处理中心，减少了在手工系统记录过程中必须通过职责分配才能实现的内部控制。

（2）对审计线索的影响

计算机的应用导致了审计线索的变化，在会计信息系统环境下账务处理全部由计算机系统按一定的程序指令完成，手工系统下的审计线索基本消失。

（3）对审计过程和审计内容的影响

计算机审计过程分为两个主要阶段，即对计算机系统的评价和对计算机系统所产生的会计数据的评价，并应以着重评价计算机系统的内部控制为主要内容。评价计算机系统的内部控制，即对计算机程序控制进行测试，以证实其处理的合法性、正确性、完整性及系统的安全可靠性，这是审计的重点和前提。除了对已使用的计算机信息系统进行审计外，还应注意在系统开发阶段的事前、事中审计。

（4）对审计准则的影响

在计算机环境下，手工操作下的审计标准和审计准则中的某些部分已经不再适用。我国正在积极地逐步制定与国际接轨的电子数据处理环境下的审计准则。

（5）对审计技术和审计方法的影响

在手工系统下，可采用顺查、逆查、审阅、分析、比较等方法进行审计，但在计算机系统环境下，这些方法难以实现。针对电子数据处理系统的特点，应选用适当的方法（如计算机辅助审计技术），对电子数据处理系统的可靠性和有效性及输出信息的正确性和合法性进行评价和审查，以发挥计算机的优势。

12.2 计算机审计方法

计算机会计信息系统的发展催生了计算机审计的发展和变化。在计算机会计信息系统环境下，审计人员一般采用计算机辅助审计技术，以发挥计算机在技术上的优势。计算机会计信息系统审计方法可归纳为三类：

12.2.1 绕过计算机审计

从20世纪50年代中期至60年代中期，计算机管理信息系统还处于起步阶段，系统结构和应用环境简单，计算机没有得到广泛深入的应用，审计人员还未更新知识、掌握计算机技术，因此，他们通常绕过计算机进行审计。

绕过计算机审计，是将计算机信息系统仅仅看作存储和处理数据的机器，审计时着重检查输入前的会计凭证和打印出的结果，通过对输入数据和输出结果的审查、分析和比较，实现对系统的审计。这种方式产生于电子数据处理系统审计的初期，实际上是审计人员对计算机会计信息系统采取的一种手工审计方式。由于绕过计算机审计简单、直观，可以运用审计人员较熟悉的方法，没有计算机知识的审计人员也能完成审计任务，因而在电子数据处理系统审计初期采用此方法。

12.2.1.1 绕过计算机审计方法的优点

（1）审计技术简单

绕过计算机审计与手工会计信息系统下的审计方法没有多大区别，是在计算机审计的初期阶段，审计人员对计算机知识了解不多的情况下，广泛采用的一种方法。

（2）较少干扰被审计系统的工作

在使用这种审计方法审计时，审计人员既不需要使用被审计系统的计算机，也不需要查看被审计系统的程序、计算机硬件，因此，也就不会干扰被审计系统的工作，从而使审计工作容易得到被审计单位的理解和支持。

12.2.1.2　绕过计算机审计方法的缺点

（1）审计线索和依据不充分

绕过计算机审计的方法首先要求系统打印出审计所需要的线索和证据。但打印出来的会计信息主要是对内和对外的报告，只是会计信息的一部分，而需要审计、检查的一些信息也许并没被打印出来。

（2）不能取得足够的审计证据

将会计数据输入系统后经过简单的处理，即可打印输出一些信息。审计人员很容易将输入与输出进行核对，如果存在问题，很容易发现。但是，如果输入会计数据需要经过多次计算、反复分类、汇总、分配、归集等处理以后，就很难直观地看出输入与输出之间的联系。例如，在成本核算系统中，只看输入的费用数据和其他输入数据，再与输出的产品成本计算表进行比较，就很难确定成本报表的正确性。

（3）难保打印的审计资料的真实性

审计人员只能依靠被审计单位打印出来的书面资料进行审计，但至于这些资料是否真实，审计人员并没有把握。所以，审计人员如果过分依赖被审计单位提供的书面资料进行审计，可能会作出错误的判断。

12.2.2　穿过计算机审计

穿过计算机审计是对计算机会计信息系统的内部过程进行检查与评价的审计方式。审计时要深入计算机内部，并利用计算机对其内部的具体处理过程进行直接审查，主要包括计算机程序审计和数据库文件审计。这种方式是在计算机会计信息系统大量出现、系统的结构趋于复杂、系统的规模趋于庞大及计算机软硬件技术在审计人员中已普及的条件下展开的。

12.2.2.1　穿过计算机审计方法的优点

（1）审计结果可靠

穿过计算机审计要求审查计算机内的程序和文件，这样就可以把系统进行数据处理的方法和原则审查清楚，从而得到对会计信息系统进行评价的可靠证据，使审计结果可靠。

（2）审计的独立性较强

穿过计算机审计方法是直接对被审计单位的各个运行部分进行审查，而不是依靠被审计单位提供的会计信息系统的运行结果进行审查，审计的独立性较强。

12.2.2.2　穿过计算机审计方法的缺点

（1）对实施审计的人员要求高

穿过计算机审计要求审计人员具备较多的计算机知识，了解被审计系统所使用的操作系统、程序设计语言、数据结构、系统的主要功能等，需要使用一定的计算机辅助审计技术进行审查。

（2）增加审计成本

穿过计算机审计需要使用计算机辅助审计技术，因此，一般需要购置或开发计算机辅助审计软件，要占用被审计系统的工作时间，有时还要聘请计算机专家参加审计，这无疑会增加审计成本。

12.2.3 使用计算机审计

使用计算机审计是将审计程序步骤编成计算机程序，运用计算机直接阅读、选择和复核处于机器可读状态的各种数据。一些公司把计算机作为审计人员执行审计任务的一种工具，开发了审计软件，审计软件包括专用审计软件和通用审计软件。专用审计软件是为了对某个特定的会计信息系统或某个审计项目进行审计而研制的。通用审计软件可对众多不同客户所使用的计算机会计信息系统进行审计，可以帮助审计人员对存储在计算机内的程序和文件进行审查。

使用计算机审计方法的优缺点与穿过计算机审计方法的优缺点基本相同。通用审计软件的最大优点在于审计人员能够独立处理被审计单位的“活动数据”。

三种审计方法各有一定的适用范围，一般来说，绕过计算机审计适合比较简单的会计信息系统，而穿过计算机审计和使用计算机审计适合比较复杂的会计信息系统。穿过计算机审计和使用计算机审计是密切相关的，因为穿过计算机审计也是利用计算机的硬件和软件，因此，使用计算机审计是穿过计算机审计的延伸。

12.3 计算机会计信息系统的内部控制

12.3.1 内部控制的含义

内部控制是指一家单位为了实现其经营目标，保护资产的安全、完整，保证会计信息资料的正确、可靠，确保经营方针的贯彻执行，保证经营活动的经济性、效率性和效果性，而在单位内部制定的各种规章制度、管理方法、业务处理手续等控制措施的总称。计算机会计信息系统的内部控制是内部会计控制的一种特殊形式。《企业内部控制基本规范》明确指出：“企业应当运用信息技术加强内部控制，建立与经营管理相适应的信息系统，促进内部控制流程与信息系统的有机结合，实现对业务和事项的自动控制，减少或消除人为操纵因素。”

12.3.2 计算机会计信息系统对内部控制的影响

计算机环境使传统的会计系统组织结构、会计账务处理流程及内部控制制度等发生了很大变化，其中对企业内部控制制度的影响最为显著。这主要表现在以下方面：

（1）控制方式发生变化，由单一制度控制转为程序控制和制度控制

在手工会计系统中，内部控制的方式主要是人员的内部牵制制度。计算机会计信息

系统中会计账务的集中化处理，使传统的内部控制措施（如试算平衡的检查，总账、明细账的账账核对等）消失了，取而代之的是计算机内部控制措施，如凭证借贷平衡校验、余额发生额的平衡检查。随着远程通信技术的发展，会计信息的网上实时处理成为可能，业务事项可以在远离企业的某个终端机上瞬间完成数据处理工作。计算机会计信息系统的内部控制制度是由人通过会计软件来实现的，由人和计算机相结合来共同完成。

（2）控制对象发生变化，由以对人的控制为主转变为以对人和机器的控制为主

在手工会计系统中，内部控制的对象主要是会计对象、工作情况、信息处理方法和处理程序等。企业的经济业务发生均记录在纸张之上，并按会计数据处理的不同过程分为原始凭证、记账凭证。在计算机会计信息系统中，会计凭证转变为以文件、记录形式存储在磁性介质上，使会计核算无纸化，修改数据不留痕迹。随着电子商务、网上交易、无纸化交易等的推行，每一项交易发生时，该项交易的有关信息都由业务人员直接输入计算机，并由计算机自动记录，原先使用的每项交易必备的各种凭证、单据被部分地取消了，原来在核算过程中进行的各种必要的核对、审核等工作有相当一部分变为由计算机自动完成了。

（3）加大控制舞弊、犯罪的难度

在手工会计系统中，会计人员的粗心大意、疲劳或处理环节过多等会产生无意识错误。而在计算机会计信息系统中，输入数据正确、计算机程序正确和设备正常运转三者同时具备才能保证财务信息的准确性，如果上述的任何一方出现差错，就会使处理结果错误。现实中，由于存储在计算机磁性介质上的数据容易被篡改，有时甚至能不留痕迹地被篡改，加之数据高度集中，未经授权的人员有可能通过计算机和网络浏览全部数据库文件，复制、伪造、销毁企业重要的数据。因此，计算机犯罪具有很大的隐蔽性和危害性，发现计算机会计信息系统中的舞弊和犯罪的难度较之手工会计系统更大。由于控制方法、对象等方面的变化，企业原有的内部控制制度已不能适应计算机会计信息系统的要求，因此进一步完善企业内部控制制度已刻不容缓。完善计算机会计信息系统内部控制的基本思路为：坚持明确分工、相互独立、相互制约的安全管理原则，建立系统的人工与机器相结合的控制机制，使计算机会计信息系统运行的每一个过程都处于严密控制之中。

12.3.3　计算机会计信息系统内部控制的主要内容

计算机会计信息系统内部控制按照控制范围，分为一般控制和应用控制。一般控制是指对计算机会计信息系统的组织、开发、应用环境等方面进行的控制，它是对有关全局问题采取的措施，主要包括各部门之间及部门内部的组织与管理控制、系统开发与维护控制、系统操作控制、系统安全及文档控制等。应用控制则是对计算机会计信息系统中具体数据处理活动所进行的控制，一般包括会计数据的输入控制、处理控制和输出控制三个方面，目的是具体控制会计应用的过程，确保全部的经济业务都经过授权和记录，并进行完整、准确和及时的处理。一般控制是应用控制的基础，应用控制是一般控制的深化，二者相辅相成。

12.3.3.1 一般控制

（1）组织与管理控制

由于计算机会计信息系统的操作流程与业务处理方式的变化，会计部门的组织结构和职责分工需进行适当调整。组织控制的关键在于职责的分工。审计人员应检查被审计单位的组织结构、职权和责任的分配情况。在计算机会计信息系统中，同样需要保持人员分工的制度，即实物的记录与资产的保管由不同的人负责，并定期进行盘点核对。

（2）应用系统开发和计算机系统操作控制

计算机会计信息系统在开发过程中，应对计算机程序、数据库文件、电子通信网络和输入输出资料提供足够多的安全措施，如通过使用密码的方式来限制对系统的访问，有助于确保只有经过授权的人才能够操作会计信息系统。为了保证信息的安全性，要防止未经授权更改或删除电子数据，对会计数据修改或删除的权力只赋予被授权的人；计算机系统能够辨认访问者的访问权限；电子数据要有备份，备份数据能得到妥善保管。

（3）软件控制

系统软件是一组用来实施系统管理、支持和控制应用程序运行的程序。系统软件可以提供一系列控制功能。这些控制功能主要有：

❶处理错误的控制功能。操作系统应当能够自动弹出诸如“文件未找到”或“文件未打开”等提示，并等待新的操作指令。

❷系统使用权限的控制功能。这主要包括文件的保护控制。利用加锁和密码等方式控制输入设备的使用；对某些文件的操作或权限设置，如“只读”访问等，应该对密码的使用权限进行控制。

❸防止病毒侵入的控制功能。这一功能可以利用反病毒技术，如计算机病毒的预防技术、计算机病毒的检测技术和计算机病毒的消除技术来实现。另外，对外来的U盘等要采取管制措施，防止未经检测的U盘与系统直接接触。同时，要制定文件复制权限和保护制度。

❹对计算机会计信息系统软件的控制功能。这主要是了解软件系统所需达到的目标和实现方式，了解计算机输出的内容和格式。具体内容有：审查财务软件是否通过财政部门和国家审计部门的评审或者批准；审查财务软件的设计是否符合国家的财经制度和会计准则的规定；审查会计科目的设置是否科学、合理；审查会计信息系统输出的格式和内容是否满足管理部门和其他部门的要求。

（4）硬件控制

计算机会计信息系统投入使用后，应加强对机房和硬件的控制，保证硬件的可靠性就成为内部控制的重要组成部分。硬件控制主要包括检查硬件是否具备随机配备的为防止硬件运行失灵和保证计算机运行可靠的一些控制功能。

12.3.3.2 应用控制

（1）输入控制

会计信息系统输出的信息质量，主要取决于输入数据的真实、准确和完整的程度，由此必须在输入时采用一定的校验方法来保证输入数据的正确性。可以采用人机结合的方法，以计算机程序校验为主、人工校验为辅的原则，严格控制输入数据的正确性。输入控制主要包括数据采集控制和数据输入控制。数据采集控制的目的在于确保应用系统在合理授权的基础上完整地收集数据，正确、安全地传递输入数据。

（2）数据处理过程控制

数据处理过程控制的目的是保证数据处理的正确性，即防止系统功能的调用次序错误、计算出错、用错文件或记录、数据出错等影响处理结果的正确性。数据处理过程控制的各种措施，大部分被写入会计文件，是由具有特定功能的程序来完成的，因此这种控制往往是自动进行的。需要指出的是，有些会计软件的控制功能可能不够全面和完善，需要人工予以配合，因此这些控制措施仍然采用人机结合的控制方法。数据处理过程控制的主要内容是：各项操作的次序控制、试算平衡控制、文件标签控制、操作状态控制、文件状态及机内数据有效性检查等控制措施。

（3）输出控制

输出控制是指对输出结果进行的控制，主要包括检查、核对输出资料的正确性，将发现的输出错误登记列表，并对输出资料进行妥善的保管等内容。具体措施包括：

❶输出授权控制。只有经过授权的人才能进行输出操作。

❷审查输出结果，检查其正确性和完整性。

❸打印输出会计账表时，软件应有一定的控制功能，错打、重打应留记录，进行打印时应方便、不重、不漏。制定输出错误纠正制度和对主要数据进行处理的规定。

❹设置输出报告发送登记簿，记录报告发送份数、时间、接收人等事项。输出的U盘、移动硬盘等存储介质，应及时贴上外部标签和加写保护，以便存储或上报使用，同时应登记输出资料备查簿。

拓展阅读12-1

素养园地

推动智能审计的发展

党的二十大报告指出要“构建优质高效的服务业新体系”，审计事业应坚持以党的二十大精神为指引，利用新兴科学技术推动其向智能化发展。

一、我国审计现状

首先，审计的手段不断创新。现代化审计手段得到广泛应用，极大提高了审计的效率和准确性。

其次，审计工作逐渐规范化、标准化、精细化。我国审计署积极出台相关审计标准指南，促进提升审计工作水平。审计工作的规范化和标准化有助于提高审计数据的质量和可比性，为审计结果的科学分析和综合评价提供了重要基础。

最后，审计信息公开和公众参与程度不断提升。近年来，我国政府部门和审计机构均加大了对审计信息主动公开的力度，通过互联网政务平台和移动应用程序向社会公众提供了审计结果，促进了社会公众对领导干部经济责任审计以及社会审计的监督和参与。

二、智能审计模型的应用价值

首先，提升审计自动化水平。人工智能能够对大量的审计数据进行分析和解读，自动识别异常模式、潜在风险以及可能的欺诈或错误，帮助审计师更高效地发现问题。

其次，支持自动化审计联动。在审计人员开展工作遇到阻碍时，模型中的自动化工作实施程序模型支持自动化审计联动请求。这种模式不仅快速、安全，并且在很大程度上减少了审计人力资源的投入，实现更加高效的自动化审计联动。

最后，打通"信息共享"渠道，解决"信息孤岛"问题。信息共享的类型主要分为点对点、点对多以及多对多。人人交互模式向人机交互模式的改变成为新趋势。智能审计模型将减少"信息孤岛"，打破共享壁垒，增强审计信息的流动性以及利用效益。

智能审计模型的发展仍然处在早期，有很多的问题需要突破，但人工智能与审计的结合依然是审计行业未来发展的重要方向。

资料来源　王怡悦，吴东方，徐子毅. 基于 Chat GPT 的智能审计研究［J］. 商业会计，2024（3）：26-31.

【价值塑造】

进行价值塑造，使学生了解党的二十大报告中提到的"构建优质高效的服务业新体系"。人工智能与审计的结合依然是审计行业未来发展的重要方向。我们要对审计行业的发展充满信心，对中国的未来充满信心。

复习思考题

1. 计算机会计信息系统审计方法包括哪些？
2. 简述绕过计算机审计的优缺点。
3. 简述会计信息系统对内部控制的影响。
4. 简述一般控制中系统软件控制的主要功能。
5. 输入控制的方法有哪些？

第13章 IT环境下的会计信息系统

学习目标

- ◆重点掌握IT环境下会计信息系统的发展。
- ◆掌握云会计、财务共享和智能财务的含义。
- ◆了解可扩展商业报告语言（XBRL）的作用。
- ◆了解未来会计的发展趋势。

当前，以大数据、智能化、移动互联网、云计算、物联网为代表的信息技术（IT）正在构成新的IT环境。IT将企业内部与外部信息资源紧密联系和深度融合；推动了企业财务与会计相关功能的融合；推动了内部控制、预算管理、资产管理、负债管理、财务会计核算与报告、管理会计、人力资源管理、财务资本管理等的联系与融合；在IT环境下，财务会计核算不再拘泥于会计科室的小天地，而是与整个社会以及企业内部的前端、中端和后端整体管理息息相关，会计也加入了共享、融合的行列。

与传统的计算机和互联网不同，新一轮IT技术带给会计的影响更为深远、广泛。信息技术在会计领域的应用，首先反映在技术本身的扩展上，即计算机信息技术在会计中的直接应用，如会计信息系统的应用。其次反映在经济管理活动的扩展上，即互联网技术应用使会计活动的时间与空间范围有所扩展、使会计的组织结构从集中走向共享、使会计流程与企业业务流程融合。例如，企业ERP的实施、云会计和财务共享服务体系的构建，都体现了其在经济管理活动中的应用。最后反映在大数据、智能化、移动互联网、云计算、物联网等信息技术的扩展上，即智能财务、大数据财务决策等应用。

13.1 IT环境下会计信息系统的应用

13.1.1 云会计

13.1.1.1 云会计的定义

云会计是指云计算环境下的会计工作，其实质是利用云技术在互联网上构建虚拟会计信息系统，完成企业的会计核算和会计管理等内容。这种对会计信息化的建设与服务采用外包的模式，将进一步推动会计工作向前发展。

13.1.1.2 云会计的特点

在传统意义上，企业会将自己购买的会计软件视作一项产品，并将其安装于电脑操作系统中。随着云会计软件的出现、理财系统的进入，管理理念发生了变革。在云会计框架下，会计信息通过网络导入，企业通过线上服务提供商购买到的是会计软件的使用权，而非所有权。

13.1.1.3 云会计的优势

作为现代企业财务管理信息化的“利器”，云会计的显著优势在于远程操控。在云会计环境下，会计信息共享在“云端”，通过手机、平板和电脑等终端，财会人员可以随时随地对会计业务进行处理，大大提高了财会人员的工作效率；企业管理者可以实时通过财务信息与非财务信息融合后的挖掘分析，对企业的经营风险进行全面、系统的预测、识别、控制和应对，实现企业对市场变化的柔性适应。

13.1.1.4 云会计的发展

虽然云会计的应用能带来诸多便利，但是仍有许多企业对采用云会计保持观望态度，这主要是出于对会计信息安全性的考虑。基于云计算的部署模式，大量数据存储在同一云端，一旦云存储中心遭到破坏或者攻击，后果将是无法承受的，无数的企业将会受到影响。在同一云端中，如果企业的核心数据意外地泄露给其他公司，也将会带来严重的后果。

云会计服务提供商的选择直接关系到企业会计信息化实施的成效，因而企业应慎重选择云会计服务提供商。在选择云会计服务提供商时，应对服务商的规模、对外服务、价格和信誉等因素进行综合考虑，同时需考虑云会计服务的安全性、稳定性、可定制性、可扩展性及技术支持。

例如，金蝶公司提供的金蝶精斗云“云会计”面向小微企业的全流程管理，打造了全新的管理模式，打开浏览器就可以工作，无须安装维护，系统自动更新，操作方便，界面简洁，快速建账，一键导入财务数据，智能记账，手机拍票据，智能生成凭证，App移动操作，随时随地记账，多人多终端高效协调，以及一键式结账，期末处理轻松搞定，账簿与报表自动生成，减少了财务人员的工作量。

13.1.2 财务共享

13.1.2.1 财务共享服务中心

IT技术的发展，特别是云会计的运用及推广，极大地推动了“财务共享服务”概念在企业界的实践和推广。财务共享服务中心（financial shared service center，FSSC）是近年来国际上各类共享服务中最为流行的会计和报告业务管理方式，通俗地说就是财务文件管理外包服务。它将不同国家、地点的企业的各种财务流程集中在一个特定的平台来完成。具体运作即公司建立独立的财务共享服务中心，将财务人员集中并进行专业化分工，搭建财务共享平台，以任务驱动进行高效作业，通过财务共享服务中心向其众多的子公司（跨国家、跨事业部）提供统一的服务，各子公司因此不再设立和财务共享服务中心相同功能的部门。财务共享服务中心提供的服务通常有两种：一是以事务性处理功能为主的服务，如账务处理的服务；二是以提供高价值的专业建议为内容的服务，如税务、法律事务、资金管理等服务。从原理上来看，财务共享服务中心是通过在一个或多个地点对人员、技术和流程的有效整合，实现公司内各流程标准化和精简化的一种创新手段。

13.1.2.2 财务共享的特点

财务共享服务主要集中在财务核算业务中重复性高、业务量大、标准化程度较高的业务，主要包括资产管理、总账管理、应收管理、应付管理和费用报销。这种模式在提高效率、控制成本、加强内控、信息共享、提升客户满意度以及资源管理等方面，都会带来明显的收效。财务共享提高财务管理工作的效率与质量，并为企业管理部门提供管理或决策信息，主要有以下特点：

（1）实现信息与业务流程高度集成，有效提升企业会计工作质量

首先，财务业务一体化信息与会计信息实现信息集成，系统根据原始凭证自动生成记账凭证，从源头上保证了会计信息正确性、部门信息一致性及会计信息及时性等问题。

其次，在财务业务一体化系统中，业务信息与会计信息的集成可以实现物流、资金流、信息流的集成，意味着系统可以将会计控制手段与管理制度融合于业务流程中，在业务流程执行过程中实现实时动态控制。

（2）实时同步的信息处理模式，为企业财会人员发挥分析、预测的职能提供保证

企业发生的经济业务活动必然引起一连串的跨子系统的业务处理。前面的业务子系统处理完成后，会触发后面的业务子系统进行相应的业务处理，直到该项业务处理完毕。各业务子系统内部在进行业务处理时，与数据处理实时同步进行，即业务子系统在处理业务时，同时对数据进行采集、实时加工处理，各业务子系统只处理与该业务子系统相关的信息，相关原始数据只要输入一次，就能做到分次或多次被利用，信息不会出现重复采集的问题；同时，对一体化系统内的数据进行维护修改，同一笔业务活动信息的完整性、相关性受到保护。

（3）具有一定的开放性和前瞻性，提高系统的应用价值

财务业务一体化系统要与未来的经营方式和管理方法具有很强的融合和适应能力，具体做法是财务信息系统留有标准的数据接口、标准的数据文件格式和标准的字段定义，财务信息系统的数据自成文件独立存放，并按标准化、规范化的格式进行设计，以扩展财务信息系统的未来发展空间和增强对外界的适应能力。

13.1.3 智能财务

13.1.3.1 智能财务的含义①

随着移动互联网和数字技术的崛起，未来财务已进入IT时代，即大数据、人工智能、移动互联网、云计算、物联网、区块链、5G等技术的交融渗透，再加上财务机器人、财务云、电子发票云、税务云、资产云等各类落地场景的大力推进，这些数字技术带来了财务工作的第三次飞跃，促使传统财务模式被智能化的数字财务彻底颠覆。

智能财务将以人工智能为代表的“大智移云物区”等新技术运用于财务工作，对传统财务工作进行模拟、延伸和拓展，以提高会计信息质量、提高会计工作效率、降低会计工作成本、提升会计合规能力和价值创造能力，促进企业财务工作在管理控制和决策支持方面的作用发挥。

智能财务是一种新型的财务管理模式，是基于财务管理的理论工具和方法，借助智能机器和人类财务专家共同组成的脑机一体化的智能系统。其通过人和机器的有机合作，去完成复杂的财务管理活动，并在管理中不断扩大、延伸和部分替代人类财务专家在财务管理中的活动。智能财务融入了财务活动的方方面面：

（1）会计核算

通过事件驱动和智能会计引擎，财务人员将企业的每一次业务活动都纳入事件库，自动触发财务控制，完成智能对账、智能记账等事务处理，并积累业务事件和会计事件库，相对传统按单核算和控制，大幅并不断加速提升效率。

（2）业财融合

销售赋能：通过自动交互技术和算法模型，为销售人员自动提供订单、项目、品牌、客户等不同维度的毛利评估数据，帮助销售进行精确报价、精准谈判、明智决策。

采购控制：通过舆情分析、知识图谱等技术，为财务人员在审核采购付款时实时识别供应商的信用情况和舞弊风险、大幅降低资金支付风险提供支持。

（3）价值创造

价值创造主要体现在以下方面：

❶资金预测：通过融资组合成本算法、风险系数测算和智能付款排程等技术，在企业进行新品研发、扩大产能等重大决策时，提供智能资金预测支持。

❷客户价值分析：基于RFM模型（衡量客户价值和客户创利能力），洞察客户交易金额和交易活跃度，识别高价值客户或流失客户等，预测客户购买意向和购买力，帮助管理层制定精准营销策略，创新服务方式。

❸供应链金融：通过区块链技术将企业和生态伙伴间的合同和票据转换为不可篡改的数据链，并结合金融机构的信用评估模型和标准，自动出具融资单位的征信报告，帮助企业的生态伙伴基于合法交易获得秒批的融资服务。

传统的财务模式根据业务数据进行会计核算，生成财务数据，再进行财务管理、分

---

① 徐少春在个人公众号上发布的《徐少春数智问答：智能财务将带来什么变化?》。

析和决策。虽然大多基础、简单、标准化的工作由系统自动完成，但财务数据的整理、分析仍会花费大量的人力资源。而智能财务让这种滞后的信息转化为及时响应的信息，让结果的信息转化为过程的信息，让内部的信息和外部的信息有效结合起来，形成全程信息。智能财务和传统财务的主要区别见表13-1。

表13-1 智能财务和传统财务的主要区别

项目	传统财务	智能财务
会计核算	按单核算和控制，工作重复，以人工处理为主	事件驱动，实时控制，规则可积累，重复性工作自动化
业财融合	业务与财务协同难度大，财务不能赋能业务	财务融合到业务活动的每一个环节，有效赋能业务
价值创造	靠经验进行决策，风险难以控制，难以创造共生价值	数据驱动，事前算赢，实现企业价值共生

13.1.3.2 智能财务的特征

（1）人机共生

智能财务大部分工作需要由机器来承担，财务人员应该跟机器有更好的合作和配合。

（2）会计信息和商业智能结合

智能财务是会计信息和商业智能的结合，即业内专家利用IT技术将会计信息与商业智能结合。

（3）业务驱动业财融合

智能财务为财务人员提供了赋能业务、驱动经营，即业财融合，真正履行财务职责，为企业创造更大的价值提供了更便利和有效的工具。

（4）业务和数字化技术相融合

智能财务将数字化技术和财务业务相融合，运用会计核算、报表编制、资金管理、税务管理、成本控制、成本预算、风险控制、财务分析与管理决策支持等工作场景，实现交易处理的自动化、管理和决策的智能化。

13.1.3.3 中国企业应用智能财务的案例

近些年，中国企业积极探索智能财务的实践应用，并取得了突出的成绩。

（1）万科集团：智能审单，实现减员增效

万科集团在武汉、沈阳建成两个财务共享服务中心，涵盖地产、物业、物流、公寓、教育、建筑、家装等10多个业态、近4 000家项目公司。万科集团的财务共享服务中心通过引入RPA（机器人流程自动化）、OCR（光学字符识别）、电子档案、信用管理等智能化应用，全面提升财务交易处理的自动化程度。例如，在财务审单环节，基于信用管理和业务规则，实现50%业务单据的智能审核。

财务智能化应用在提高审单工作效率和质量的同时，也在不断降低人工成本。万科集团在业务量不断增加的情况下，减少10名审核员，实现财务工作的减员增效。

（2）德邦快递：智能编表，满足报表时效的高要求

德邦快递致力于成为以客户为中心，以大件快递为核心业务，涉及快运、整车、仓储与供应链等多元业务的综合性快递和物流供应商，全国网点有近10 000家，为跨行业的客户提供综合性的快递和物流选择。德邦快递的客户量大、单量大、流转数据大，对报表的时效要求非常高。德邦快递通过梳理业务单据与财务凭证之间的数据关联，实现近90%凭证的自动生成、审核，每月自动处理200万份业务单据；通过设置的各项报表结构和业务规则，自动归集、计算、输出报表，每次报表编制时间由4小时缩短到60秒，实现报表实时查询。同时，财务报表数据与管理报表数据独立记账，提升数据支撑的灵活度。

以前需要花费大量人工的记账和报表工作，现由系统自动完成。财务共享服务中心的工作效率提升54%，人员减少60人。在人员大幅减少的同时，依然保证服务质量的提升。

智能财务是“人机”深度交互的新型财务管理模式，是“业财税银”高度融合的信息系统平台，是数字化时代下财务转型的终极方向。在以“大智云移物区”等技术应用为特征的新数字经济的推动下，必将实现智能财务的快速发展和实践应用。

13.2 会计信息系统的发展趋势①

新技术的不断渗透，已经切实影响到会计。大数据技术的应用改变了会计数据和信息的加工、获得方式，改变了企业的决策和控制行为；云计算的应用，改变了会计数据、会计人员的分布和组织形式，改变了会计与业务流程的连接方式；区块链技术将有可能改变会计的基本假设、会计数据的生成模式和会计信息的确认模式；财务机器人的出现，则替代了重复率高、耗费人力时间多的会计业务处理活动；物联网、智能化的技术应用，使得会计信息系统具备了对环境数据的感知能力、自主学习能力和优化能力；移动互联的出现，使会计渗透到企业及社会的各个层面，具有更强的“泛在性”。

13.2.1 区块链

区块链其实就相当于一个去中介化的数据库，是由一串数据块组成的。它的每一个数据块当中都包含了一次比特币网络交易的信息，而这些都是用于验证其信息的有效性和生成下一个区块的。

从狭义来讲，区块链就是一种按照时间顺序将数据区块以顺序相连的方式组合成的一种链式数据结构，并以密码学方式保证其不可篡改和不可伪造的分布式账本。

从广义来讲，区块链其实是一种分布式基础架构与计算方式，它是用于保证数据传

① 应唯. 新信息技术环境下会计信息化的创新与融合［J］. 管理会计研究，2020（1）：8-12.

输和访问的安全性的。

区块链从本质上讲，是一个共享数据库，存储于其中的数据或信息，具有“不可伪造”“全程留痕”“可以追溯”“公开透明”“集体维护”等特征。基于这些特征，区块链技术奠定了坚实的“信任”基础，创造了可靠的“合作”机制，具有广阔的应用前景。

会计的基本职能之一是记录交易，但是会计对交易的记录是有局限性的，那就是对于具有前后连贯特征的一系列经济事项，会计对其的记录是有边界的，也就是会计基本假设之一，会计主体假设给会计工作所设的限。一项跨会计主体的交易，它的会计记录就会脱节，甚至存在相互矛盾的情况。

而区块链技术天生就和会计有不解之缘，这是因为区块链的两个特点：一是区块链的核心功能是完整的、按顺序记录交易链条；二是区块链技术具有防抵赖的公信力。这两个特点都和会计的核心职能密切相关，并且弥补了传统会计手段的欠缺和不足。区块链技术的上述两个特点一旦与会计结合，则给会计假设的突破带来一种可能性。未来的会计会不会超越主体假设，或者至少在会计记录层面超越主体假设，这一问题是会计信息系统未来的研究课题。

13.2.2 大数据

大数据是指以多元形式，自许多来源搜集而来的庞大数据组，往往具有实时性。大数据是指无法在一定时间范围内用常规软件工具进行捕捉、管理和处理的数据集合，是需要新处理模式才能具有更强的决策力、洞察发现力和流程优化能力的海量、高增长率和多样化的信息资产，简单来说，大数据就是海量的数据，就是数据量大、来源广、种类繁多（日志、视频、音频），大到PB级别，现阶段的框架就是为了解决PB级别的数据。大数据的应用是指大数据价值创造，随着大数据技术飞速发展，大数据应用已经融入各行各业，例如：

❶了解和定位客户，商家通过大数据掌握客户需求。

❷提供个性化服务，大数据不仅适用于公司和政府，也适用于我们每个人，比如从智能手表或智能手环等可穿戴设备采集的数据中获益。

❸了解和优化业务流程，如通过定位和识别系统来优化供应链或配送路径。

❹改善城市和国家建设，大数据被用于改善我们城市和国家的方方面面。如很多大城市构建智慧交通，提升资源运用的效率，优化城市管理和服务。

❺提升机械设备性能，大数据使机械设备更加智能化、自动化。例如，丰田普锐斯配备了摄像头、全球定位系统以及强大的计算机和传感器，在无人干预的条件下实现了自动驾驶。

这说明大数据的分析技术，近年来确实已经有了突破。而在会计领域，大数据的应用似乎有点原地踏步，会计大数据，通常是指把会计数据作为挖掘的对象，试图从大量会计数据中推导出孤立会计数据无法提供的有价值的信息。但是，沿着这个思路做会计大数据，路似乎并不能越走越宽。这其实可以理解，会计数据毕竟是企业主体的，它和消费者个人信息的情况不一样。未来可能有两个方面的创新：

（1）将会计数据和其他数据相结合来挖掘出有价值的信息

仅仅挖掘会计信息，信息的来源和维度是有限的，而大数据技术的精髓在于不同来源、不同维度、不同形式的数据相互聚合从而推断出更为精准的事实。这很像数独游戏，从单个九宫格或者单独一行或一列无法判断某个格子里的数，但是，结合九宫格以及相关行列的信息，就更容易判断并形成结论了。所以，会计大数据不应当局限于会计信息本身自娱自乐，而是要与大数据领域的其他应用相结合，融合业务信息、监管信息、企业征信数据、关联方数据、上下游企业数据、宏观经济和社会数据、行业数据等，以对企业、行业甚至宏观经济的事实作出推断，从而帮助宏观管理部门、投资人和其他利益相关方作出更为精准的决策。

（2）利用其他领域的大数据挖掘来改善和提升会计信息质量

企业应该通过前面提到的业务信息、监管信息、行业数据等其他维度信息，对会计信息的整体或者局部的真实性、合理性进行佐证，从而提升会计信息质量；或者在会计信息生产过程中提供用于确定会计政策、形成会计估计的相关信息，从而解决当前会计信息生产过程中主观因素过多、客观证据不够充分的问题（比如在第三层次公允价值和金融工具减值的计算中存在的主观因素）。利用大数据解决此类问题具有很强的现实意义，并可能给会计咨询服务带来新的市场空间。

13.2.3 人工智能

人工智能（artificial intelligence，AI）亦称智械、机器智能，指由人制造出来的机器所表现出来的智能。通常，人工智能是指通过普通计算机程序来呈现人类智能的技术。它是研究、开发用于模拟、延伸和扩展人的智能的理论、方法、技术及应用系统的一门新的技术科学。

人工智能的应用领域主要体现在以下几个方面：

（1）问题求解

人工智能的第一大成就是下棋程序。人工智能程序已能知道如何考虑它们要解决的问题，即搜索解答空间，寻找较优解答。

（2）逻辑推理与定理证明

逻辑推理是人工智能研究中最持久的领域之一。

（3）智能信息检索技术

信息获取和精化技术研究是人工智能的走向，将人工智能技术应用于这一领域的研究是人工智能广泛进行实际应用的契机与突破口。

（4）专家系统

专家系统是目前人工智能中最活跃、最有成效的一个研究领域，它是一种具有特定领域内大量知识与经验的程序系统。

人工智能在会计领域经常会遇到的一个争论题目就是：财务人员是否会被人工智能取代。人工智能并非万能，从功能上区分，会计领域的人工智能大体可以分为两个分支：一是为会计信息的生产服务；二是为会计信息的利用服务。在会计信息的生产方面，电脑能够代替人工做的事情很多，像财务机器人这类的应用可以按照既定规则进行稍复杂的资金清算、估值核算、税单核查等；在审计方面，可扩大审计的范围与深度（过去是重要性抽样）。但是，一家企业会计政策选择、会计估计确定以及逻辑更为复杂的交易如何选择或应用会计政策和具体会计处理方法等职业判断还是需要人来解决的。正因如此，有人得出人工智能无法取代财务人员的结论。

但是，职业判断是否注定成为人工智能的禁区？那也未必。电脑对人脑的替代将是一个不断推进的过程（从AlphaGo到AlphaGo Zero），随着算法、数据和算力的积累和演进，今天做不到的事情，明天也许就可以做到。大数据技术可以为职业判断提供传统技术无法获取的有关经济环境、市场以及市场参与者的数据，而具体如何使用这些数据还需要一个参考借鉴和经验积累的过程。而这个过程离不开人工智能的机器学习。再如，审计师在审计时需要审阅大量交易合同，而交易合同形式各异、内容不同，需要审计师从每一份合同中找出涉及会计确认计量的关键点。但审计师不可能审阅每一份合同，审计失败的原因主要是审计人员对合同本身的理解以及对财务报告确认和计量的认定，利用人工智能对交易合同的审阅学习，可以大大提高对一家企业业务模式的判断以及对金融资产或金融负债分类的合理性的确认，对收入确认期间法或时点法的确定等，以减少审计失败的概率。在会计信息利用方面，目前的人工智能应用很多，包括年报分析预警、智能投资顾问、智能投研报告等。这些应用不仅能够对各种格式财报进行语义处理，提取关键会计数据，还能进行经验积累和自主学习，从而分析企业投资价值，形成投资建议，或者分析财报的可靠性，提示舞弊风险等。

13.2.4　物联网

党的二十大报告指出："加快发展物联网，建设高效顺畅的流通体系，降低物流成本。"因此，物联网的发展，使得会计信息系统具备了对环境数据的感知能力和优化能力。

物联网（internet of things）的概念是在1999年提出的，它的定义很简单：把所有物品通过射频识别等信息传感设备与互联网连接起来，加以识别和管理。物联网是想象空间最为丰富的一个。因为可以联网的这个"物"有无限种可能。没有做不到，只有想不到。凡是生活中带电的东西，包括台灯和插座都已经联网了，不带电的东西加个NFC（无线数据传输方法）芯片也可以联网了。这些东西联网后，带来的功能创新、使用模式创新、风控手段创新、操作流程创新、管理方式创新、商业模式创新层出不穷。从会计角度来审视，物联网主要能够在会计的两个核心方面带来突破：一是确认；二是计量。

确认方面，特别是有形资产的确认，一旦所有东西都有了芯片那就有了电子身份，也就联了网，那么所有关于这些东西的交易事项就可以在第一时间自动实现会计确认。

比如，一个零部件用于制造一台设备，如果这台设备是联网的，而零部件与设备主体之间能够通过NFC交互信息，那么，当零部件安装完成之时，会计系统就可以实时自动将零部件的价值计入该设备的价值。这并非天方夜谭。随着技术的进步和普及以及成本的降低，将来每件商品都可能带有芯片（就像现在每件商品都有条码），结合区块链技术实现原产地认证、生产厂商和技术参数的识别、产权关系及其变更以及使用消耗情况的全记录。会计交易的确认，可能只是这一体系中的一项具体应用。

计量方面，物联网技术可以实现对目前无法计量或难以准确计量的事项的准确计量。

例如，车辆的行驶里程在不同部门或者项目之间的分摊、原材料和低值易耗品成本在不同产品之间的分摊，目前可能很难以合理的成本实现精准计算，只能通过经验进行估计。而一旦车辆或者计量传感器可以通过联网来控制并实时反馈使用消耗等统计数据，那么，以极低成本实现上述分摊的精确计算就成为可能，从而进一步提升企业的精细化管理和成本控制水平。未来，该方法可以进一步应用在医院以及高校等单位的成本核算中。

13.2.5 移动互联

移动互联是移动互联网的简称，是指互联网的技术、平台、商业模式和应用与移动通信技术结合并实践的活动的总称。其工作原理为用户端通过移动终端对因特网上的信息进行访问，并获取一些所需要的信息，人们可以享受一系列的信息服务带来的便利。在当今社会，移动互联成为拥有最大市场潜力、最快发展速度、最光明发展前景的一项科技产物，它创造出了庞大的经济财富，同时，获得了一大批顾客群。

移动互联大大拓展了互联网的应用场景，将不可能变为可能，例如，生活中常见的手机支付、共享经济等。前面提到的物联网技术，如果没有移动互联，大多数的"物"可能无法联网。同样，很多大数据应用是依托移动互联才能实现数据采集，进而搭建整个应用体系的。在会计相关领域，移动互联技术的成功应用有很多。很多财务系统实现了对移动终端和移动支付的支持；差旅费用的管理也因为移动终端的使用变得前所未有的高效和便利；银行、保险、证券等行业的前台业务系统均实现了对零售客户移动终端的支持，使得会计系统对大量零售业务的处理实现了实时交易直接驱动；大多数ERP系统实现了财务数据查询和输出的移动终端支持，使得财务结果的展示和分析可以随时随地进行。

13.3 网络财务报告概述

13.3.1 财务报告

企业财务报告是指以日常会计核算资料为主要依据来编制的用来对外披露的，反映企业某一特定日期财务状况和某一会计期间经营成果、现金流量等的数据文件。财务报告是企业提供财务信息的一种重要手段。它是监管部门和其他外部使用者审查、了解企业财务状况、财务业绩和现金流量变动等信息的主要渠道。随着社会环境的变革要求，财务报告所涵盖的内容不断扩展，由此对传统财务报告的概念提出了挑战。信息用户不仅需要历史性的、数量化的财务信息，还需要未来性信息、定性信息与非财务信息。在网络经济时代，财务报告中的非财务信息需求比例呈上升之势，目前财务报告已是企业对外公布的有关业务与财务信息的总称。

13.3.2 网络财务报告

在信息化环境下，网络财务报告是指企业将财务报告存储在某个公众信息平台上，通过互联网传播媒体披露企业各项经营业务与财务信息，使所有信息用户都可以随时查询、阅读和分析。信息技术，尤其是互联网技术的发展为财务报告的变革提供了契机，企业利用网络公布其财务报告，这不仅改变了财务报告的呈报方式，也使财务报告的内容发生了巨大变化。但是，目前大多数企业的网络财务报告还处于初级阶段，未能使财务报告的编制者、使用者以及监管者等享受到网络技术带来的好处。现行网络财务报告大部分只是传统纸质财务报告的电子版本，并没有涉及利用信息技术对财务报告手段的改革。企业的财务信息大多以PDF格式、Excel格式或HTML网页形式等提供，尽管提供的很多内容是用户需要的，但由于各个企业进行信息披露采用的技术结构互不兼容，数据的交换与再利用效率非常低。如何让信息使用者轻易、及时地获取其所需要的财务信息成了网络财务报告必须解决的问题。可扩展置标语言（eXtensible markup language，XML）以其良好的可扩展性成为解决诸多问题的有效技术，而基于XML的可扩展商业报告语言正是在这样的背景下诞生的，下面介绍这三种网络财务报告呈报的主要格式。

13.3.3 网络财务报告呈报格式

13.3.3.1 一般文本格式

一般文本格式的网络财务报告主要包括：

（1）电子文档形式阶段的网络财务报告

电子文档形式阶段的网络财务报告是企业将财务报告制作成各类格式的电子文件，采取的格式通常有Adobe文件格式（PDF）、文本文件格式（TXT）、MS OFFICE文件格式（DOC）等，并在网页上发布。这些文档通过Web发布到网上后，使用者既可在浏览器上联机阅读，也可将其下载离线阅读，或者直接打印成纸质文件。该阶段网络财务报告的特点是：与纸质财务报告内容相同，仅仅是纸质财务报告形式的电子复制品，但其传输介质发生了变化，使制作与发布的成本降低。此阶段网络财务报告在信息查询、交换和再利用等方面也存在诸多不便。例如，对于各企业发布的网络财务报告必须通过相应的阅读器才能阅读，并且企业发布的这类电子文件不能通过搜索引擎工具进行检索，使信息使用者不能同时阅读同一企业多年的财务报告，更不能同时阅读不同企业同一类型财务报告，使用户对财务信息作纵向和横向的对比和分析十分困难。

（2）HTML网页形式阶段的网络财务报告

HTML网页形式阶段的网络财务报告指的是利用HTML（hyperText markup language，超文本标记语言）技术来制作和发布网络财务报告。其最大的特点是用户能方便地检索。HTML具备链接功能，并且可以通过搜索引擎进行查找，因而可以实现一些纸质财务报告所不具有的功能。HTML格式的主要缺点是排版效果一般不太理想，也不太适合保存，因而在实践中，很多企业都采取了HTML格式+PDF格式作为公司网络财务报告的形式。这种形式的网络财务报告的缺点是搜索的信息不够精确。HTML作为一种简单的标识性语言，只能规定网页上的内容如何显示，却无法表达相关信息的内容。比如，HTML可以定义网络财务报告的外观显示格式，包括颜色、尺寸和形状，却不能描述诸如现金流量、主营业务收入的语义。另外，HTML可扩展性差，用户不能根据需求自定义标记，所以信息使用者很难快速地找到准确、相关的信息。例如，用户利用搜索工具在互联网上搜索诸如“利润”这样的词，页面上会出现上万条信息，但其中大部分都是不相关的。

13.3.3.2 数据库格式

数据库格式的网络财务报告旨在提供一个数据库以便信息使用者从中提取不同明细程度的数据，它是在数据库环境中对事项报告模式的拓展，但与事项报告模式有不尽相同的取向。事项报告模式强调编制明细一些的财务报表，而数据库格式则着重于储存和维护最原始的数据。这时，对信息使用者的专业要求更高了，他们应该成为财务分析专家。

数据库格式采取以信息理论为基础的记录和储存方式，在信息反映中，没有固定的报表格式，而是以开放数据库方式由阅读者根据自己设定的决策模型去获取信息，他们认为阅读者有能力自己分析信息并通过对信息的不同组建来完成自己对信息的需要。数据库格式提高了数据的共享性、实时性，由于企业会计人员将主要负责一个共享数据库的维护，而不是选择披露信息的数量，因此既防止了呈报信息的不足又不会导致信息过量，但企业信息系统的安全性也面临重大挑战，数据库格式未能提出有效的保守商业秘密的途径，而且过多地披露原始信息会有利于竞争对手。

13.3.3.3 XBRL格式

XBRL形式的网络财务报告指的是利用XBRL技术规范来制作和发布网络财务报告。基于XBRL标准所生成的网络财务报告可以使信息使用者在一个统一的语法和语义标准的环境下，查询、阅读发布在网络平台上的各类业务报告，特别是财务报告。信息使用者能同时阅读同一类型企业多年的财务报告和同时阅读不同企业同一时间的同一类型财务报告，使用户对财务信息作纵向和横向的对比分析成为可能，大大提高了信息使用者对共享信息的使用效率。

13.3.3.4 实现XBRL格式下的财务报告模式

（1）电子文档转换模式

电子文档是指由企业的信息系统（如ERP系统）本身产生各种财务报表，并以电子文档的形式存在，如Excel表格或Word文档。在有关证券机构或银行机构需要XBRL财务报表时，电子文档可以通过XBRL格式转换器进行转换，转换过程中会依照相应的分类标准和实例文档要求完成，最后形成XBRL文档。该模式下转换过程是自动完成的，转换中不会造成数据的丢失和出错，能够保证XBRL财务报表的准确一致。不足之处在于只有企业ERP系统生成财务报表后才能进行转换，有一定的滞后性。但从实际应用情况来看，该模式是目前主要的应用模式。

（2）手工输入转换模式

企业的信息系统（如ERP系统）对外直接输出的会计信息是不可直接转换的，而是打印文档或PDF格式文件，中间的转化需要按照XBRL格式要求进行手工输入来形成XBRL文档。该模式下手工输入的同时增加了数据错误的风险。尽管生成的XBRL财务报表在以后应用中不需手工重复录入，可以直接提取，但录入环节的出错风险和较高的成本将导致该模式的实际应用价值较小。

（3）XBRL适配器的转换模式

由企业自身的ERP系统加上集成的XBRL适配器，在进行信息处理过程中就直接按照XBRL规范来完成财务报表的处理，能够实时输出XBRL文档。该模式的应用需要企业原有ERP系统应用厂商开发内嵌的XBRL适配器的新版本ERP系统，在业务处理的各个环节将XBRL的元数据进行提取和转换，并按照XBRL的分类标准，针对财务报表的要求进行标记，生成实时标准的XBRL文档。这种模式也是财务报告应用的最佳模式。

网络财务报告呈报的3种格式各有其优势与不足，见表13-2。

表13-2 3种数据呈报格式比较

格　式	格式举例	优　点	缺　点
一般文本格式	TXT格式 PDF格式 HTML格式	系统平台要求低 易于操作 界面比较友好	不易于信息存储 信息共享性不好 用户不易对数据进行二次处理
数据库格式	Excel格式 DBF格式	系统平台要求高 需要一定操作技能 数据存储与管理方便 机构内部共享性比较好	界面不友好 机构外用户不易获取信息
XBRL格式	XBRL格式	系统平台要求较高 操作界面友好 信息具有及时性 用户可根据需求对数据进行二次处理	不易于数据存储 目前还不存在国际数据交换的标准

13.3.4 可扩展商业报告语言（XBRL）

13.3.4.1 XBRL的含义

可扩展商业报告语言（eXtensible business reporting language，XBRL）是一种基于可扩展置标语言的开放性业务报告技术标准。XBRL至今并没有统一的定义，不少组织和学者从不同视角赋予其不同的定义。

XBRL国际组织认为："XBRL是业务和财务数据电子化交流的一种语言，是用来改革全世界业务报告的语言。它有助于业务信息的编制、分析和交流，为产生和使用财务数据的所有人提供低成本、高效率的服务以及可靠而准确的业务信息。”此定义特别强调了两点：

其一，XBRL是一种计算机语言；

其二，XBRL是用来改革全世界业务报告的语言，该语言所蕴含的技术可应用于任何业务领域中的业务信息，特别是财务信息的分类、编制、分析和交流。

2010年10月19日，国家标准化管理委员会和财政部共同颁发的可扩展商业报告语言（XBRL）技术规范系列国家标准和企业会计准则通用分类标准中的有关定义为：可扩展商业报告语言是一种基于可扩展置标语言的业务报告技术标准。它通过给财务报告等业务报告中的数据增加特定标记，使计算机能够“读懂”这些报告，并进行符合业务逻辑的处理。

该定义从另一个侧面强调了两点：

其一，XBRL是一种使用XML技术所形成的业务报告技术标准；

其二，该业务报告技术标准所衍生的最终具体业务报告是符合行业、领域知识的处理逻辑并便于计算机解读的业务报告。

互联网技术的发展使XBRL技术的应用成为可能。

XBRL是针对财务报告而发展的标记语言，是应用于财务信息、报表与分析资料等的网络传输式标准，是一种可免费获取的用于财务报告的电子语言标准。它是XML在业务报告信息交换方面的一种应用，是目前应用于非结构化信息处理，尤其是财务信息处理的新技术。

XBRL的本质是使会计数据实现标准化，是一种应用于商业和会计数据电子化交流的标准，它有助于会计信息的提供、分析、交换和使用。XBRL提供一组标准的标记，给各项数据打上“标签”，使不同的计算机系统能够以统一的方式自动识别、处理、分析、比较这些商业信息。当XBRL应用在财务报告上时，由于它能够在财务报告数据上增加特定的分类标签，使计算机能够快速“读懂”财务报告，不仅可以单个读，还可以成批读；同时，它可以通过内置的验证机制，使计算机能够自动“分析”，有利于进行行业对比、深度分析和大范围比较。

XBRL的基本特征是，允许对财务信息有兴趣的使用者自由地在不同的软件平台上获得并交换财务信息。

XBRL是一种综合了信息技术，语言学，国家、行业、领域和企业对业务报告的需求，相应的规则或规范，所形成的一种基于可扩展置标语言的计算机语言标准。应用该语言标准的技术规范，可对任何国家、行业、领域和企业来定义其业务报告的信息分类标准（taxonomy），并据此衍生出具有统一格式和语义的计算机易于解读的业务报告实例文档（instance document）。分类标准和实例文档具有开放性、可扩展性、可维护性等特点，而实例文档更具有计算机易读性、平台无关性等优点，从而可实现在信息平台上业务信息的存储、处理、发布、交流和共享。

13.3.4.2　XBRL产生的背景

早期信息使用者对发布在公众网络信息平台上的网络财务报告存在很大的困惑，究其原因，主要是两个方面：

其一，不同企业发布的网络财务报告的格式不统一，常见的格式有Word文本格式、数据库格式、PDF文件格式等。

其二，对同一会计信息的语义有可能存在歧义。由此使计算机软件工具和信息使用者很难灵活地提取和分析信息，大大地降低了信息的共享性和使用效率。

XML虽然解决了格式统一的问题，但由于XML隐式语义的表达方式的不规范性，无法方便地解决语义表述的歧义性问题，成为XML应用中的一大技术障碍。XBRL标准不仅继承了XML能解决格式统一问题的优点，而且将致力于解决行业和领域知识的语义规范的技术难点。XBRL是XML与具体行业或领域知识相结合的语言标准。

1998年4月，美国的Charles Hoffman提出XBRL概念。1999年1月，美国注册会计师协会决定投资创建以XML为基础的财务报告框架标准。2000年7月，美国注册会计师协会联合美国五大会计师事务所、Microsoft、IBM、SAP等世界知名企业成立了XBRL国际组织，并正式发布了XBRL Specification 1.0及分类标准。XBRL Specification定义了各种专用术语，规范了XBRL文件应有的格式，并说明了要如何做才能写出一份符合标准的XBRL文件。自XBRL在美国问世，现已广泛应用于各大行业，其在美国的发展程度居世界前列。摩根士丹利（Morgan Stanley）是一家全球领先的国际性金融服务公司，也是世界上首家使用XBRL报送年报的公司，它于2000年2月向美国证券交易委员会（SEC）报送了世界上第一份XBRL格式的10-K年报。之后，美国证券交易委员会为了给广大信息使用者提供更为透明高效的证券信息，于2008年强制要求所有证券信息逐渐过渡到以XBRL标准为基准的系统。2009年，约500家全球资本市值超过50亿美元的上市公司提交XBRL财务报告；2010年，新增约1 300家全球资本市值超过7 500万美元的上市公司提交XBRL财务报告；2011年1月，8 000多家共同基金开始提交NIA/风险回报总结；2011年6月15日以后，其余所有在美国上市的公司都必须提交XBRL财务报告。

2008年12月，德国签署了一项减轻税务行政负担的法律。所有用到纸张的程序必须用电子媒介代替。为遵守该项法律，德国税务机关选择了XBRL作为报送损益表和资产负债表的法定数据标准。同时，德国税务管理机关设立了名为E-Bilanz的分类标准开发项目，并与XBRL德国地区组织密切合作编制了包括数个特定行业模块的分类标准。2009—2010年，德国当地GAAP分类标准根据德国税务法律法规对其所处的地位和所具备的功能进行了扩展。随后，2010年2月，德国税务管理机构宣布，公司可以选择报送其按照当地GAAP编制的财务报表和税额调节表，或者只报送税务财务报告。值得注意的是，该分类标准将GAAP报告地位和税务报告地位列为XBRL概念，使得德国公司可以使用同一个分类标准实现两个XBRL应用，即商业注册登记报告和税务报告。

在我国，XBRL的发展始于证券领域。2003年11月，上海证券交易所在全国率先实施基于XBRL的上市公司信息披露标准；2005年1月，深圳证券交易所颁布了1.0版本的XBRL报送系统；2005年4月和2006年3月，上海证券交易所和深圳证券交易所先后加入了XBRL国际组织；2008年11月，XBRL中国地区组织成立，标志着中国会计信息化建设迈上了一个新台阶；2009年4月，财政部在《关于全面推进我国会计信息化工作的指导意见》中将XBRL纳入会计信息化的标准；XBRL国际组织2010年5月6日批准XBRL中国地区组织成为正式地区组织成员，作为XBRL国际组织全球联盟的一个地区组织成员，XBRL中国地区组织将致力于在中国推广和应用XBRL技术。目前，我国已制定发布了XBRL技术规范系列国家标准和企业会计准则通用分类标准，相继发布了有关行业的扩展分类标准。此外，这一技术应用在行业监管领域得到有益尝试，在部分大型企业得到积极探索，其示范效应逐步显现。自2011年起，财政部组织开展了通用分类标准实施工作，参与实施的企业采用XBRL编制并向财政部报送年度财务报告。其实施范围涵盖银行、大型央企、保险公司和地方大型企业。业内专家一致认为，XBRL在中国的应用将是一次变革性事件，是复式记账之后的又一次会计革命。

13.3.4.3 XBRL的应用

XBRL为许多问题提供了一种标准解决方案，使财务报告能提供更灵活的信息供使用者使用。大型企业集团的特点是散布全国的分支机构和下级公司，经营领域覆盖范围比较大，集团总部需要及时了解下属企业的经营状况，搜集各种经营数据，通过应用XBRL可以加强管理以实现集团资源的有效整合和带来规模效应。

（1）建立企业集团财务报告XBRL分类标准

按照软件系统设计的周期进行分类标准的创建，首先对分类标准进行需求分析，根据需求分析设计分类标准的初步模型并设计分类标准的工作草案，然后发布分类标准草案进入测试实施阶段，通过测试形成分类标准最终版本，进入软件系统的维护升级阶段。

（2）建立财务报告XBRL实例文档

企业集团根据财务报告分类标准生成财务报告XBRL实例文档，可使用由财务软件公司专门开发的数据转换软件系统自动生成，再通过系统自动审核及会计人员人工审核后进行报告。

（3）财务报告XBRL实例文档的传输和利用

XBRL实例文档的传递可以集成到XBRL实例文档编制系统中，通过软件系统输出，通过安全的内部网络或虚拟内部网络直接报告到专门指定的数据库服务器。各级部门根据权限可以提取相关文件进行合并、汇总、分析和展示。

例如，中国石油化工集团有限公司（以下简称中国石化）是亚洲最大的石油和石化公司，早在2012年3月，在石油行业扩展分类标准的基础上，中国石化便启动了2011年财务报告的分类标准实施工作。中国石化通过XBRL自动报送系统生成2011年的实例文档，并使用系统中提供的校验工具进行了校验和修改，完成了中国石化2011年扩展分类标准及实例文档。通用分类标准的行业扩展分类标准，可以显著减少企业扩展工作量，并提升XBRL财务数据的行业可比性。

中国石油天然气集团有限公司（以下简称中国石油）是国内最大的石油和天然气生

产商，在XBRL的应用中总结了经验，为全面推广应用XBRL标准及技术作出了巨大的贡献，还开发运行了中国石油会计一级集中核算系统。

中国海洋石油集团有限公司（以下简称中国海油）在海上油气开采方面具有优势，近些年，在油气上游企业的内部管理中，对数据标准化的要求越来越强烈。在油气上游企业的不同业务系统中，分布着产量数据、储量数据、财务数据，比如“油气产量”就有“总产量”“净产量”“井口产量”等多种定义和概念，不同部门、行业有不同的理解，依然没有使用“同一种语言”。这对后续的信息归集与加工造成了极大的困惑，因此极有必要实现系统间的数据标准化互联。在进行标准化互联之前，业务与财务对数据需要达成标准化共识，即“标准化意识先行，XBRL工具跟进”，是“管理+IT”的又一种实践方式。XBRL既支持企业内部的管理要求，又能满足财务信息的社会化整合要求，中国海油将借助这一有力工具，完成油气上游行业的数据标准化工作，为企业创造更大的价值。

13.3.4.4 应用XBRL可获得的优势

XBRL作为一种可免费获得的全球性开放式数据标准格式，用于公司财务和非财务信息的内外部电子传输，起到了业务系统间沟通桥梁的作用。同时，XBRL还为企业信息化管理提供了新思路和新方法，使企业通过有效配置及使用资源，规范管理流程，提高产品质量，不断创新技术，提升人员素质，维护良好企业形象等诸多措施，提高企业自身的核心竞争力，也使企业财务信息披露更便捷，加强了企业内部控制，还利于同行业企业之间的经验交流。在全球化经济的背景下，XBRL还可帮助企业实现内外数据交流顺畅，降低融资成本、合规风险，为企业的进一步国际化发展提供坚实的基础。在实际应用中，XBRL将对财务信息产生、流转和应用的企业运营的各个环节产生深远影响，企业成功应用XBRL可取得的优势主要表现在以下几个方面：

（1）提高数据交换及流转的效率，降低数据采集成本

基于XBRL架构的财务报表信息具有标准格式，一次生成后，就可以直接在会计师事务所、监管机构、银行、互联网站以及出版印刷单位之间流通，各个机构都可根据自身需要提取数据进行处理、利用；另外，由于XBRL是基于XML的，其本身就是一种跨平台的纯文本的描述性语言，因此数据交换也是跨平台进行的。

（2）提高财务报告编制效率，数据可靠性高

XBRL提供规范的报表格式，根据底层的元数据自动形成XBRL文档，无须手工录入，提高了报表编制的效率及准确性，同时降低了重新输入资料的次数，减少了人工出错的风险。同时将会计报表表内数据和表外数据说明进行语言统一，实现会计报表数据钩稽关系的自动处理，数据可靠性高。

（3）为财务数据提供更广阔的可比性

使用XBRL标记的财务报表，为数据比较分析提供了更广阔的可比性，财务数据不仅可以进行纵向的跨越多年份的分析，还可以进行横向的跨越多报表、多公司、多行业、多国家的比较。

(4) 信息使用者能够更方便、快捷地检索、读取和分析数据

XBRL报表文档能够与微软的Office结合，可以与Excel 2010、Excel XP等进行数据转换，可以直接用IE网络浏览器打开，并且数据从网络浏览器到Excel电子表格的转换都是无缝平滑实现的，使得数据处理变得更加容易。

(5) 能够灵活适应变化的会计制度和报表要求

因为XBRL将财务数据细分为基本的元数据，再次利用和处理都是以元数据为对象的，变化的会计制度以及报表格式只是处理过程不同而已。变动的报表格式只是变动在一张报表内需要集成的财务指标；不同格式的报表之间，在相同的财务指标上依然具有可比性。

(6) 增强数据在未来的可读性和易维护性

XBRL的文件以ASCⅡ码存档，只需利用支持ASCⅡ码的简单文书处理就可以读取和修改，增加了数据在未来的可读性与易维护性，故而非常适用于需长期保存的数据资料。

XBRL与企业财务会计报告编制的实时性相适应，报告的传递将实现网络化、无纸化。这种网络化的传递方式不仅在信息的时效性、充分性上取得了巨大的进步，在信息的真实性上也将有所突破。

拓展阅读13-1

拓展阅读13-2

素养园地

“人工智能+财务”加速落地 金蝶数治赋能建设世界一流企业

人工智能是发展新质生产力的重要引擎。

一、财务GPT助手上线 加速财务管理数智升级

从判别式AI再到生成式AI，随着人工智能技术的快速发展，人工智能在企业财务工作中的广泛应用已成为不可逆转的趋势。

人工智能正重塑企业数字能力，尤其是重塑财务管理。人工智能在财务上的应用，能为现代企业在数字化建设道路上提供强有力的支撑。深度学习、知识图谱和自然语言处理等技术在财务领域的应用日益深化，为智能财务的发展创造了无限可能。

人工智能技术为财务管理创造的价值主要体现在三个方面，即重塑体验、重塑作业和重塑管理。围绕这三个方向，金蝶构建出全员助手、专员助手、决策助手等三类GPT助手，以期面向全体员工，提升交互体验；面向专业岗位员工，提升效率及专业度；面向管理者，实现从经验主导到AI驱动的决策，给管理者提供更多专业建议，加速财务智能化发展。

人工智能的应用产品是在海量大数据机器学习和超强算力技术基础上厚积薄发的果实。2023年8月，金蝶发布了企业级大模型能力平台——金蝶云·苍穹GPT，接入百

度、微软等通用大模型能力。基于金蝶云·苍穹GPT，金蝶推出了中国首个财务大模型，封装了金蝶30余年的财务知识和服务数百万家客户沉淀的成功实践，可以为企业提供分析预测、专家支持、报告生成和解读等全方位服务。

相关产品已在建发地产、海信集团等标杆客户处得到良好的应用实践。融入财务大模型的金蝶云·星瀚财务数字员工，具备300多项能力，适用1 000多个场景，为企业带来财务生产力的重塑。

二、释放数据要素价值 建设世界一流财管体系

数据是继土地、劳动力、资本、技术四大生产要素之后的第五大生产要素。财务是企业天然的数据中心，在数字化时代，财务更具有得天独厚的优势，能将数据转化为价值。如何让企业的数据形成闭环，实现业务、数据、金融一体化的财资管理，参与国家数据要素流通?

企业实现数据要素流通和数据服务交易需要经过四个步骤：一是业务数据化，即企业所有业务均有数据记录，实现内、外部数据由分散走向集中；二是数据资产化，即将数据作为关键生产要素计入财务报表，数据成为能够估值和交易、以货币计量的、有经济价值的资产；三是资产服务化，即充分释放数据资产价值赋能业务成长；四是服务业务化，即所有的服务要有价值，能成为一项业务。在这背后最重要的是数据可收集、可沉淀，场景可闭环、价值可呈现。越来越多的大型企业将数据服务与自身核心业务相结合，成为一项新业务对外提供服务。

这一过程需要完善智能前瞻的财务数智体系来支撑。2022年国务院国资委印发《关于中央企业加快建设世界一流财务管理体系的指导意见》（以下简称《指导意见》），指出加强跨部门、跨板块协同合作，建立智慧、敏捷、系统、深入、前瞻的数字化、智能化财务，吹响了更换新一代智能财务管理系统的号角。

《指导意见》指出，统一底层架构、流程体系、数据规范，横向整合各财务系统、连接各业务系统，纵向贯通各级子企业，推进系统高度集成，避免数据孤岛，实现全集团“一张网、一个库、一朵云”。推动业财信息全面对接和整合，构建因果关系的数据结构，对生产、经营和投资活动实施立体化、全景化、全程化、实时化反映，实现业、财、技一体化管控和协同优化，推进经营决策由经验主导向数据和模型驱动转变。

建设世界一流财务管理体系需做好两项转变：一是财务部门要进行角色的转变，不再仅仅是价值守护的“账房先生”，更要成为企业价值的架构师、价值引领者和驱动者。从最初的“以财理财”到“以财谋业”，再到驱动企业数字化转型的中枢，财务部门扮演着数字化之旅先行者和掌舵人的角色。二是技术转变。从过去的财务信息化到财务数字化，经过现在的财务智能化，逐渐进入财务数治化阶段。

数治化，即企业数字化治理，指企业建立与数字化转型下的新型能力建设、运行和优化相匹配的数字化治理机制、应用架构方法，推动人、财、物以及数据、技术、流程、组织等资源、要素和活动的统筹协调、协同创新和持续改进。

金蝶作为国内领先的财务管理云服务厂商，拥有强大的研发实力和创新能力，为世界范围内超过740万家企业和政府组织构建可组装的EBC（enterprise business capability，企业业务能力），陪伴企业实现从会计电算化到构建企业EBC、从信息化到数字化再到数治化的跨越。

当下技术飞速发展，数字化转型进入全新阶段，企业需要重新审视转型的愿景与战略，通盘考量并最大化发挥技术和数据的价值，从更加广泛且深入的维度对企业进行重塑。顺应数字化浪潮，拥抱AI技术，金蝶以财务数智体系为企业“上云用数赋智”提供全新路径和思路，“数据+智能”驱动为企业带来颠覆式创新和增长。

资料来源 黄海荣.“人工智能+财务”加速落地 金蝶数治赋能建设世界一流企业［EB/OL］.［2024-05-29］. https://app.xinhuanet.com/news/article.html? articleId=9e36be89df9667c0717077483dbc7e81.

【价值塑造】

1. 使学生了解我国金蝶国际软件集团有限公司的产品：“企业级大模型能力平台——金蝶云·苍穹GPT”，提升学生的民主自信和自豪感。

2. 使学生了解会计信息系统的未来——“数据+智能”驱动为企业带来颠覆式创新和增长。

3. 对会计专业的学生未来职业的引领，即“财务部门要进行角色的转变，不再仅仅是价值守护的‘账房先生’，更要成为企业价值的架构师、价值引领者和驱动者”。

复习思考题

1. 简述云会计、财务共享和智能财务的含义。

2. 阐述IT环境下会计信息系统的发展趋势。

3. 简述区块链、大数据、人工智能、物联网的含义。

4. 阐述区块链和物联网在未来的会计中的应用。

5. 什么是XBRL？应用XBRL可获得的优势有哪些？

主要参考文献

［1］卢燕．会计信息系统［M］．2版．上海：立信会计出版社，2022.

［2］财政部．企业会计准则——应用指南（2021年版）［M］．上海：立信会计出版社，2021.

［3］李少颖．管理信息系统原理与应用［M］．2版．北京：清华大学出版社，2020.

［4］刘金安．ERP原理及应用［M］．3版．北京：清华大学出版社，2020.

［5］应唯．新信息技术环境下会计信息化的创新与融合［J］．北京：管理会计研究，2020.

［6］张涛．企业资源计划（ERP）原理与实践［M］．北京：机械工业出版社，2020.

［7］张瑞君，蒋砚章，殷建红．会计信息系统［M］．8版．北京：中国人民大学出版社，2019.

［8］郭东强．现代管理信息系统［M］．4版．北京：清华大学出版社，2017.

［9］闪四清．ERP系统原理和实施［M］．5版．北京：清华大学出版社，2017.

［10］杨周南．会计信息系统［M］．4版．大连：东北财经大学出版社，2014.

［11］胡仁昱．会计信息化研究与案例讲解［M］．大连：东北财经大学出版社，2013.

［12］程控，革扬．MRPⅡ/ERP原理与应用［M］．3版．北京：清华大学出版社，2012.

［13］石贵泉．会计信息系统［M］．济南：山东人民出版社，2008.

［14］伍中信．会计信息系统［M］．长沙：湖南人民出版社，2008.

［15］王怡悦，吴东方，徐子毅．基于ChatGPT的智能审计研究［J］．商业会计，2024（3）：26-31.

［16］应唯．新信息技术环境下会计信息化的创新与融合［J］．管理会计研究，2020（1）：8-12.

附　录

附录Ⅰ　实验资料（一）

通过下面的实验，验证各功能模块功能。

实验一　输入与调试银行对账程序

一、上机实验目的与要求

（1）掌握会计信息系统中有关程序的一般设计方法、步骤与调试过程。
（2）理解程序设计阶段在整个会计信息系统中的作用。
（3）设计该程序所涉及的主要数据库文件。
（4）输入程序并调试通过；进行操作项目的验证。

二、实验类型

验证性。

三、上机操作内容

（1）建立银行对账文件和企业对账文件。
（2）输入银行对账模块程序。
（3）调试银行对账模块程序。

四、上机操作步骤

（一）建立数据库文件

1.YHDZ.DBF数据库文件结构（见附表1）

附表1　　银行对账数据库文件结构

序号	字段名	类型	长度	小数	说　明
1	KMDM	C	12		科目代码
2	RQ	D	8		对账日期

续表

序号	字段名	类型	长度	小数	说　明
3	YHZY	C	38		银行摘要
4	ZPJSDJH	C	10		支票号/结算单据号
5	SHF	C	2		收或付
6	JE	N	11	2	金额
7	YDBJ	L	1		已达标记

2.QYDZ.DBF数据库文件结构（见附表2）

附表2　　企业对账数据库文件结构

序号	字段名	类型	长度	小数	说　明
1	KMDM	C	12		科目代码
2	PZRQ	D	8		凭证日期
3	PZLB	C	4		凭证类别
4	PZH	C	4		凭证号
5	ZY	C	38		摘要
6	ZPJSDJH	C	10		支票号/结算单据号
7	JHD	C	2		借或贷
8	JE	N	11	2	金额
9	YDBJ	L	1		已达标记

注：YHDZ.DBF和QYDZ.DBF中各输入10条记录，有已达和未达账项。

（二）输入程序

1.银行对账主程序

```
PROCEDURE YHDZ    &&银行对账
SET TALK OFF
FLAG='0'
DO WHILE.T.
CLEAR
@1，1 SAY"1-获取对账单"
@2，1 SAY"2-对账"
@3，1 SAY"3-输出对账结果"
@4，1 SAY"4-删除已达账"
@5，1 SAY"0-退出"
```

```
@6, 1 SAY"请选择 [0-4]: " GET FLAG
READ
DO CASE
  CASE FLAG='1'
    DO LRDZD
  CASE FLAG='2'
    DO DZ
  CASE FLAG='3'
    DO SCDZJG
  CASE FLAG='4'
    DO SCYDZ
  CASE FLAG='0'
    CLOSE DATA
    CLEAR
    EXIT
  ENDCASE
ENDDO
RETURN
```

2.删除已达账模块子程序

```
PROCEDURE SCYDZ                    &&删除已达账模块程序
CLEAR
SET TALK OFF
YN='Y'
STORE SPACE (12) TO XKMDM
@1, 10 SAY "请输入：要删除已达账的银行科目代码" GET XKMDM
READ
*DO CHECK          &&科目代码正确性检查
CLEAR
@2, 10 SAY "删除"+XKMDM+"科目已达账"
@3, 10 SAY" ┌──────────────┐ "
@4, 10 SAY" │是否要删除（XKMDM）已达账（Y/N）        │ "
@5, 10 SAY" │注意： 删除前请备份对账数据!!!          │ "
@6, 10 SAY" └──────────────┘ "
@7, 10 SAY"真的删除已达账吗 [Y/N] " GET YN
READ
IF YN='Y'
   USE YHDZ
   INDEX ON KMDM TO YHDZ
```

```
    DELE FOR（KMDM=XKMDM）.AND.YDBJ
    PACK
    USE QYDZ
    INDEX ON KMDM TO QYDZ
    DELE FOR（XKMDM=KMDM）.AND.YDBJ
    PACK
    @15，10 SAY"删除已达账工作结束！"
    WAIT""
  ENDIF
  CLEAR
  CLOSE DATA
  RETURN
```

（三）银行对账过程

运行银行对账主程序YHDZ.PGR，在显示的菜单中选择4，在交互式操作中将QYDZ.DBF和YHDZ.DBF中已达账删除。

实验二　输入与调试记账凭证录入程序

一、上机实验目的与要求

（1）理解账务处理子系统中凭证录入程序的设计方法。

（2）掌握凭证录入程序，实现凭证输入的步骤与过程。

（3）设计该程序所涉及的主要数据库文件。

（4）输入程序并调试通过；进行操作项目的验证。

二、实验类型

验证性。

三、上机操作内容

（1）建立账务处理子系统中的凭证文件、会计科目文件。

（2）输入常用会计科目。

（3）输入凭证录入程序。

（4）调试凭证录入程序。

（5）输入记账凭证。

四、上机操作步骤

（一）建立会计科目文件

1.科目数据库文件名称：KM.DBF（见附表3）

附表3　　科目数据库文件结构

序　号	字段名	类　型	长　度	说　明
1	KMDM	C	10	科目代码
2	KMMC	C	20	科目名称
3	KMLB	C	10	科目类别
4	KMXZ	C	6	科目性质
5	FKM	C	8	父科目
6	JB	N	1	级别

注：科目类别是指资产、负债等；科目性质是指对账、数量、往来等；父科目是指当前科目的上一级科目，如二级科目的一级科目，三级科目的二级科目，一级科目没有父科目；级别是指会计科目的级别，即1或2等。

2.输入如下会计科目（见附表4）

附表4　　会计科目代码表

科目代码	科目名称	科目代码	科目名称
一、资产类		22210105	销项税额
1001	库存现金	22210106	出口退税
1002	银行存款	22210107	进项税额转出
1012	其他货币资金	22210108	出口抵减内销产品销项税额
101201	外埠存款	22210109	转出多交增值税
101202	银行本票存款	22210110	未交增值税
1101	交易性金融资产	222102	应交城市维护建设税
110101	股票	222103	应交房产税
110102	债券	222104	应交城镇土地使用税
1122	应收账款	2801	预计负债
1123	预付账款	2501	长期借款
1221	其他应收款	2502	应付债券

续表

科目代码	科目名称	科目代码	科目名称
1231	坏账准备	250201	债券面值
1401	材料采购	250202	债券溢价
1403	原材料	250203	债券折价
1405	库存商品	250204	应计利息
1407	商品进销差价	三、共同类（略）	
1408	委托加工物资	四、所有者权益类	
1411	周转材料	4001	实收资本（或股本）
141101	包装物	4002	资本公积
141102	低值易耗品	4101	盈余公积
1511	长期股权投资	4103	本年利润
151101	股票投资	4104	利润分配
151102	其他股权投资	410401	其他转入
1601	固定资产	410402	提取法定盈余公积
1602	累计折旧	410403	提取任意盈余公积
1605	工程物资	五、成本类	
1701	无形资产	5001	生产成本
1703	无形资产减值准备	5101	制造费用
1901	待处理财产损溢	5201	劳务成本
190101	待处理流动资产损溢	5301	研发支出
190102	待处理固定资产损溢	六、损益类	
二、负债类		6001	主营业务收入
2001	短期借款	6051	其他业务收入
2201	应付票据	6111	投资收益
2202	应付账款	6301	营业外收入
2203	预收账款	6401	主营业务成本
2314	受托代销商品款	6402	其他业务成本
2211	应付职工薪酬	6403	税金及附加

续表

科目代码	科目名称	科目代码	科目名称
2231	应付股利	6601	销售费用
2221	应交税费	6602	管理费用
222101	应交增值税	6603	财务费用
22210101	进项税额	6711	营业外支出
22210102	已交税金	6801	所得税费用
22210103	转出未交增值税	6901	以前年度损益调整
22210104	减免税款		

（二）凭证文件

凭证数据库文件名称：PZ.DBF（见附表5）。

附表5　　凭证数据库文件结构

序　号	字段名	类　型	长　度	小数位	说　明
1	PZH	C	4		凭证号
2	RQ	D	8		日期
3	ZY	C	36		摘要
4	KMDM	C	10		科目代码
5	JJ	N	12	2	借方金额
6	DJ	N	12	2	贷方金额
7	FJ	N	3		附件
8	LR	C	8		录入
9	SH	C	8		审核
10	JZ	C	8		记账
11	BJ	L	1		记账标记

注：建完表结构不输入记录。

（三）输入并调试凭证录入程序

1.凭证录入主程序：ZPZLR.PRG

```
CLEAR
SET TALK OFF
```

```
SET SAFETY OFF
**定义数组：ZKMDM（12）科目代码、ZJJ（12）借方金额
** ZDJ（12）贷方金额、ZZY（12）摘要
DIMENSION ZKMDM（12）
DIMENSION ZJJ（12）
DIMENSION ZDJ（12）
DIMENSION ZZY（12）
STORE 0 TO ZJJ，ZDJ，ZFJ，JHJ，DHJ
STORE SPACE（20）TO ZZY
STORE SPACE（9）TO ZKMDM
STORE SPACE（8）TO ZLR
**定义窗口
DEFI WINDOW WIN1 FROM 1，1 TO 29，79 TITLE"凭证录入";
CLOSE FLOAT GROW ZOOM SHADOW SYSTEM COLOR SCHEME 5
DEFI WINDOW WIN2 FROM 5，30 TO 20，70 IN WINDOW WIN1;
TITLE" 科 目 代 码 表 "CLOSE FLOAT GROW ZOOM SHADOW SYSTEM COLOR
SCHEME 5
**B区打开科目文件，其结构采用科目文件设计方案二并按
**"科目代码KMDM"建立索引
SELE B
USE KM
INDE ON KMDM TO IKM
SELE A
**A区打开临时凭证文件，其结构采用凭证库文件设计方案一
USE PZ
GO BOTTOM
IF RECCOUNT（）=0
PZH="0"
ENDIF
**取临时凭证文件中最后一张凭证号自动加1作为新的凭证号
N=VAL（PZH）
ZPZH=STR（N+1，6）
M=1
D=DATE（）
**激活凭证窗口、显示凭证项目、等待输入
ACTI WINDOW WIN1
@ 1，35 SAY"记账凭证"
@ 2，15 SAY"日期："+DTOC（D）
```

```
@ 3，2 SAY"凭证号："GET ZPZH VALID .T.
@ 4，0，20，70 BOX"+-+ | +-+|"
@ 5，1 SAY"摘要            科目代码            借方            贷方"
FOR M=1 TO 12
@ 5+M，1 GET ZZY（M）
**对每一输入的科目调用CHECK函数进行存在性和合法性检查
  @ ROW（），25 GET ZKMDM（M）VALID CHECK（）
  **对每一输入的金额调用函数HJ计算并显示在合计行
  @ ROW（），39 GET ZJJ（M）VALID HJ（）
  @ ROW（），59 GET ZDJ（M）VALID HJ（）
ENDFOR
@ ROW（）+2，1 SAY "合计"
CHOICE=0
QUITIT=.T.
**判断使用什么按钮调用函数ZBUTTON（）
@ 23，20 GET CHOICE PICT"@*NH 存盘；退出；科目对照表；计算器"
SIZE 1.8，7.5，1 VALID ZBUTTON（）
**循环输入凭证，直到QUITIT=.F.跳出循环
READ CYCLE VALID QUITIT=.F.
**关闭所有数据库文件
CLOSE DATA
**释放窗口及变量
RELEASE WINDOW WIN1
RELEASE WINDOW WIN2
RELEASE ZKMDM，ZJJ，ZDJ，ZZY，JHJ，DHJ，ZLR，D，ZPZH，M
SET TALK ON
SET SAFETY ON
RETURN
```

2.科目检查程序：CHECK.PRG

```
********************************************************
* 函数名称：CHECK                                        *
* 函数功能：对凭证录入的科目进行检查                          *
********************************************************
FUNCTION CHECK
MM=ROW（）-5
**选择科目库文件
SELE B
DM=ZKMDM（MM）
```

```
YY=VAL（ALLTRIM（DM））
**如果科目代码为空，则不进行检查，返回调用模块
IF YY=0.AND.TRIM（DM）<>""
RETURN .T.
ENDIF
**如果科目代码不为空，进行检查
SEEK ALLTRIM（DM）
**如果没找到输入的科目FLAG标记.F.
IF EOF（）
@ 25，1 SAY"查无此科目！"FONT"宋体"，10 STYLE"B"
FLAG=.F.
ELSE
**找到该科目进行判断
SKIP
LEN1=LEN（ALLTRIM（DM））
LEN2=LEN（ALLTRIM（KMDM））
**如果不是最底级科目
IF ALLTRIM（DM）=SUBSTR（KMDM，1，LEN1）.AND.LEN2>LEN1
@ 25，1 SAY "该科目不是最底级科目"FONT"宋体"，10 STYLE"B"
FLAG=.F.
ELSE
**只有当输入的科目存在，且为最底级科目FLAG标记.T.
FLAG=.T.
@ 25，1 CLEAR TO 26，70
ENDIF
ENDIF
RETURN FLAG
```

3.计算借贷方合计金额程序：HJ.PRG

```
FUNCTION HJ
STORE 0 TO JHJ，DHJ
XX=1
FOR XX=1 To 12
JHJ=JHJ+ZJJ（XX）
DHJ=DHJ+ZDJ（XX）
ENDFOR
@ 19，35 SAY JHJ PICT"999999999.99"
@ 19，55 SAY DHJ PICT"999999999.99"
RETURN .T.
```

4.按钮程序：ZBUTTON.PRG

```
**************************************************************
*  函数名称：ZBUTTON                                          *
*  函数功能：存盘按钮、计算器按钮                             *
*            退出按钮、科目对照表按钮                         *
**************************************************************
FUNCTION ZBUTTON
SELE A
DO CASE
**CHOICE=1表示选择了第一个按钮"存盘按钮"
CASE CHOICE=1
M=1
IF JHJ<>DHJ
@ 25，1 SAY"借贷不平，请重新检查录入！"FONT"宋体"，10 STYLE"B"
RETURN .T.
ENDIF
** 该凭证借方合计等于贷方合计，则存入临时凭证文件
DO WHILE M<=12 .AND.（ZJJ（M）<>0 .OR.ZDJ（M）<>0）
@ 25，1 CLEAR TO 26，70
APPE BLAN
ZLR="张三"
** 张三为凭证录入人姓名，实验中学生可以换为自己的名字
REPL PZH WITH ZPZH，RQ WITH D，ZY WITH ZZY（M），JJ WITH ZJJ（M）
REPL DJ WITH ZDJ（M），KMDM WITH ZKMDM（M）
REPL FJ WITH ZFJ，LR WITH ZLR，BJ WITH .F.
M=M+1
ENDDO
STORE 0 TO ZJJ，ZDJ，ZFJ，JHJ，DHJ
STORE SPACE（20）TO ZZY
STORE SPACE（9）TO ZKMDM
STORE SPACE（8）TO ZLR，ZSH
ZPZH=STR（VAL（ZPZH）+1，6）
**QUITIT=4目的是录入下一张凭证时，光标跳过"存盘按钮"
**后的3个按钮，落在"存盘按钮"后的第4个变量PZH上
QUITIT=3
**CHOICE=2表示选择了第2个按钮"退出按钮"
CASE CHOICE=2
QUITIT=.F.
```

```
CLEAR READ
**CHOICE=3 表示选择了第 3 个按钮"科目对照表按钮"
CASE CHOICE=3
**调用显示科目对照表程序
DO KMDM
SELE A
QUITIT=.T.
**CHOICE=4 表示选择了第 4 个按钮"计算器按钮"
CASE CHOICE=4
**调用显示计算器程序
DO JSQ
SELE A
QUITIT=.T.
ENDCASE
SHOW GETS
RETURN QUITIT
```

5. 显示科目代码对照表程序：KMDM.PRG

```
***********************************************************
* 程序名称：KMDM                                          *
* 程序功能：显示科目代码对照表                              *
***********************************************************
PROCEDURE KMDM
SELE B
USE KM
INDE ON KMDM TO IKM
ACTI WINDOW WIN2
BROW FIELD KMDM，KMMC NOEDIT
DEACTIVATE WINDOW WIN2
RETURN
```

（四）凭证录入过程

运行凭证录入程序 ZPZLR.PRG，屏幕显示凭证输入窗口，输入 10 项经济业务。

①在此窗口输入 10 项经济业务的记账凭证（10 张凭证）。②在输入凭证过程中此实验可以对会计科目的正确性（存在性与明细性）和金额的正确性（借贷是否平衡）进行检查。③窗口中的“存盘按钮”“科目对照表按钮”“退出按钮”是可用的，但由于“计算器按钮”子程序没有设计，所以该按钮不能使用。

实验三　输入与调试记账凭证记账程序

一、上机实验目的与要求

（1）理解账务处理子系统中凭证记账程序的设计方法。

（2）掌握在计算机方式下凭证记账程序实现记账过程的含义。

（3）输入程序并调试通过；进行操作项目的验证。

二、实验类型

验证性。

三、上机操作内容

（1）建立历史凭证文件（LSPZ.DBF）和汇总文件（HZ.DBF）。

（2）输入凭证记账程序。

（3）调试凭证记账程序。

四、上机操作步骤

（一）建立历史凭证文件（LSPZ.DBF）和汇总文件（HZ.DBF）

（1）LSPZ.DBF文件结构同PZ.DBF文件结构，只建结构，不需要输入。

（2）汇总数据库文件名称：HZ.DBF（见附表6）。

附表6　　汇总数据库文件结构

序　号	字段名	类　型	长　度	小数位	说　明
1	KMDM	C	10		科目代码
2	QCYE	N	12	2	期初余额
3	JDFX	C	2		借贷方向
4	BYJHJ	N	12	2	本月借方合计
5	BYDHJ	N	12	2	本月贷方合计
6	BNJLJ	N	12	2	本年借方累计
7	BNDLJ	N	12	2	本年贷方累计

注：输入该文件中的有关科目代码（上个实验中的10项业务，即凭证涉及的会计科目必须包含）、期初余额（学生自己假设）、借贷方向相应内容。

（二）输入凭证记账程序

1.记账主程序：JZ.PRG

```
****************************************************
*程序名称：JZ                                       *
*程序功能：记账主程序                               *
****************************************************
PROCEDURE JZ
SET TALK OFF
*DO JZPZJC
*DO BHJZZT
SELE A
USE PZ
SELE B
USE LSPZ
SELE C
USE HZ
INDEX ON KMDM TO HZ
SELE D
USE QYDZ
SELE E
USE KM
INDEX ON KMDM TO KM
SELE A
@10，10 SAY"开始记账！"
DO WHILE .NOT.EOF（）
SELE A
XKMDM=KMDM
IF LEN（ALLTRIM（SH））=0.OR.BJ
SKIP
LOOP
ENDIF
@11，10 SAY"正在处理"+SUBS（PZH，1）+"号凭证"
SELE B
APPEND BLANK
REPL PZH WITH A->PZH
REPL RQ WITH A->RQ，ZY WITH A->ZY，KMDM WITH A->KMDM
REPL JJ WITH A->JJ，DJ WITH A->DJ，FJ WITH A->FJ
```

```
REPL LR WITH A->LR, SH WITH A->SH
DO GXHZK WITH XKMDM
    SELE E
    SEEK XKMDM
    IF KMXZ="对账"
      SELE D
      APPEND BLANK
      REPL PZH WITH A->PZH, PZRQ WITH A->RQ
      REPL ZY WITH A->ZY, KMDM WITH A->KMDM
IF A->JJ<>0
REPL JHD WITH"借"
REPL JE WITH A->JJ
ELSE
    REPL JHD WITH"贷"
    REPL JE WITH A->DJ
ENDIF
ENDIF
SELE B
REPL JZ WITH "自己姓名"
** 自己姓名为完成记账人的名字，实验中可以改为学生自己姓名
SELE A
REPL BJ WITH .T.
SKIP
ENDDO
@12, 10 SAY"记账完毕"
WAIT""
RETURN
```

2.更新汇总文件程序：GXHZK.PRG

```
*************************************************************
*程序名称：GXHZK                                            *
*程序功能：更新汇总文件                                      *
*************************************************************
PROCEDURE GXHZK
PARA XKMDM
    IF LEN (KMDM) >0
    SELE C
    SEEK XKMDM
      IF A->JJ<>0
```

```
        REPL BYJHJ WITH BYJHJ+A->JJ
        REPL BNJLJ WITH BNJLJ+A->JJ
    ELSE
        REPL BYDHJ WITH BYDHJ+A->DJ
        REPL BNDLJ WITH BNDLJ+A->DJ
        ENDIF
    ENDIF
RETURN
```

（三）凭证记账过程

运行凭证记账程序，并检查分析记账结果是否正确。验证在计算机环境下的记账不是真正意义的记账，而是更新相关的数据库文件的过程。

应该注意的是：

（1）运行凭证记账程序之前，需要先将PZ.DBF中的SH（审核）字段填上审核人的姓名，并与录入人不是同一人。

（2）运行凭证记账程序后，检查分析记账结果是否正确，即4份文件的更新：

❶PZ.DBF中的BJ字段.F.变成.T.；

❷HZ.DBF中的BYJHJ、BYDHJ、BNJLJ、BNDLJ字段内容为PZ.DBF中的对应科目涉及的金额合计；

❸PZ.DBF中的记录全部过到LSPZ.DBF中；

❹PZ.DBF中涉及的银行业务记录追加到QYDZ.DBF中（若没有追加银行业务，检查KM.DBF中的银行存款科目的科目性质是否设为“对账”）。

实验四　输入与调试工资分配程序

一、上机实验目的与要求

（1）理解薪酬管理子系统中工资分配程序的设计方法。

（2）掌握在计算机方式下工资分配实现过程。

（3）输入程序并调试通过，进行操作项目的验证。

（4）设计完毕将输入并调试的程序清单存盘上交，编写该项目的上机操作报告。

二、实验类型

验证性。

三、上机操作内容

（1）建立工资计算文件并输入记录。

（2）建立工资费用分配文件并输入相应信息。
（3）输入工资分配程序。
（4）调试工资分配程序。

四、上机操作步骤

（一）建立工资计算文件（GZJS）和工资费用分配文件（GZFP）

1.工资计算数据库文件名：GZJS.DBF（见附表7）

附表7　　工资计算数据库文件结构

序　号	字段名	类　型	宽　度	小数位	说　明
1	BMDM	C	4		部门代码
2	ZGDM	C	4		职工代码
3	XM	C	8		姓名
4	XB	C	2		性别
5	GZLB	C	4		工作类别
6	JBGZ	N	7	2	基本工资
7	GDJT	N	7	2	固定津贴
8	SJKK	N	7	2	事假扣款
9	BJKK	N	7	2	病假扣款
10	SJTS	N	2		事假天数
11	BJTS	N	2		病假天数
12	YFGZ	N	7	2	应发工资
13	GDKK	N	7	2	固定扣款
14	GRSDS	N	7	2	个人所得税
15	SFGZ	N	7	2	实发工资

注：输入相应记录（10条以上）。

2.工资费用分配数据库文件名：GZFP.DBF（见附表8）

附表8　　工资费用分配数据库文件结构

序　号	字段名	类　型	宽　度	小数位	说　明
1	BMDM	C	4		部门代码
2	GZLB	C	4		工作类别

续表

序　号	字段名	类　型	宽　度	小数位	说　明
3	KMDM	C	7		科目代码
4	YFGZ	N	12	2	应付工资
5	FLF	N	12	2	福利费
6	GHJF	N	12	2	工会经费

注：输入部门代码、工作类别和科目代码等相应记录，工作类别与GZJS.DBF一致，科目代码为对应的费用科目代码。

（二）输入工资分配程序

```
*******************************************************
* 程序名：GZFP.PRG                                     *
* 功能：按工资的用途分配工资费用                          *
*******************************************************
CLEAR ALL
SET TALK OFF
@ 8，15 SAY"正在分配工资，请稍候！"
SELE A
USE GZFP.DBF     &&以部门代码+工作类别建索引
INDE ON BMDM+GZLB TAG BH1
SELE B
USE GZJS.DBF
INDE ON BMDM+GZLB TAG BH2
DO WHILE .NOT.EOF（）
    STORE 0 TO X1
    BMDM1=BMDM
    GZLB1=GZLB
    SELE B
    DO WHILE BMDM=BMDM1 .AND.GZLB=GZLB1
        X1=X1+YFGZ
        SKIP
    ENDDO
    SELE A
    SEEK BMDM1
    REPL YFGZ WITH X1       &&应发工资
    REPL FLF WITH （X1*14）/100      &&福利费
```

```
    REPL GHJF WITH（X1*2）/100    &&工会经费
    SELE B
ENDDO
CLEAR ALL
RETURN
```

（三）工资费用分配过程

运行工资分配程序，验证将应发工资、福利费和工会经费按工作类别进行工资费用的分配。

实验五　输入与调试固定资产计提折旧程序

一、上机实验目的与要求

（1）理解固定资产管理子系统中计提折旧程序的设计方法。
（2）掌握在计算机方式下直接计提折旧的实现方法。
（3）输入程序并调试通过，进行操作项目的验证。
（4）设计完毕将输入并调试的程序清单存盘上交，编写该项目的上机操作报告。

二、实验类型

验证性。

三、上机操作内容

（1）建立固定资产卡片文件并输入卡片信息。
（2）建立折旧费用统计文件并输入相应信息。
（3）输入直接计提折旧程序。
（4）调试直接计提折旧程序。

四、上机操作步骤

（一）建立固定资产卡片文件（GCKP）和折旧费用统计文件（ZJFYTJ）

1.GCKP.DBF 固定资产卡片数据库文件结构（见附表9）

附表9　　固定资产卡片数据库文件结构

序号	字段名	类型	长度	小数	说　明
1	GCDM	C	7		固定资产代码
2	GCMC	C	20		固定资产名称

续表

序号	字段名	类型	长度	小数	说　明
3	YJ	N	11	2	原价
4	GGXH	C	16		规格型号
5	ZYCS	C	18		主要参数
6	SCCJ	C	20		生产厂家
7	SBZL	C	8		设备种类
8	CFDD	C	20		存放地点
9	GRRQ	D	8		购入日期
10	QYRQ	D	8		启用日期
11	SYNX	N	2		使用年限
12	ZGZL	N	10		总工作量
13	DXFY	N	11	2	大修费用
14	JCZL	N	11	2	净残值率
15	BMDM	C	4		部门代码
16	LBDM	C	4		类别代码
17	ZJFS	C	11		折旧方式
18	LJZJ	N	11	2	累计折旧
19	LYM	C	2		来源码

注：输入5项固定资产卡片内容。

2.ZJFYTJ.DBF折旧费用统计数据库文件结构（见附表10）

附表10　　折旧费用统计数据库文件结构

序号	字段名	类型	长度	小数	说　明
1	BMDM	C	4		部门代码
2	BMMC	C	20		部门名称
3	FYKMDM	C	12		费用科目代码
4	FYKMMC	C	20		费用科目名称
5	ZJE	N	12	2	折旧额

注：输入部门代码、部门名称及对应的费用科目代码和费用科目名称信息。部门代码应与GCKP.DBF中输入的5项资产所在的部门代码一致，费用科目代码为不同部门固定资产折旧所对应的费用科目代码。

（二）输入直接计提折旧程序

```
****************************************************
*程序名：JTZJ.PRG                                  *
*功能：计提折旧                                    *
****************************************************
CLOSE DATA
SET DELE ON
SELE A
USE GCKP
INDEX ON BMDM TO GCKP
SELE B
USE ZJFYTJ
INDEX ON BMDM TO ZJFYTJ
REPL ALL ZJE WITH 0.0
@2，15 SAY"正在计算折旧，请等候……"
SELE A          &&从卡片文件中过滤出未提足折旧的固定资产
GO TOP
DO WHILE .NOT.EOF（）
    XBMDM=BMDM  &&将所选卡片的部门代码存入变量XBMDM中
    BMZJE=0           &&将累计计算部门折旧额变量置零
    DO WHILE XBMDM=BMDM.AND.（.NOT.EOF（））
        DO CASE
        CASE TRIM（ZJFS）="直线法"
    YZJE=SLN（YJ，JCZL，SYNX）
    CASE TRIM（ZJFS）="双倍余额递减法"
    YZJE=DDB（YJ，JCZL，LJZJ，QYRQ，SYNX）
    CASE TRIM（ZJFS）="年数总和法"
    YZJE=SYD（YJ，JCZL，QYRQ，SYNX）
    CASE TRIM（ZJFS）="工作量法"
    YZJE=UNI（YJ，JCZL，ZGZL，SYNX）
    ENDCASE
BMZJE=BMZJE+YZJE          &&累计计算部门折旧额
SKIP     &&下移一条记录（下一张卡片）
ENDDO
SELE B     &&选择折旧费用统计文件工作区
SEEK XBMDM     &&在该文件中查找该部门所在记录
REPL ZJE WITH BMZJE           &&将该部门累计折旧额存入数据库
```

```
SELE A  &&回到固定资产卡片文件，对下一部门重复上述处理过程
ENDDO
@4，16 SAY"计提折旧完毕！"
WAIT ""
CLEAR
CLOSE DATA
RETURN
```

（三）直线法折旧函数

```
*****************************************************
*自定义函数名：SLN（）                               *
*功能：直线法计算折旧额                               *
*****************************************************
FUNCTION SLN
PARA YJ，JCZL，SYNX
YZJE=YJ*（1-JCZL）/SYNX/12         &&计算月折旧额
RETURN YZJE     &&返回月折旧额
```

（四）直接计提折旧过程

运行直接计提折旧程序，验证在计算机环境下每个月对每一项固定资产计算的折旧额。

注：在此实验中，因折旧方式的子程序只设计了直线法计算折旧额，而无其他计提折旧方法的子程序，所以固定资产卡片中的固定资产只能采用直线法计提折旧。

附录Ⅱ　实验资料（二）

下面的实验资料是可以在会计软件上操作的账套资料，根据该实验数据，在会计软件上进行实验，使学生从感性认识提高到理性认识。

星海机床有限公司财务制度：根据企业会计准则、《企业财务通则》、星海机床有限公司章程及董事会决议制定本制度。本制度是在遵循国家有关财务、会计准则的前提下，针对本公司的生产经营特点制定的，适合本公司发展需要的内部财务会计制度。本公司的各部门、各位员工都应遵照执行。本公司为独立核算的法人，设置总账一本，序时账两本（即库存现金日记账和银行存款日记账），明细账若干本。对于固定资产采用登记卡进行明细核算，同时设置固定资产明细账，记载各种固定资产的详细资料及变动情况。对各种有价证券设置备查簿，登记有价证券的详细资料及变动情况。本公司供应、生产阶段原材料采用实际成本核算，按材料类别和品种设置原材料明细账；产成品按实际成本核算，按产品品种设置库存商品明细账。“原材料”科目下设二级科目核

算，按材料名称或产品品名设置。购入材料时，采购费用按原材料金额分配计入采购成本。材料、产成品等均按实际成本核算。材料、产成品计价方法采用月末一次加权平均法。经核定库存现金限额3 000元。固定资产采用平均年限法分类计提折旧。各种金融资产和金融负债的溢价和折价摊销采用实际利率法进行核算。公司对外结算遵守国家有关结算制度和管理条例的规定；公司内部各部门之间的结算采用内部银行划转结算。年终一次结清内部往来款项。本公司税后利润根据当年盈利情况和股东会决议，按一定比例分配，对投资者的利润分配按出资比例计算。本公司按本年盈利的10%提取法定盈余公积。本制度的修订、解释权归公司财务部，本制度从发布之日起施行。

星海机床有限公司概况：

一、基本资料

名称：星海机床有限公司　　纳税人识别号：2101 0170 1060 1265
地址：浑南大街66号　　电话：31011978
开户银行：中国农业银行沈阳分行浑南办事处　　账号：4301 6512 1256

二、企业往来的有关资料

1.应收账款

（1）南风工业有限公司
纳税人识别号：2101 0160 1561 1265　　地址：浑南一路66号
开户银行：中国工商银行浑南办事处　　账号：4302 3612 0068
（2）成大工业有限公司
纳税人识别号：2101 0261 1271 0236　　地址：创新大街106号
开户银行：中国建设银行路北办事处　　账号：4307 4361 1006
（3）东方机械有限公司
纳税人识别号：2102 1062 2711 1360　　地址：长春路68号
开户银行：中国建设银行铁西区办事处　　账号：4307 4361 0610

2.应付账款

沈阳振兴钢材有限公司
纳税人识别号：2101 8201 3120 1306　　地址：黄河路59号
开户银行：中国农业银行铁西办事处　　账号：4301 4302 0067

3.相关账目资料（见附表11至附表20）

附表11　　**总账期初资料**

科目代码	科目名称	借方金额	贷方金额
1001	库存现金	1 500	
1002	银行存款	5 601 932	
1012	其他货币资金	200 000	

续表

科目代码	科目名称	借方金额	贷方金额
1101	交易性金融资产	130 000	
1121	应收票据	348 000	
1122	应收账款	526 000	
1123	预付账款	40 000	
1131	应收股利	0	
1221	其他应收款	0	
1141	坏账准备		30 040
1402	在途物资	0	
1403	原材料	860 000	
1405	库存商品	520 000	
1601	固定资产	3 120 000	
1602	累计折旧		1 226 400
1603	固定资产减值准备		0
1606	固定资产清理		0
2001	短期借款		180 000
2202	应付账款		116 000
2203	预收账款		18 000
2211	应付职工薪酬		186 000
2221	应交税费		25 680
2231	应付股利		0
2232	应付利息		6 800
2501	长期借款		800 000
4001	股本		6 253 146
4002	资本公积		200 000
4101	盈余公积		300 000
4103	本年利润		1 326 800
4104	利润分配		778 566

续表

科目代码	科目名称	借方金额	贷方金额
5001	生产成本	100 000	
5101	制造费用	0	
	合计	11 447 432	11 447 432

附表12 **明细账期初资料**

科目代码	科目名称	借方金额	贷方金额
1001	库存现金	1 500	
1002	银行存款	5 601 932	
1012	其他货币资金	200 000	
1101	交易性金融资产	130 000	
110101	上海工业股份有限公司	130 000	
1121	应收票据	348 000	
112101	沈阳成大工业有限公司	232 000	
112102	沈阳南风工业有限公司	116 000	
1122	应收账款	526 000	
112201	沈阳南风工业有限公司	214 000	
112203	大连东方机械有限公司	312 000	
1123	预付账款	40 000	
112301	沈阳和平股份有限公司	40 000	
1221	其他应收款	0	
1141	坏账准备		30 040
114101	应收账款		30 040
1402	在途物资	0	
1403	原材料	860 000	
140301	特种钢	500 000	
140302	一级钢材	360 000	
1405	库存商品	520 000	
140501	A	520 000	

续表

科目代码	科目名称	借方金额	贷方金额
1601	固定资产	3 120 000	
160101	车间厂房	1 400 000	
160102	办公楼	1 200 000	
160103	数控车床	400 000	
160107	轿车	120 000	
1602	累计折旧		1 226 400
160201	车间厂房		537 600
160202	办公楼		460 800
160203	数控车床		192 000
160207	轿车		36 000
1603	固定资产减值准备		0
1606	固定资产清理		0
2001	短期借款		180 000
2202	应付账款		116 000
220201	沈阳振兴钢材有限公司		116 000
2203	预收账款		18 000
220301	沈阳成大工业有限公司		18 000
2211	应付职工薪酬		186 000
2221	应交税费		25 680
222101	未交增值税		25 680
2231	应付利息		6 800
2501	长期借款		800 000
4001	股本		6 253 146
400101	国家资本金		4 487 495
400102	华兴机床厂		1 765 651
4002	资本公积		200 000
400201	资本溢价		200 000

续表

科目代码	科目名称	借方金额	贷方金额
4101	盈余公积		300 000
410101	法定盈余公积		200 000
410102	任意盈余公积		100 000
4103	本年利润		1 326 800
4104	利润分配		778 566
410401	提取法定盈余公积		0
410402	提取任意盈余公积		0
410403	未分配利润		778 566
5001	生产成本	100 000	
500101	基本生产成本	100 000	

附表 13　**应收票据明细账**

科目代码	单位名称	金额
112101	沈阳成大工业有限公司	232 000
112102	沈阳南风工业有限公司	116 000
合计		348 000

附表 14　**应收账款明细账**

科目代码	单位名称	金额
112201	沈阳南风工业有限公司	214 000
112203	大连东方机械有限公司	312 000
合计		526 000

附表 15　**原材料明细账**

科目代码	账户名称	期初余额		
		数量	单价	金额
140301	特种钢	20 000	25	500 000
140302	一级钢材	15 000	24	360 000
合计				860 000

附表16 **库存商品明细账**

项目	单位	数量	单价	金额
A	台	26	20 000	520 000

附表17 **固定资产明细账**

科目代码	名称	原值
160101	厂房建筑物	1 400 000
160102	办公楼	1 200 000
160103	数控车床	400 000
160107	轿车	120 000
合计		3 120 000

附表18 **累计折旧明细账**

科目代码	名称	累计折旧
160201	厂房建筑物	537 600
160202	办公楼	460 800
160203	数控车床	192 000
160207	轿车	36 000
合计		1 226 400

附表19 **应付账款明细账**

科目代码	单位名称	金额
220201	沈阳振兴钢材有限公司	116 000
合计		116 000

附表20 **生产成本明细账**

项 目	直接材料	直接人工	制造费用	合计
A	64 000	14 000	22 000	100 000

4.固定资产相关资料

❶厂房建筑物（车间使用），原值1 400 000元，2004年11月购入，预计净残值率4%，预计使用50年。

❷办公楼（厂部使用），原值1 200 000元，2004年11月购入，预计净残值率4%，预计使用50年。

❸数控车床，原值400 000元，2014年11月购入，预计净残值率4%，预计使用20年。

❹轿车（厂部使用），原值120 000元，2021年11月购入，无残值，预计使用10年。

5.2024年12月职工薪酬分配明细表（见附表21）

附表21　　星海机床有限公司工资结算表　　2024年12月23日

产品部门	职工类别	姓名	基本工资	津贴	应付工资	代扣款项				实付工资
						社会保险	住房公积金	个人所得税	代扣合计	
生产车间	生产人员	张平	16 000	6 000	22 000	2 200	1 600	3 640	7 440	14 560
		王红	13 000	5 000	18 000	1 800	1 300	2 980	6 080	11 920
		田威	10 000	6 000	16 000	1 600	1 000	2 680	5 280	10 720
		宋齐	9 000	5 000	14 000	1 400	900	2 340	4 640	9 360
	车间人员	李生	16 000	9 000	25 000	2 500	1 600	4 180	8 280	16 720
		王新	12 000	7 000	19 000	1 900	1 200	3 180	6 280	12 720
		郑宏	9 000	7 000	16 000	1 600	900	2 700	5 200	10 800
行政部门	行政管理	王华	19 000	9 000	28 000	2 800	1 900	4 660	9 360	18 640
	财务人员	齐继	18 000	8 000	26 000	2 600	1 800	4 320	8 720	17 280
		李楠	19 000	7 000	26 000	2 600	1 900	4 300	8 800	17 200
销售部门	销售人员	刘陆	15 000	11 000	26 000	2 600	1 500	4 380	8 480	17 520
		赵兆	14 000	10 000	24 000	2 400	1 400	4 040	7 840	16 160
合计			170 000	90 000	260 000	26 000	17 000	43 400	86 400	173 600

6.星海机床有限公司2024年12月发生的经济业务

12月1日，开出现金支票，提取现金3 000元备用。

12月1日，厂部张平预借差旅费2 500元，以现金支付。

12月2日，向沈阳南风工业有限公司销售产品A共计10台，单价50 000元，增值税税率13%，款项尚未收到。

12月4日，收到沈阳南风工业有限公司所欠货款126 000元。

12月5日，厂部购买办公用品共计2 000元（不考虑税费），以转账支票支付。

12月5日，厂办张平出差归来，报销差旅费2 200元，交回剩余现金300元。

12月8日，购买材料特级钢材10 000千克，单价26元，增值税税率13%，以转账支票支付，材料验收入库。

12月12日，开出转账支票支付前欠沈阳振兴钢材有限公司货款116 000元。

12月12日，收到银行存款利息2 000元。

12月13日，从沈阳振兴钢材有限公司购买一级钢材2 000千克，单价20元。材料验收入库，款项尚未支付。

12月15日，售给沈阳成大工业有限公司A产品10台，单价55 000元，增值税税率13%，收到转账支票一张。

12月17日，申请办理银行借款600 000元，期限3年。

12月19日，购入一级钢材1 000千克，单价20元，增值税税率13%，开出转账支票支付。材料尚未入库。

12月19日，企业轿车报废。

12月19日，用现金支付清理费用600元。

12月19日，结转清理损益。

12月20日，材料（一级钢材）验收入库。

12月22日，购买转账支票一本，支付费用100元。

12月22日，购入商务车一台，价款200 000元，增值税税率13%，已交付厂部使用。开出转账支票支付。

12月23日，签发现金支票173 600元提取现金，准备发放工资。

12月23日，以现金发放职工工资173 600元并结转代扣款项，分配明细见附表21。

12月24日，分配本月工资费用。

12月24日，企业根据在岗职工数量及岗位分配情况，确定各部门职工食堂补贴费用。补贴明细见附表22。

附表22　**2024年12月职工食堂补贴明细表**

产品部门	职工类别	姓　名	补贴金额
生产车间	生产人员	张平	3 080
		王红	2 520
		田威	2 240
		宋齐	1 960
	车间人员	李生	3 500
		王新	2 660
		郑宏	2 240
行政部门	行政管理人员	王华	3 920
	财务人员	齐继	3 640
		李楠	3 640
销售部门	销售人员	刘陆	3 640
		赵兆	3 360
合　计			36 400

12月25日，开出转账支票向市民政局捐赠救灾款10 000元。

12月25日，归还到期的短期借款100 000元。

12月27日，计提长期借款利息20 000元（利息计入长期借款，借款筹建项目已投入使用）。

12月27日，开出转账支票支付市广告公司的广告费10 000元（不考虑税费）。

12月28日，以现金支付餐费200元。

12月28日，开出转账支票预付材料货款10 000元。

12月28日，本月车间领用特种钢材5 000千克，单价25.3元。一级钢材3 000千克，单价23.3元（采用加权平均法计算单价，保留到小数点后1位）。

12月28日，生产A产品领用特种钢材10 000千克，一级钢材5 000千克（采用加权平均法计算单价）。

12月28日，计提本月固定资产折旧费。

12月29日，结转本期制造费用。

12月29日，结转完工产品成本，本月A产品完工25台，单价24 000元。

12月29日，计算结转产品销售成本，单位成本21 961元（采用加权平均法计算单价，保留到个位）。

12月29日，计算上交本月应交的增值税68 900元，转入未交增值税。

12月29日，计提短期借款利息3 000元。

12月31日，将各损益类账户的本月发生额转入“本年利润”账户。

12月31日，按本月利润总额的25%计算本月应交所得税（所得税核算采用应付税款法，假设无税收调整项目）。

12月31日，将所得税费用转入本年利润。

12月31日，将“本年利润”账户的余额转入“利润分配——未分配利润”明细账。

12月31日，根据本年利润的10%提取法定盈余公积。

12月31日，计提应付普通股现金股利100 000元。

12月31日，结转利润分配的各明细账户，即将利润分配的各明细账户的余额转入“利润分配——未分配利润”明细账。